高等院校素质教育课程
"十四五"规划教材

人际关系与沟通

视频指导版

INTERPERSONAL RELATIONSHIP AND COMMUNICATION

龚荒◎主编

人民邮电出版社

北 京

图书在版编目（ＣＩＰ）数据

人际关系与沟通：视频指导版 / 龚荒主编. -- 北
京：人民邮电出版社，2022.7
高等院校素质教育课程"十四五"规划教材
ISBN 978-7-115-58793-0

Ⅰ. ①人… Ⅱ. ①龚… Ⅲ. ①人际关系学－高等学校
－教材 Ⅳ. ①C912.11

中国版本图书馆CIP数据核字(2022)第037653号

内 容 提 要

本书系统阐述了人际关系与沟通的基本原理、方法、策略和技巧。全书分为 3 篇 8 章，主要内容
包括人际关系与人际沟通概述、人际交往中的社会心理学原理、人际沟通的形式与技巧、大学校园人
际关系与沟通、职场人际关系与沟通、社交礼仪、演讲与演示技巧、求职面试技巧。

本书采用"理论阐释＋案例实训＋视频指导"的编写模式，突出本课程"理论够用、重在实践"
的教学特色，强化以案例进行教学的方式，并注重实际应用能力的培养。本书设计安排了引例、实例、
拓展阅读、拓展视频等模块，并在章末附有复习思考题、模拟实训题、游戏训练题、案例分析题、自
我测试题。其中，"拓展视频"模块提供了近百个精彩的短视频，读者利用手机扫描书中的二维码即可
观看。这些短视频既可用于课中播放并作为讨论材料，又可用于课前预习或课后复习巩固。本书还附
有两套模拟试卷，为本课程的教学提供方便。

本书适合作为高等院校专业课或通识课的教材，也可以用作职场培训和自学的参考书。

◆ 主　　编　龚　荒
　　责任编辑　方　菲
　　责任印制　李　东　胡　南
◆ 人民邮电出版社出版发行　　北京市丰台区成寿寺路 11 号
　　邮编　100164　电子邮件　315@ptpress.com.cn
　　网址　https://www.ptpress.com.cn
　　固安县铭成印刷有限公司印刷
◆ 开本：787×1092　1/16
　　印张：14　　　　　　　　2022 年 7 月第 1 版
　　字数：358 千字　　　　　2025 年 7 月河北第 5 次印刷

定价：49.80 元

读者服务热线：(010)81055256　印装质量热线：(010)81055316
反盗版热线：(010)81055315

前　言

　　现实世界是一个由人构成的世界，每个人都生活在一定的人际关系中，每个人在日常生活中，面对和处理得最多的就是人际关系，如同马克思所说的"人的本质在其现实性上是一切社会关系的总和"。每个人的内心深处都有一种强烈的社会关系认可需求，人们渴望被关爱，渴望与他人建立牢固的友谊，同样渴望减少不必要的摩擦，处理好各种各样的人际矛盾。和谐的人际关系不仅可以促进团结、提高效率、增强群体凝聚力，而且能使人心情愉悦、更好地适应社会环境，从而实现人生目标。可以说，**良好的人际关系可以大大增强和提高个人的生活幸福感和职业成功率。**

　　人际沟通是人际交往的起点，也是人际关系建立和发展的前提、基础和根本途径。在生活、学习和工作中，有的人总是如鱼得水，有的人则常常碰壁，究其原因，这与个人的人际交往与沟通能力有关。但沟通并不是一种本能，而是一种能力或技能。也就是说，沟通不是一个人与生俱来的天赋，而是在社会实践中培养与训练出来的，就像学习开车、做饭、游泳等技能一样。戴尔·卡耐基在《沟通的艺术》中告诉我们：**人际交往是有技巧的，沟通技能是可以训练的。**无论是即将步入职场的高校学生，还是已经身在其中的职场人士，都需要不断增强自身的人际交往与沟通能力，唯有这样，才能走向成功。本书旨在通过介绍人际交往与沟通的基础知识与实战技巧，为大学生处理当下的校园人际关系和未来的职场人际关系提供指导。

　　本书采用**"理论阐释 + 案例实训 + 视频指导"**的编写模式，在框架结构上做了精心构思和安排，既考虑到本课程涉及的理论的整体性和系统性，又保障了对实战技能和策略技巧的培训。

　　在**"理论阐释"**方面，本书针对不同情境下人际交往的需要，系统阐述了人际关系与沟通的基本原理、方法、策略与技巧。全书分为 3 篇 8 章，其中，基础篇包括 3 章——人际关系与人际沟通概述、人际交往中的社会心理学原理、人际沟通的形式与技巧，应用篇包括 3 章——大学校园人际关系与沟通、职场人际关系与沟通、社交礼仪，拓展篇包括 2 章——演讲与演示技巧、求职面试技巧。根据本课程实用性和实践性较强的特点，本书在编撰过程中并未简单堆砌理论知识，而是突出了"理论够用、重在实践"的教学特色。

在**"案例实训"**方面，本书设计安排了引例、实例、拓展阅读等模块，并在章末附有复习思考题、模拟实训题、游戏训练题、案例分析题、自我测试题。理论知识之间穿插的实例和章末的案例丰富而精练，有的来自对人际关系与沟通实践的总结提炼，有的是从上百部教材、专著中精选出来的。每个案例后附有问题，教师可以有选择地将其用于课堂教学中的小组作业。本书通过设计案例分析、情景模拟、角色扮演、自我测试等多个环节的训练，提升学习的实践应用性，力求理论联系实际，达到学以致用的目的。

在**"视频指导"**方面，本书的一大特色是提供了拓展视频作为教学指导资料，并以二维码的方式，把更多的案例呈现给读者。"拓展视频"模块提供了近百个精彩的短视频，读者利用手机扫描书中的二维码即可观看。这些短视频既可用于课中播放并作为讨论材料，又可用于课前预习或课后复习巩固，便于本课程教学的灵活展开。

本书由龚荒任主编，芈凌云、戴西超、于海淼、徐燕、杨雷等参与了编写和指导工作。本书的出版得到中国矿业大学经济管理学院人力资源管理国家级一流本科专业建设项目和中国矿业大学通识教育课程遴选建设项目的大力支持。编者在本书的编写过程中借鉴和参考了有关资料（详见书中的"资料来源"和书末的"参考文献"），在此一并对这些资料的作者表示感谢。

为了方便教师教学，本书编制了教学课件、教学大纲（课程质量标准）和自我测试题、案例分析题、模拟试卷的参考答案，读者可登录人邮教育社区（www.ryjiaoyu.com）下载。书中如有不妥之处，恳请读者批评指正，并将宝贵的意见和建议以电子邮件的形式发送至电子邮箱（gonghuang@163.com）。

编　者

2022 年 4 月

目　录

基础篇

第1章 人际关系与人际沟通概述

本章要点

- ◆ 人际关系的概念、特征与类型
- ◆ 建立良好的人际关系的意义与基本原则
- ◆ 人际沟通对人际关系的意义
- ◆ 人际沟通的过程及存在的障碍
- ◆ 人际沟通形式的分类和构成要素
- ◆ 人际沟通的原则、策略和技巧

1.1 人际关系的概念、特征与类型

1.1.1 人际关系的概念及特征

人是群体性的社会性动物，有人的地方，就有人际关系。所谓人际关系（Interpersonal Relationship），是指人们在社会交往活动中形成的心理关系，主要表现为人与人之间心理上的距离远近、个人对他人的心理倾向及相应行为。人在社会中不是孤立的，人的存在是各种关系相互作用的结果，人正是通过和别人产生关系来发展自己，实现自己的价值。

在人际交往的过程中，人们在个性、态度、情感等方面的融洽或不融洽、相互吸引或相互排斥，必然会导致双方人际关系的亲密或疏远。一般来说，人际关系包括3种成分：认知成分（指相互认识和了解）、动作成分（指沟通交往活动）和情感成分（指积极情绪或消极情绪、爱或恨、满意或不满意）。其中情感成分是核心成分。人际关系反映了交往双方的需要的满足程度，若交往双方能互相满足对方的需要，就容易结成亲密的人际关系；反之，则容易形成人际排斥。

人际关系在形成、发展的过程中表现出的基本特征如下。

1. 社会性

所谓社会性，是指通过人的社会关系表现出来的属性。可以这么说，社会性是人际关系的本质属性，即没有无社会性的人际关系。它把人的群体关系同动物的群体关系区别开来，把社会同自然界区别开来。人际关系的社会性，首先体现在人们是在赖以生存的生产劳动中结成了相互依存的关系。因为在生产劳动中，人们必然会产生一定的联系和关系，并运用在生产劳动中产生、发展起来的语言系统进行交往。可以说，人的发展是从自然人到社会人转化的过程。

在这个过程中，与其他人的交往让我们真正成为人，同时人的各种能力也是在人际交往的过程中形成和发展起来的。曾经轰动一时的"狼孩"的故事就是一个有力的证明。可以说，人际交往让一个自然人变成了一个社会人。

从社会的进步和发展来看，在人类社会初期，人际关系的自然性强，社会性弱；而在现代社会，随着人们活动的社会化程度的提高，人际关系的社会性大大增强，人与人之间的社会交往更频繁，交往的内容更丰富，交往的方式及途径更多样化。

2. 直接性

人际关系是在人们面对面交往的过程中形成的，个体可切实感受到它的存在。没有直接的接触和交往就很难形成真正的人际关系，人际关系一经建立，一定会被人们直接体验到。如果在心理上的距离趋近，个体会感到心情舒畅；若有矛盾和冲突，个体则会感到被孤立和抑郁。

值得注意的是，随着现代通信技术的发展和手机的普及，人际关系也出现了新的特征，最典型的就是网络时代的虚拟化人际关系。网络提供了很多沟通工具——微信、QQ、电子邮件等，也提供了一对多的传播方式——BBS、博客、短视频平台等，这些手段集合了拥有共同兴趣的人群，他们的集合就形成了网络社区。网络提供了这样的功能：人们不必见面，照样信息相通，而且不受时空的限制。但虚拟化的人际关系很难使人们获得深刻的情感体验，而且网络在为人们的交往提供便利的同时，也使很多人产生了手机依赖，人际关系的直接性受到显著影响。

3. 情感性

人际关系的基础是人们彼此间的情感活动。情感是人际交往的动力因素，如果没有情感，就不会有人际交往。在人际交往中，人的情感倾向有两类：一类是使彼此接近和相互吸引的情感，具有积极性的特点，它使人们互相接纳、沟通、理解和信任；另一类是使人们互相排斥、分离的情感，具有消极性的特点，它使人们互相疏远、回避、紧张和不和谐。

4. 互利性

在交往过程中，交往各方均可以得到精神上和物质上的收益和心理需要的满足。在现代社会中，人们之间的联系能够得以维系和加深，就在于这种交往能够为双方提供方便和帮助。也就是说，人际关系的建立是通过情感、利益的互惠来达成的，这符合社会交换原则。例如，送人情，一来一往就有了人情，如果只有单方面的投入而没有回馈，这种人际关系就不会长久。

1.1.2　人际关系的类型

现代社会的人际交往与人际关系错综复杂，根据不同的分类标准和方法，人际关系可划分为不同的类型。从微观角度来划分，人际关系根据交往的主体情况分为个体人际关系与群体人际关系，如两个好朋友之间为个体人际关系，班级同学之间、校友之间则是群体人际关系；根据交往的密切程度可以分为家人关系、熟人关系与陌生人关系；按人际关系的性质划分，可分为对抗关系和非对抗关系；按人际关系的特征划分，可分为平等型关系、不平等型关系、对立关系等。

最完善的人际关系类型是根据人际关系联结的纽带划分的，分为血缘关系、地缘关系、业缘关系、趣缘关系与友谊关系。下面就来分析这几种主要的人际关系类型。

1. 血缘关系

血缘关系是指因血缘联系和婚姻联系而形成的人际关系。血缘关系的基础是血缘和情感。

血缘关系也称人际第一关系，应是人的一生中交往频率最高、持续时间最长的一种关系，对个人的成长和发展的影响甚大。血缘关系包括夫妻关系、代际关系、兄弟姐妹关系、叔侄关系、婆媳关系等，前两类最为重要。

（1）夫妻关系

夫妻关系是指男女两性合乎法律规定结为夫妻而建立家庭的关系。相对于血缘联系来说，以婚姻为纽带的夫妻关系是后天产生的，是可变的、短期的。夫妻关系的发展一般要经历几个阶段：浪漫期（生孩子前）——注意中心转移期（孩子出生后）——负重期（承担社会、家庭的双重负担）——依恋期（孩子成年后，怀旧）。在现代社会，夫妻关系以情感为基础，外在的道德伦理的约束相对减少。由于现代社会变迁加快，以及受其他多种因素的影响，离婚现象日益增多，这是当今夫妻关系变迁的一个重要方面。

（2）代际关系

代际关系，又叫亲子关系、亲情关系，是指上下两代人之间的关系，泛指老年人与青年人、父母与子女之间的关系。代际关系虽是骨肉关系，但由于代与代之间的经历差异、年龄差异、心理差异，代与代之间易出现"代沟"问题。"代沟"问题，已成为当今突出的家庭乃至社会问题。当然，要处理好代际关系，需要双方互相增进理解、体谅、尊重和支持，从而在家庭和全社会建立互补的、亲近的、和睦的代际关系。

人际关系中的血缘关系，无论是在人类自身的繁衍和发展中、在家庭的延续中、在个人的一生中，还是在社会生活的各个方面，都占有极其重要的位置。它不仅是人类社会最原始、最久远的人际关系，而且是一种互动性最强、对人的影响力最大的人际关系。这种关系可谓与人类共存。但随着社会的发展，血缘关系的范围和联系的程度在不断变化，人们的生存越来越多地依赖技术、职业等，血缘观念将逐渐淡化。

2. 地缘关系

地缘关系是指以地理位置为联结纽带，由于人们在一定的地理范围内共同生活、活动和交往而产生的人际关系。从地缘关系来看，居住地搬迁越少，地缘关系就越深厚，反之就越淡漠。地缘关系是有不同层次的。一般视国籍为最高的地缘关系，其次为省级、市级、县级、乡级、村级。一般来说，地缘关系主要分为两类：邻里关系、同乡关系。

（1）邻里关系

邻里关系是指左邻右舍之间的关系，常以家庭之间的联系为表现形式。不管人类的生活方式怎样变化，居住地搬迁多么频繁，邻里关系一般都是存在的。邻里关系的特点是交往频繁，相互影响大。因而，好的邻里关系会对人们的生活产生正面影响，即俗话说的"远亲不如近邻"。自然，邻里关系也在发生变化，就我国而言，在过去几家同住一个大杂院并用一扇门进出的时代，邻里关系密切；如今人们的住房环境和结构发生了变化，多为单元楼式且独门独户，邻里之间往往呈封闭或半封闭的交往状态，邻里关系有所疏远。

（2）同乡关系

同乡关系是社会发展到一定阶段，人们外出交流机会增多的产物。这种关系也属于一种特殊的人际关系。它的功能体现在两方面：一是联络情感，满足人的合群和交友的需要；二是交流信息，得到帮助，促进合作。但我们不可忽视它的负面效应：由于同乡身份加深了地缘关系和乡情，人们容易形成一种狭隘的地方观念，以及拉帮结派的不正之风。在旧中国，同乡会便是一些背井离乡、在外谋生的人，迫于当时的社会环境而成立的，它带有封建帮会的性质。当然，如今的社会中有些组织也设有同乡会、地方商会等，这种正常的同乡交往是无可非议的。

地缘关系主要靠社会道德、公民道德、社会文化习俗来调节。在地缘关系下，人际交往的基本原则如下：交往双方应平等相待、谦恭自重、严于律己、助人为乐，并避免矛盾，促使关系深化。从地缘关系的发展趋势来看，随着人们接触的地理范围越来越大，在一个相对固定的地方居住的时间越来越短，地缘关系的密切程度将逐渐减弱。

3. 业缘关系

业缘关系是以人们的职业生活为纽带而结成的关系，如企业中的业缘关系、学校中的业缘关系等。业缘关系受职业活动的影响，它体现为人与人之间的直接角色联系。业缘关系的交往双方，必须遵循自己在职业群体中的角色行为规范，表现出一种责任依从性，其关系受到社会规范、职业规范和角色规范的约束。

业缘关系的特征如下：其一，阶段性或变动性，即每一个人都可以在同一时期与不同职业的人发生联系，或因自身职业的改变而建立新的业缘关系；其二，合作性与竞争性，即职业差异是永存的，有职业差异就有分工，有分工就必然有合作，在职业领域内有提供给人的选择机会，就必然有竞争。

在业缘关系中发生较频繁、影响较大的是上下级关系、平级关系、师生关系及同学关系。

（1）上下级关系

上下级关系是指在正式组织中，根据职位或地位结成的一种领导与被领导的关系。上下级关系也是一种双重结构的纵向关系，其既是上下有序、层次分明的等级关系，又是相互尊重、人格平等的非等级关系。上下级关系的主要功能有传递功能（在组织内部明确目标，了解上下级情况）、控制功能（组织全体成员受控于统一的组织要求）、协调功能（协调组织中的各种关系，使之达到最佳状态）。

（2）平级关系

平级关系是指正式组织中平级之间因工作而产生的关系。这种关系一般具有相对稳定性。平级关系中的交往者，往往是工作或事业上的伙伴，因而维系这种关系，需要交往各方彼此尊重、以诚相待；交往各方在工作中既有分工又有合作，相互帮助，相互支持。在处理平级关系时，我们应一视同仁，避免过于亲近少数人，而疏远多数同事，以建立彼此信赖的友好关系。

（3）师生关系

师生关系是以教与学为纽带形成的人际关系，尊师爱生是维系这一关系的重要因素。

（4）同学关系

同学关系是同班或同校同学之间的关系。从人的一生来看，大学同学可谓人一生中最宝贵的财富之一。人在大学时期，心理、个性逐步成熟，并确立了自己的交友观。这个时期建立的良好关系，极易促使人生和事业的成功。

4. 趣缘关系

趣缘关系是指以人们的专业技术、特长或兴趣爱好为纽带而结成的人际关系，如"驴友"关系、"车友"关系，以及民间的各类团体、沙龙等。趣缘关系往往是人们通过参加社交活动或民间社团的活动建立和发展起来的，是人们因特长、兴趣及爱好形成的交往关系，能丰富交往个体的精神生活，促进社会文化的发展及精神文明的建设。

由趣缘关系结成的非正式群体的主要特点如下：以共同的兴趣、爱好、利益追求为基础，以情感为纽带，有较强的内聚力和行为的一致性，有良好的信息传递渠道，自卫性和排外性较强。在这种非正式群体中，人际关系是自然、自发形成的，成员之间交往密切、信任度高，并且成员对领导的服从是自愿的。这些特点使趣缘关系恰好能与正式群体中的人际关系形成互补。

5. 友谊关系

友谊关系是指人们在日常生活和社会交往中以友谊为纽带结成的人际关系，人们通常称之为朋友关系。友谊关系按照其密切程度，可分为知己型关系、亲密型关系、一般型关系。

（1）知己型关系

所谓知己型关系，是指与你心意相通、关系密切的朋友关系。这种朋友又称为知音。他不仅对你很了解，并且能与你分享喜悦，分担烦忧。在你失意彷徨的时候，他会给你鼓励；当你得意忘形的时候，他会给你提醒。人们常用高山流水的典故来形容知己难觅。该典故最初见于《列子·汤问》，传说伯牙善鼓琴，而钟子期善听。伯牙所念之意，钟子期必得之。伯牙弹琴而志在泰山，钟子期则说："善哉乎鼓琴！巍巍乎若泰山。"伯牙弹琴而志在流水，钟子期则说："善哉乎鼓琴！汤汤乎若流水。"后钟子期不幸病故，伯牙痛失知音，"破琴绝弦，终生不复鼓琴，以为世无足复为鼓琴者"。伯牙与钟子期之间那种默契的知音之情是这则佳话得以流传的最直接原因。我国唐代的大诗人李白和汪伦也是一对知己，"桃花潭水深千尺，不及汪伦送我情"（李白《赠汪伦》）便是对他们之间深厚情谊的写照。古今中外，有关知己型朋友之间深厚友谊的例子不胜枚举。

（2）亲密型关系

所谓亲密型关系，是指交往关系的亲密程度仅次于知己型关系的关系。亲密型朋友又称密友或挚友。在生活中，人们与亲密型朋友的交往频率可能是最高的，因而，亲密型朋友对人们的影响是极其深刻的。

（3）一般型关系

所谓一般型关系，是指交往者之间的亲密程度为"一般"状态的关系，通常，我们所交往的大多数朋友之间的关系属于此种类型。但我们不可忽略一般型朋友的作用，因为他们虽然没有知己型朋友和亲密型朋友与你的关系那样密切，对你的影响那样深刻，却是你人际关系网络中的一个主要组成部分，他们在很大程度上反映了你的社交能力。随着时间的推移，与你交往的一般型朋友中，有些会转化为你的亲密型朋友甚至是知己型朋友。

不可否认，一个人事业的成功，是靠众多的一般型朋友的帮助才得以实现的。因而，注重维持并升格与现有的一般型朋友之间的友谊，并逐步增加一般型朋友的数量，应是人际交往的一项重要内容。

1.2 建立良好的人际关系的意义与基本原则

1.2.1 建立良好的人际关系的意义

和谐、友好、积极、亲密的人际关系是社会生活中人与人交往的基础，在日常生活及各种社会活动中是必不可少的。营建良好的人际关系具有十分重要的意义。

1. 建立良好的人际关系出于人维持身心健康的需要

人具有社会性，交往是人类社会的本质特征。人们的幸福、快乐都是与他人的交往和关系相联系的，人们的烦恼、痛苦、怨恨同样与他人的交往和关系密不可分。大量的研究和人们的生活实践都已证明，对任何人来说，正常的人际交往和良好的人际关系是个体心理正常发展和维持生活幸福感的必要前提。

心理学家发现，在人为的孤立环境下成长的猴子会形成许多心理缺陷，他们性格孤僻、胆小。对这种状况最有效的治疗手段就是让它们与正常的同龄猴子一块玩耍，过不了多久，这些有问题的猴子就会变得正常起来。

拓展视频

密闭空间实验：与世隔绝 5 天有多煎熬？

动物尚且如此，何况人类。成长中的儿童如果缺少与他人的正常交往及由此建立起来的亲密关系，不仅个性发展会出现问题，其智力发展也将明显滞后。例如，孤儿院中成长的孩子，由于不能像普通家庭中的孩子那样受到照看者的充分关注，未能与照看者形成稳定的亲密关系，大多会存在性格缺陷，其社会化程度一般会落后于普通同龄人，智力发展水平也低于普通同龄人。但当他们被普通家庭领养后，其人际关系会发生根本变化，自身的许多交往需要也会得到满足，其智力发展速度很快就会赶上普通同龄人，且性格逐渐得到完善发展。

人际关系的状况还会直接影响人的心理状态和性格。如果一个人长期不与别人积极交往，缺乏稳定良好的人际关系，则此人往往有明显的性格缺陷。在临床实践中，研究者也发现，绝大多数青少年的心理问题都是与缺乏正常的交往和良好的人际关系相联系的。在友好、合作、氛围融洽的宿舍中，多数大学生由于有良好的同伴关系，即使远离家乡、亲人，也往往表现出注重成就和学习、乐于帮助别人等特点，对大学生活感到满意。相反，在同伴关系不融洽的宿舍中的大学生，往往有压抑、敏感、自我防御性强、生活满意度低等特点。

现代心理学研究也表明，人类的心理病态大多是人际关系失调所致的，其主要原理是一个人与他人发生冲突会导致其精神紧张、抑郁，这不仅可能导致心理障碍，而且可能会刺激其下丘脑，使内分泌功能紊乱，进而引起一系列复杂的生理变化。

2. 建立良好的人际关系出于人获得安全感与幸福的需要

人际交往是一个人满足自身的社会心理需要的重要途径。作为社会生活中的人，其活动的目的无非是获得价值感和安全感。为了使自己的人生具有价值，获得明确的价值感，人需要通过别人来了解自己，需要爱和被爱，需要获得归属感，需要助人和得到别人的帮助，以使自己有机会展示自己的优势和专长。为了做到这些，一个人需要同别人进行交往，需要同别人建立并保持一定的关系。

安全感是人最根本的原发性需要。当置身于自己不能把握或控制的社会情境时，一个人会十分缺乏安全感。比如，新入校的大一新生，因为脱离了原有的人际关系而尚未建立新的人际关系，会一直处于高度的自我防卫状态。只有通过交往，同别人建立了可靠的人际关系之后，人们才会获得安全感。当然，一个人要获得充分的安全感，仅有别人的陪伴或与他人进行表面交往是不够的，还要有人与人之间的深刻的情感联系。

在日常生活中，有些人认为，人的幸福是建立在金钱、成功、名誉和地位的基础之上的。实际上，对于人的幸福来说，所有这些方面远不如健康的交往和良好的人际关系重要。复旦大学教师于娟博士因乳腺癌于 2011 年辞世，她生前在日记中写道："在生死临界点的时候，你会发现，任何的加班、给自己太多的压力、买房买车的需求，这些都是'浮云'。如果有时间，你一定要好好陪陪你的孩子，把买车的钱给父母买双鞋子，不要拼命去换什么大房子，和相爱的人在一起，蜗居也温暖。"

西方心理学家克林格做了一个广泛的调查，结果发现，良好的人际关系对于幸福的生活具有首要意义。当人们被问到"什么使你的生活富有意义"时，几乎所有的人都回答"亲密的人际关系是首要的"。一个人的生活是否幸福，取决于他在生活中同其他人的关系是否良好。如果一个人同配偶或恋人、孩子、父母、朋友及同事关系良好，同他人有深刻的情感联系，他就会感到生活幸福且富有意义；反之，他则会感到生活缺乏目标，没有动力且不幸福。在这些被调查者的回答中，人际关系的重要性远远超过成功、名誉和地位。一项调查表明，在我国，心理压抑、人际关系不和谐和孤独是导致自杀的三大因素。法国社会学家指出，社会关系的丧失是自杀的主要原因之一。

3. 良好的人际关系是人发展与成功的重要保障

人际交往是个人社会化的起点和必经之路。社会化即个体学习社会经验、生存技能和文化知识并发展自己的过程，如果没有与他人的合作，个体是无法完成这个过程的。人一生的成长、发展、成功，无不与同他人的交往相联系。一个人从人际关系中得到的信息和机遇有可能帮助他走上一条成功之路。美国著名发明家和政治家本杰明·富兰克林说："成功的第一要素是懂得如何打理好人际关系。"好莱坞也流行这么一句话："一个人能否成功，不在于你知道什么（What you know），而是在于你认识谁（Whom you know）。"随着现代科学技术的发展，人们越来越依赖群体的力量，人与人之间的情感沟通和智力交往使某些工作出现了质的飞跃，这种"群体效应"已成为各项工作的推动力。

有一种说法是"人际关系也是一种生产力"，这形象且鲜明地指出了人际关系的经济效益。关于这一说法，企业家可能最为认同。对外而言，企业家的人际交往能给自己企业的发展带来很多商机，如一位企业家给朋友打一个电话就能解决问题，通过认识几个朋友就能为自己的商品打开销路。企业家建立人际关系的能力几乎决定了其企业的生死存亡。对内而言，一个企业的工作氛围在很大程度上取决于企业内部员工的和睦程度。而工作氛围能影响员工的创造力和工作效率，所以员工之间的人际关系影响着一个企业的生命力。特别是对一些资深的职业人士来说，良好的人际关系是舒心工作、安心生活的必要条件，是他们选择在某一个企业就职的重要条件。如今的毕业生很多是独生子女，他们刚从学校毕业，自我意识较强，来到一个新的工作环境后，经常会产生人际关系适应不良的问题。如果他们经过较长时间还是不能适应人际关系，对企业或个人来说都是一种损失。

一位哲人说过：一个没有交际能力的人犹如陆地上的船，是永远不会漂泊到人生大海中去的。在现代社会中，一个不会建立人际关系的人即使再优秀，也很难踏上成功的旅途。

1.2.2 建立良好的人际关系的基本原则

每个人都希望自己能够得到他人的认可，能够与周围的人友好相处，能够获得长久稳定的人际关系；但在现实生活中，并不是每个人都能做到这一点。良好的人际关系不是由个体的主观愿望所能决定的，想要达到这个目标，个体就需要秉承一种健康的社会交往态度。人际关系很微妙，但其中是有原则可以遵循的。掌握了这些原则，就有章可循，做到"从心所欲而不逾矩"。这些基本原则是长久以来经过实践的检验并为绝大多数人所普遍认可的，它们可以指导并帮助人们更成功地建立并维持良好的人际关系。

拓展视频

掌握一些实用的人际交往原则

1. 平等、尊重原则

在真正的友谊的建立过程中，个体的地位、容貌、才智、经济实力、受教育水平、成长经历、职业等内部和外部条件虽然存在差异，但每个人在人格上是绝对平等的，交往双方必须以平等的原则相处和交往，真正的友谊是会超越这些条件限制的。如果因为地位、身份等因素而影响到交往进展，交往中的一方或双方认为彼此没有处于平等的位置，无论这种想法存在于哪一方，双方之间的友谊迟早会破裂。事实证明，那些优越感强、喜欢表现自己、在人群中爱出风头、自认为高人一等的人在人际交往中往往是最不受欢迎的，也常会被集体所孤立和排斥。

有些人在与别人交往时总是不停地谈论自己，只要有人听，他们就说个没完，毫不在意别人的反应，对别人要说些什么毫无兴趣；有些人通过谈话来炫耀自己；有些人通过谈话来求得别人的同情。无论如何，一个人过分地关注自我会使其与他人的交往不能有效、顺利地进行下去。

相反，有些人在与人交往的过程中，一味地帮助别人，这种做法也违反了平等原则。你如果想帮助别人，而且想和别人维持长久的关系，那么不妨适当地给别人一个机会，让别人也能对你有所回报，这样才能让对方感觉到在交往中彼此所处的位置是平等的，不至于因为内心的压力而疏远你。有些人不明白这个道理，在交往中过于主动、热情、大方，认为这样做一定会使友谊得到巩固和加强，使友谊天长地久。殊不知，这样"过度投资"、不给对方任何回报和补偿的机会的做法，无形中会破坏双方在交往中的平等地位，使对方产生很大的心理压力，而对继续交往产生恐惧和逃避的心理。

平等待人主要体现在对交往对象的尊重上。尊重别人，应重点把握好以下几点。一是要给别人留足面子，特别是在公共场合，一定不要做有损对方颜面的事。二是要善于从对方的立场看待问题，这样你才能真正了解对方，找到和对方沟通的适当方法。三是在不损害自己尊严的前提下，要尽量迎合对方的兴趣和想法。只有使自己的兴趣和想法同对方的兴趣和想法吻合，对方才会乐意同你交朋友。四是要肯定别人的成绩，并真诚地为他的成绩而高兴，增强他的成就感，使他感觉到你对他的重视，这样他才会真正喜欢你。

2. 诚信原则

诚信在人与人的关系中表现为真实可信、待人以诚、言行一致、老幼无欺。从人际心理学的角度来看，一个人的思想、观点、愿望和要求能否为对方所接受，往往与其本人对对方的真诚程度成正比。显然，你对对方越真诚，那么对方接受你的思想观点、愿望和要求的可能性就越大，彼此之间就越容易建立良好的人际关系。

拓展视频

李嘉诚的待人之道：尊重他人

诚信也许是人际关系中最重要、最关键的一种品质和交往方式。心理学家对各种不同的对象进行调查后发现，不同类型的人在回答"在人际关系上你最喜欢具有什么特征的人？""最希望别人采取什么样的方式同自己交往？""自己会采取什么样的方式与别人交往？"等问题时，真诚总会成为分量最重的一个答案。美国心理学家约翰·安德森曾做过一项调查，他在一张表格中列出了500多个描写人的形容词，然后邀请近6万名大学生在其中挑选他们所喜欢的做人的品质。调查结果显示，大学生们对做人的品质给予最高评价的形容词是"真诚"。在8个评价最高的候选词语中，其中有6个候选词和真诚有关，它们是真诚的、诚实的、忠实的、真实的、信得过的和可靠的。大学生们对做人的品质给以最低评价的形容词是"虚伪"。在5个评价最低的候选词中，另外4个都和虚伪有关，它们是说谎、做作、假装、不老实。

由此可见，人们从内心里还是渴望真诚的。约翰·安德森的这个调查研究结果在社会上具有普遍意义。生活中我们总是乐意跟真诚、信得过的人打交道，讨厌说谎、不老实的人。真诚是财富，而且是最宝贵的财富。在这方面进行投资的人可以获得丰厚的回报。

3. 交换、互利原则

心理学实验发现，人际关系的基础是人与人之间的相互重视和相互支持，交互性是人际交往的一项基本原则，功利性是人际交往的一种基本动力。人际交往过程中，喜欢和厌恶、接近与疏远都是相互的。我们知道，喜欢我们的人通常也会被我们喜欢；愿意与我们交往的人会受到我们的善待；对我们不屑的人，我们也会对他嗤之以鼻。交换原则要求我们在人际交往过程中，要考虑双方的共同价值和共同利益，使双方在交往中都能得到好处和利益，从而获得心理上的满足和平衡。

心理学家霍曼斯提出社会互动是一种类似于商品交换的行为，这里的交换不仅是物质商品的交换，还包括诸如赞许、荣誉或声望之类的非物质商品的交换。他认为人与人之间的交往本质上是一种社会交换，这种交换同市场上的商品交换所遵循的等价原则是一样的，即人们都希望在交往中得到的不少于所付出的。大多数人的交往都是互惠互利的，完全没有需求上的相互满足和回报的交往几乎是不存在的，或是很难延续较长时间的。这里所指的互利并非完全是物质利益上的互利，还包括精神和情感层面的互利。

人际交往中的精神互利就是指交往双方互相理解、信任、接纳、认同，在态度、行为、观念、意识等方面都能达成一致，并能从交往中获得精神层面的满足和愉悦。人际交往中物质利益上的互利更为常见，人们往往会考虑和衡量自己在交往中的付出是否有价值，一个人如果付出多、回报少，就会心理失衡，感觉不合算，其交往的积极性就会受到影响，他甚至会选择主动结束交往。而那些能够深入发展并能长期维持的人际关系，恰恰是因为它们能使交往双方都能得到最大的满足，人们通过交往能达到从精神到物质上的互惠互利。

现实生活中，一些人往往只考虑到自己的收益、自己的"利润"，而忘记了如果要长期地、正常地与人交往，跟自己交往的人也要有收益、"利润"，这种以自我为中心的人往往让人际交往陷入困境。因此，在人际交往中，人们必须要明白"投桃报李"的含义，不能过分看重自己的利益，只求索取、不讲奉献的交往心态必然会造成人际关系出现矛盾和裂痕。交往双方应该在互利原则的指引下，彼此帮助，互相支持，使彼此都能从交往中得到实惠，只有这样才能获得良好的人际关系。处于社会环境中的人都希望得到别人的肯定与认同，这种寻求自我价值实现的倾向会引导人们在社会交往中愿意表现自己，努力吸引别人的注意，争取得到别人的接纳。但切勿忽略了，你在吸引别人的注意的同时，也要去注意别人；你在得到别人的接纳的同时，也要去接纳别人。

拓展视频

与交换、互利原则有关的寓言故事

"投我以桃，报之以李""爱人者，人恒爱之；敬人者，人恒敬之"，这些传统文化中的智慧也形象地展示了人际交往中的交换、互利原则何等重要。

4. 相容原则

作为社会个体，人是极其复杂的，因为所有人既有其自身的心理基础，又都会被打上不同的社会烙印。交往中需要宽容、豁达，秉承谦让的待人态度，这样才能做到求同存异、与他人和睦共处。相容原则便是指交往中的双方需有一定的忍耐度，能相互宽容的原则。由于社会个体之间存在差异，如成长经历、受教育程度、行为习惯的不同，双方需要相互宽容。就像世上没有两片相同的树叶一样，世上也没有两个完全相同的人，人与人之间存在诸多的差异；况且，世上也无十全十美的人，正如俗语说的"金无足赤，人无完人"。因此，人际交往中"相容"是最难做到的，难就难在双方要能够容忍交往对象的"短处"。为此，首先，一个人要善意地帮助对方，指出其错误所在，并给对方改正错误的机会。其次，一个人要学会抑制自己的不良行为习惯，尽可能地规范自己的交往行为，以适应不同的交往对象，促成交往关系的建立。最后，一个人要把握好交往的"度"，不应将"相容"表现为怯弱、低三下四，而应表现出一种豁达的心胸、积极的心态、谦虚的品格。

可见，宽容是一个人的思想境界和品德修养的反映，同时也是实现人与人之间和谐相处的重要原则。从人际关系的角度看，相容实际上体现的是一个人对交往中的人的肯定和对对方最大限度的理解。有位小学老师做了一项有趣的实验，请班上的学生写出自己所讨厌的同学的名字。有的学生只写了一个，有的学生写了三十几个。这位老师发现了一件有趣的事：写了最多名字的那个人的名字也最多次数地出现在其他人的名单上。理由很简单：因为他讨厌大部分的人，所以大部分的人也都讨厌他。这个例子清楚地说明，交往主体需要首先容忍和接纳对方，才能换取对方的容忍和接纳。相容原则提示的是交往双方需要做到相互了解、相互体谅，互相换位思考，真正地替对方着想，从而建立起彼此间的融洽关系。

5.适度原则

人际关系是在人际交往中建立的，而人际交往是否成功在很大程度上取决于人们对自身交往行为的"度"的把握。

（1）交往的范围要适度。很多人以为人际交往当然是范围越大越好了，但事实不一定如此。在每个圈子中都有一些"交际高手"，在学校里，他们通常是那些上通下达的、左右逢源的学生社团"活跃人士"，他们奔波于学校的四处，似乎与每个人都能说上几句话，让很多人好生羡慕。但实际上，与每个人都能说得上话的人与每个人都说不了几句话，这种广泛的人际交往很难形成深刻的人际关系。

（2）交往的时间要适度。人际交往固然重要，但它毕竟不是生活的全部。一个人如果整天都在经营人际关系，短时间内可能会有些小的收益，但长此以往，必将失去更重要的东西。人际交往是我们实现幸福生活的途径，而不是生活本身。

（3）交往的距离要适度。什么样的人际关系才叫好呢？是不是卷入程度越高就越好呢？无论是亲朋好友之间还是恋人夫妻之间，无论关系多么亲密，感情多么融洽，双方在意识观念、行为习惯、处事方式上都不可能达到完全的一致，心理上的距离不可能完全消失。每个人在内心深处或多或少都藏有属于自己的秘密，即便是最亲密的爱人和朋友可能也无从了解。一个人没有必要把自己的一切都坦露给别人，更不能要求别人也向自己敞开一切，"距离产生美"的道理正在于此。有些朋友好得不分彼此，看上去似乎都丧失了自我，这样的亲密程度是很危险的，因为双方一旦遇到过不去的坎，很容易就会势如仇敌。

（4）交往的言行应适度。这是指交往中的言谈、举止应遵守一定的礼仪规范，双方不可以根据自己的喜好，随意放纵。交往双方应使用文明、规范的用语，语义、语音的使用要得体；行为举止则要求优雅大方，举手投足分寸恰当，双方都应在交往对象面前展现良好的自我形象。

6.道德原则

社会中的每个人都承担着相应的责任和义务，并享有一定的权利，而权利和义务的分配是依据一定的原则、准则来进行的，因此，人与人的交往乃至形成的人际关系就被赋予了道德属性。实际上，道德原则是用以调整利益关系、为社会成员的权利和义务以及分配提供合理的价值尺度的，因而，道德是指为了维护社会共同利益，尊重他人的人格和权利，协调各种利益关系的行为准则。它是通过社会舆论、内在信念、传统习俗的力量，来实现对社会各种关系的调整。道德还可解释为社会用来调整人与人之间、人与社会之间关系的行为准则和规范的总和。因此，从道德的内涵而言，它以善和恶、荣和耻、美和丑等概念为评价标准。我们看到，在日常生活中，人们对具有或符合一定道德准则的行为给予道德赞许或道德奖励，而对缺乏或违背道德准则的行为则给予道德谴责或道德制裁。无疑，道德原则是确保人际交往正常进行的一条基本原则。

1.3　人际沟通的意义、形式与过程

人际沟通是指人与人之间通过语言或者非语言的形式传递并理解信息和知识的活动，是人们了解彼此想法、情感和价值观的一种双向互动过程。人际沟通与人际关系密不可分，它是形成良好人际关系的主要途径和保障。

1.3.1　人际沟通对人际关系的意义

1. 人际沟通是人际关系形成和发展的基础

人际沟通研究的是人与人之间联系的形式和程序，人际关系则主要研究人与人在沟通基础上形成的社会和心理关系。可以说，人际沟通是人际交往的起点，是建立人际关系的基础。人际关系是在人际沟通的过程中形成和发展起来的，离开了人与人之间交往的沟通行为，人际关系就不能建立和发展。事实上，任何性质、任何类型的人际关系都是人与人之间相互沟通的结果；人际关系的发展或恶化，也同样是人与人之间相互交往的结果。良好的沟通会促使人际关系更加和谐，同时人际关系良好，会促使沟通比较顺畅；反过来，不良的沟通会使人际关系变得紧

张甚至使人际关系恶化，不良的人际关系也会增加沟通的困难，使双方形成沟通障碍。所以，人际沟通是人际关系赖以形成和发展的基础，是形成、发展人际关系的根本途径。

2. 人际沟通的状况决定人际关系的状况

不是所有的问题都能通过沟通解决，但是现实中的许多问题确实是由糟糕的沟通造成的。在社会生活中，一个人不可能脱离人际关系而独立存在，总是要与他人建立一定的人际关系。人际关系的状况是由人际沟通的状况决定的。如果两个人在思想、感情上存在着广泛而持久的沟通联系，就标志着他们之间已经建立起了较为密切的人际关系。如果两个人在感情上对立，行为上疏远，平时缺乏沟通，则表明他们彼此不相容，彼此间的关系紧张或一般。人际关系一旦确立，又会影响和制约人际沟通的频率、发展和沟通态度。所以，人际沟通又是人际关系在行为上的反映。

3. 有效的人际沟通是建立良好的人际关系的重要保障

有效的人际沟通可以把沟通双方的思想、情感、信息进行充分的、全方位的交换或分享，使积极的情感体验增加，负面的情感体验减少，从而达到消除误解与隔阂、增加共识、增进了解、联络感情的效果。和谐、团结、融洽、友爱的人际关系能够使人们在生活、学习或工作中互相尊重、互相关照、互相体贴、互相帮助，充满友情和温暖。可以说，世界上最美的东西就

是人与人之间的情感联络，而人与人之间的情感联络就是通过人际沟通实现的。

1.3.2　人际沟通形式的分类

人际沟通是不同个体围绕各种信息所进行的传播信息、交换信息、理解信息和说服工作，它的形式多种多样。依据不同的划分标准，我们可以把人际沟通划分为不同的类型。

1. 语言沟通和非语言沟通

根据不同类型的信息传递方式，人际沟通可分为语言沟通和非语言沟通。语言沟通是指建立在语言基础上的沟通方式。语言沟通又可细分为书面语言沟通、口头语言沟通。口头语言沟通是日常生活中最普遍的沟通形式，包括交谈、讨论、开会、演讲、面试等。口头语言沟通是保持整体信息交流的最好沟通方式。在沟通过程中除了语言之外，其他许多非语言性的表情、动作、姿势等也会对沟通的效果产生影响。在进行口头语言沟通时，沟通双方可以及时得到反馈并据此对沟通过程进行调节，彼此相互作用充分，因而这种沟通类型的影响力往往是最强的。

非语言沟通是指通过语言符号之外的沟通方式，即使用非语言符号系统进行的沟通。非语言符号系统的内涵十分丰富，包括副语言（声调、语速等）、态势语言、人际距离、环境、空间距离、时间等。非语言沟通可以使语言沟通表达得更生动、更形象、更丰富。

2. 正式沟通和非正式沟通

按照组织管理系统和沟通情境，人际沟通可分为正式沟通和非正式沟通。正式沟通指的是在正式社交情境中发生的人际沟通，而非正式沟通则指的是在非正式社交情境中发生的人际沟通。每个人在日常生活中都离不开这两种人际沟通。在正式沟通过程中，如参加会议、接受入职面试、发表讲话等，人们对于语言沟通和非语言沟通过程中的信息都会高度注意；在语言上，用词会更准确，并会注意自己的语言在语法上的规范性；对于衣着、姿势和目光接触等也会十分注意。人们希望通过这些表现为自己塑造一个好的形象，给别人留下良好的印象。在正式沟通过程中，往往存在典型的"面具"效应，即人们试图掩盖自己的不足，行为举止也会变得更符合社会期望。

在非正式沟通过程中，如闲聊、聚餐、工作以外的聚会娱乐等，人们会更放松，行为举止更自然。沟通者对于语言沟通和非语言沟通信息的使用都比正式沟通随便。每个人都会有体会：在自己家或宿舍，与在办公室与他人沟通的状态有明显区别。不同情境下，个体的心理紧张程度不同，因此整个沟通过程也具有不同的性质。

3. 上行沟通、下行沟通和平行沟通

根据人际沟通中信息的传播方向，人际沟通可被分为上行沟通、下行沟通和平行沟通。上行沟通是指组织或群体中，从低层次向高层次进行的人际沟通活动，如下属人员向上级管理者的请示汇报或其他工作活动；下行沟通是指在组织或群体中，从高层次向低层次进行的人际沟通活动，如领导向下属发出指示命令；平行沟通是指组织内部同一阶层或职级人员之间的横向人际沟通，多用于各部门及同事之间的协调合作。

人际沟通是一种与人们日常生活、工作关系最为密切的沟通。与别人关系的建立和继续，都必须通过这种沟通来实现。人际沟通的形式不限于面对面，也可以通过电话、网络等多种媒体来实现。

1.3.3　人际沟通的基本过程及其中的障碍

沟通是信息传与受的过程，人际沟通的基本过程如图1-1所示，发送者凭借一定的渠道，

将信息传递给接收者，并希望接收者能够理解。沟通过程通常包括发送者对思想进行编码并通过渠道发送信息，接收者通过渠道接收信息、译码、理解、反馈这几个环节。在这些环节中，有时会存在噪声干扰，形成沟通过程中的障碍。下面就人际沟通的基本过程及存在的障碍进行分析。

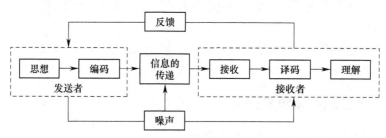

图 1-1　人际沟通的基本过程

（1）发送者有了一个想法

发送者在实施沟通之前，必须首先选择试图沟通的信息，即思想或想法，明确沟通目的和目标。如果想法不清晰、沟通目的和目标不明确，信息的编码就可能出现问题。

（2）发送者将想法编码为信息

发送者将想法转化为接收者可以接收的形式，如声音、文字、表情等，这就是我们经常说的"表达"。这个环节容易出现的两类障碍要防范。一类是发送者的编码能力不佳，如口齿不清、词不达意、逻辑混乱、条理不清、信息超过接收者理解能力等。因此，发送者在编码过程中必须充分考虑到接收者的经验背景，注重内容、符号对接收者的可读性。另一类是选择性知觉编码发送噪声。它指的是信息发送者在信息编码的过程中，受到个人兴趣、情绪、思想、愿望等的影响和制约，而对应该全部发送的信息进行了不恰当的增删、过滤，从而影响了信息传送的完整性、准确性和及时性。

（3）发送者通过渠道传递信息

渠道是信息传递的途径和媒介。如今，渠道越来越具有丰富性和多样性，突出的变化是电子信息通道的出现。

渠道的选择是相当重要的：渠道会影响信息传送的速度、有效性和完整性，渠道选择不当是沟通中产生障碍的常见原因。例如，应该书面落实的任务仅仅用口头通知，这带来了责任不清的后果；不该发布到网上的信息却发布到了网上，造成信息泄露。

（4）接收者接收信息

接收者通过倾听、做笔记等方式接收信息。这个环节常见的障碍有两类。一类是接收者的接收能力欠缺。例如，接收者在倾听技巧、做笔记技巧方面有所欠缺，听不明白或记不下来等。另一类是选择性知觉接受，即信息接收者受自己的心理结构、心理需求、文化教育水平、理解能力、心理期望、社会角色地位、人生阅历等因素的影响，自觉或不自觉地对所接收的信息进行了增删、过滤等，从而影响了相互间沟通的准确、全面、及时。

（5）接收者解码信息

接收者在接收到信息后，将符号化的信息符号还原为信息，并理解其信息内容与含义。完美的人际沟通应该是编码与译码完全"对称"，即发送者和接收者所处理的信息完全一致。接收者在译码过程中也必须

拓展视频

沟通的性别差异

考虑到发送者的经验背景，这样才能更准确地把握发送者欲表达的真正意图，正确、全面地理解收到的信息的本来意义。

（6）接收者反馈信息

接收者反馈信息是指接收者把接收到并理解了的信息返送给发送者，以便发送者对接收者是否正确理解了信息进行核实。有效的沟通必须有反馈，如果没有反馈，沟通行为就存在失控的可能性。

在沟通中，每个人都必须很好地了解如何有效地理解别人和让别人理解，了解人际沟通的基本过程及其中的障碍，只有这样，才能增强沟通的有效性和准确性。

1.3.4　人际沟通活动必须具备的要素

一个完整的人际沟通活动必须具备的要素有以下几点。

（1）发送者。人际沟通活动由谁发起。

（2）沟通目标。人际沟通活动需要解决什么问题。

（3）接收者。接收者可能有很多，发送者要分析接收者的类型、地位、态度、期待等。

（4）信息。接收者需要多少信息？发送者的信息将会为接收者带来何种利益？接收者对信息感兴趣吗？

（5）渠道。发送渠道有口头、书面、电话、电子邮件、会议、网络、面谈、演讲等。发送者需要考虑哪种发送渠道最有利于人际沟通活动的进行。

（6）反馈。人际沟通活动需要反馈，这样发送者才知道接收者想的是什么。

（7）背景。任何人际沟通活动都是在一定的物理背景、社会背景、文化背景下进行的，发送者需要了解人际沟通活动的背景。

这几个要素也是一项沟通策划方案必备的要素，我们在制订沟通策划方案的时候，要全面考虑这几个要素。

1.4　人际沟通的原则、策略和技巧

1.4.1　人际沟通的原则

要实现有效沟通，人们必须遵守一定的人际沟通原则。只有遵循这些人际沟通原则，人们想要传递的信息才能如预期那样及时、准确、完整地被沟通对象接收和理解，进而才能获得对方的理解、共鸣，问题才能得到有效解决，良好的人际关系才能顺利建立。需要说明的是，以下总结的人际沟通原则并不是完整的，前面章节提出的建立良好的人际关系的基本原则，比如平等、尊重、诚信、交换、互利、相容、适度等，同样适用人际沟通。

1.同理心原则

同理心又可被称为换位思考、移情、共情，指的是从他人的角度来体验世界，重新创造个人观点的能力。同理心原则要求我们在人际交往过

拓展视频

同理心原则："己所不欲，勿施于人。"

拓展视频

尊重差异，学会换位思考

程中，要能够体会他人的情绪和想法、理解他人的立场和感受、真诚地关心对方的需求，并站在他人的角度思考和处理问题。同理心就是设身处地为他人着想，即想人所想、理解至上的一种处理人际关系的思考方式。在沟通过程中，将心比心、设身处地为对方着想是达成理解与共识不可缺少的心理机制。这就要求我们要学会互相体谅、宽容、理解、信任，做到严以律己、宽以待人，做到"己所不欲，勿施于人"。

2. 主动原则

主动是指个体按照自己设置的目标行动，而不依赖外力推动的人格特质和行为品质。人的本质是主动而非被动的，个人行为更多取决于自身的抉择，而不是外在的环境。对积极主动的人而言，理智胜于冲动，他们会慎重思考，选定价值观并将其作为自己行为的内在动力，能够营造有利局面，使事情按照自己的意图发展；而消极被动的人则截然相反，他们感情用事，易受环境或条件作用的驱使。在人际沟通中，一个人无论面对的是家人还是朋友、是老师还是同学、是管理者还是被管理者，都可以采取积极主动的沟通态度，营造鼓励性的沟通氛围，不应被动消极等待，而是通过主动交流、主动反馈、主动支持和主动跟进，争取在第一时间内获得理解、解决问题、达成目标。具体来看，一是应秉持主动与他人交流信息、思想、情感等的沟通理念与为人处世的风格，如在工作中，应主动向领导汇报工作的进度与所遇到的困难，提出所需的支持，而不是等到无法按时完成任务时才向领导抱怨；二是应对沟通过程中存在的阶段性问题、达成的阶段性共识进行总结并与沟通对象进行分享，进一步巩固共识，为下一阶段沟通的有效进行提供保障；三是应事先对沟通对象进行分析，了解他们的利益需求，并在沟通中不断地假设、观察、追问以发现对方的需求，从而提供主动支持以满足其需求，拉近双方之间的距离；四是应密切注意沟通对象的细节表现，根据对方的细微的行为特征，不断调整自己的沟通方式以达到最佳的沟通状态，从而保证沟通的有效性。

3. 礼貌原则

俄国文学家、哲学家赫尔岑说："生活中最主要的是有礼貌，它比最高的智慧和一切学识都重要。"人们的印象形成过程始于通过感官觉察对方，社会交往中的人总是以一定的仪表、服饰、言谈、举止来表现某种行为，这是影响人们印象的主要因素，因而，礼貌原则是指沟通双方通过言谈举止表现出谦虚、恭敬、相互尊重的原则。可见，人际沟通中，我们要注重礼节、礼貌，要了解、掌握和遵循通行的社交场所的礼仪规则，如在日常交往中，言谈举止要文明、优雅、自然、大方、得体；服饰穿着应遵循国际通行的"TPO原则"，即时间（Time）原则、地点（Place）原则、场合（Occasion）原则；待人接物要注重文明礼貌等。显然，一个人以何种形象出现在他人面前，已经越来越成为人们非常重视的问题。因为它在事实上影响着人与人之间的沟通效果，甚至制约着人际交往的成败。而个体所表现出来的良好的礼仪风度，在交往中必然会给对方留下深刻而美好的印象，这有助于双方建立起稳固的关系。

4. 文化情境原则

文化情境原则是指人际沟通策略的选择应适用于特定的文化情境。文化情境与实际情境都会对沟通效果产生重要的影响，处理不好则会阻碍有效沟通，甚至导致沟通失败。不同国家、不同区域的文化不同，使得人们的沟通习惯不同；而不同沟通对象的个性、需求不同，不同情境场合下的实际情况不同，都使得人际沟通技巧的运用必须更具灵活性。换言之，在人际沟通过程中，我们应重视文化情境因素的影响，做到实际情况实际分析，选择最适合该文化情境的人际沟通策略。

5. 信息对称原则

信息对称是指沟通双方所掌握的沟通信息是完全的、一致的，即所传递的信息是完全的和精确对称的。信息的完全性要求发送者提供的信息是真实的、全面的，即不存在信息欺骗行为，并且要向接收者提供 5W1H（Why、What、Where、When、Who、How）6 个方面的全面信息，不要让其猜测；信息的对称性就是要求发送者所编码的信息能被接收者完全接收，即信息在传播与接收过程中基本不改变原意或不偏离原意。信息对称原则要求沟通双方在沟通过程中应以事实为基础，采用"观点＋理由＋事实"的表达方法客观地陈述所发生的事实，用数据和事实进行沟通。例如，观点：小李是三好学生。理由有三：其一，他学习好，其二，他思想好，其三，他身体好。具体事实如下：小李发表了 10 多篇高水平论文，连续 3 年获得国家奖学金；他被评为优秀共产党员；他每天坚持锻炼身体，获得过学校游泳比赛的冠军。

6. 问题导向原则

问题导向原则是指人际沟通应以解决问题和达成目标为出发点和工作重点。有效沟通应该具有明确的沟通目标，即为了获得理解与解决目前存在的问题，以达成一致的协议和妥协。问题不清晰，目标不明确，必将导致发送者所发送的信息混乱、模糊不清，接收者只能靠经验和情境去揣摩猜测对方的用意，从而容易导致沟通误差或沟通失败。除了清晰界定问题之外，问题导向原则还应体现出"对事不对人"，这就要求沟通双方在沟通过程中应学会克制情绪，不对对方进行人身攻击，不轻易下结论，从解决问题的角度来考虑人际沟通策略。

拓展视频
怎样说话才是
对事不对人

1.4.2 人际沟通的策略和技巧

对于人际沟通过程中存在的各种障碍，我们该如何克服呢？运用以下这些策略和技巧可以使人际沟通更为有效。

1. 获取沟通对象的信任

一个人的可信度是其谦逊、公正和善意逐渐为人所承认的长期过程的结果。世上没有创造充满信任气氛的捷径，与沟通对象之间的和谐关系只有经过前后一贯的行为才能逐步形成。

2. 正确选择沟通方式

沟通方式有许多种，选择沟通方式时应注意以下事项：第一，沟通重要信息时，最好同时利用口头沟通和书面沟通两种方式；第二，一般来说，面对面沟通的效果最好；第三，过分依赖书面沟通可能使文件泛滥成灾；第四，无论采用何种沟通方式，最重要的是提供反馈信息。

3. 注意非语言提示

行动有时比语言更明确，因此发送者必须注意自己的非语言提示，确保它们与语言相匹配并起到强化语言的作用。例如，在使用语言进行沟通时，应表情严肃还是面带微笑，心情应愤慨还是应平静，非语言信息在沟通中占有很大的比重。

4. 避免语言沟通与非语言沟通的矛盾

语言沟通与非语言沟通的矛盾往往会造成人们难以理解信息。避免沟通中二者的矛盾的关键是对其保持警觉，防止发送错误的信息。手势、衣着、姿势、面部表情及其他重要的非语言信息都应与语言信息"一致"。分析别人的非语言沟通方式，并注意不同文化背景下沟通方式的差异，对改进自己的沟通方式有所帮助。

5. 抑制情绪化的反应

情绪化的反应，如愤怒、爱、戒备、憎恨、嫉妒、恐惧、窘迫等，会使信息的传递严重受阻或失真。处理情绪因素的简单方式就是暂停进一步的沟通直到恢复平静。在管理工作中，管理者应该尽力预期员工的情绪化反应，做好准备并加以处理。管理者也需要关注自身情绪的变化，以及这种变化如何影响他人。

6. 善于倾听与积极反馈

在人们相互沟通的过程中，有3种不同的倾听方式，即被动倾听、承认式倾听和主动倾听。被动倾听是指在信息接收者接收信息的过程中，没有提供任何的反馈。承认式倾听是指信息接收者点点头，或与发送者保持眼神接触，或发出一定的信号，如"我知道了""嗯"等，这些信号足以使发送者继续传递自己的信息，但是，同时发送者也许会误以为这是接收者在表示同意。主动倾听是指接收者在听的同时，积极地向发送者提供反馈，或以自己的语言来重述谈话的内容。显然，为了进行有效的沟通，人们应选择主动倾听。倾听是一项重要的谈判技巧，很多人认为倾听是一件容易的事，自己能够做得好。实际上，倾听并不容易，人们也常常不能做得很好。认真倾听需要集中精力、思想，这对大部分人来说需有意识地去练习。认真倾听，就是自觉地、准确地领会交谈中所谈到的每件事，避免出现间断（漏听）、错听或无意的假设的干扰。

 复习思考题

1. 人际关系的概念是什么？人际关系有哪些特征？
2. 为什么说社会性是人际关系的本质属性？
3. 根据关系联结的纽带，人际关系可以被划分为哪些类型？
4. 建立良好的人际关系对保持心理健康有何意义？
5. 有一种说法是"人际关系也是一种生产力"，你如何理解这种说法？
6. 良好的人际关系与成功有什么关系？
7. 建立良好的人际关系应遵循哪些基本原则？你认为最重要的原则是什么？
8. 人际沟通的过程中可能存在哪些障碍？
9. 一个完整的人际沟通活动必须具备哪些要素？
10. 人际沟通应遵循哪些原则，你认为最重要的原则是什么？
11. 举例说明在人际沟通中如何遵守同理心原则。
12. 讨论在日常生活中如何把握人际沟通的策略和技巧。

 案例分析题

【案例1-1】

有一位名叫小萍的大三学生来到学校的心理咨询室寻求帮助。她发现自己近来的恐惧心理很严重，一个人的时候不敢独自待在宿舍里，上自习课的时候，身边如果没有认识的人，就不能安心地学习，如果强忍着坚持下去，就会出现心悸。通过与她的交流，咨询师得知事出有因。

小萍同宿舍里有一位舍友名叫小栾（化名），小栾生活习惯不好，常随处乱放自己的东西，所以经常找不到自己想要的东西。有一次，她在宿舍里丢了 50 元（根据小萍的表述，小栾当时是不是真丢钱还不确定，她经常随处乱丢钱，而且只是 50 元，人们通常很难把自己的钱财数目记得那么清楚），而恰巧当时小萍也在宿舍。小栾找了一会儿没找到，嘟哝了几句，说："算了，算了，就当花钱买个教训，幸好只是 50 元，以后我可得把自己的钱和其他财物都保管好喽！"

原本以为事情就这样过去了。大约一个星期后，在去上晚自习课的路上，同宿舍另一个跟小萍关系不错的舍友告诉她："你知道吗？小栾怀疑自己当时丢的 50 元是你偷的，我不相信这是你做的，你要不要向小栾澄清一下？"小萍听到后很气愤，但这种事情确实很难处理，弄不好越抹越黑。最后她就坚持了一个道理：身正不怕影子斜。同时，她断绝了与小栾的交往。可能也是由于这件事的打击，她在与人交往的时候变得十分谨慎，与同宿舍其他人的关系也开始变得冷淡。同时，舍友们发现她变得越来越冷淡，也就知趣地不再与她多交往。

后来小萍得知被小栾怀疑这件事又传到了小栾的耳朵里，小栾主动地向小萍道歉，表示自己当时只是猜测，不是故意要伤害她的。小萍并没有接受她的道歉，反而从此彻底与小栾断绝了交往。由于自己成绩不错，小萍相信学业上的成功可以给自己带来好心情。于是她就这样坚持了一个学期，然而不但心情没有得到改善，由于不能集中精力学习，学业成绩也开始滑坡。就在这种情况下，小萍来到了心理咨询室。

资料来源：彭贤，李海清.人际关系心理学 [M].2 版.北京：清华大学出版社，2013.

问题：

1.你觉得小萍的问题的根源是什么？如果你是咨询师，会给她提供什么建议？

2.结合案例，谈谈建立良好人际关系的意义。

3.小萍在人际交往中有哪些不妥之处？违反了建立良好的人际关系的基本原则中的哪些原则？

【案例 1-2】

小雪是某大学历史系大四的女生。大二的时候，小雪在老乡会里认识了一名当时刚上大一的男生。小雪看中了那位男生稳重的举止和帅气的外表，于是借助老乡这层关系，两人迅速发展成了恋爱关系。

小雪比那位男生高一年级。两人在相处时，小雪总是表现得很关心对方，像个姐姐一样。对于这段恋情，小雪倾注了自己的全部，她甚至计划好了两人毕业后到哪里去工作，何时步入婚姻的殿堂。就这样，两人出双入对，度过了一年的甜蜜时光，但天下没有不散的筵席。大三开学后，那位男生主动向小雪提出了分手，理由是他反思了自己并认为当初和小雪谈恋爱是出于一时的冲动。

小雪是个依赖性很强的人，一年的恋爱经历已让她习惯有那位男生的生活，她觉得自己实在做不到就这样分手。为了让男朋友有时间更好地思考这个问题，她答应两人暂时分开。很自然地，两个人的关系就这样破裂了。两人最后通电话的时候，小雪告诉那位男生："虽然你已不爱我了，但我依然爱着你，我是不会去爱别人的。"在这一点上，小雪说到做到，在大三的一整年中，虽然有许多男生对她表示过好感，但她仍然执着地爱着先前的男朋友，不愿意开展新的恋情。

现在大四了，班里的同学们都在忙着考研或找工作，但小雪就是难以静下心，脑子里老是有莫名其妙的想法，想停也停不下来。但她也弄不清自己到底错在哪里。

资料来源：彭贤，李海清.人际关系心理学 [M].2 版.北京：清华大学出版社，2013.

问题：

你觉得小雪错在哪里？你会给小雪提供什么建议呢？

【案例 1-3】

一次失败的约会

吴亮这个星期一直为一件事所困扰，所以好几天都没出去打篮球。原来，他已经快30岁了，相了好几次亲都没有成功，至今单身。所以家里人挺着急的，于是托人给他介绍对象，吴亮和那个被介绍的女孩约好这个周末在大华影院见面。可是，吴亮很发愁，不知见了面该怎么与这个女孩交谈。前几次，他一直表现得斯斯文文的，光听女孩说，自己只是"是""嗯"个不停，别人以为他很腼腆，因此觉得没劲。他想不出来应该怎么办，最后一想：管他呢，到时候再说，还是先出去打篮球吧。

星期六下午5点一刻，吴亮着一身新衣前往目的地。由于他家在西城区，那个女孩住在东城区，两人的居所相距较远，所以他们把约会时间定在下午6点半，地点定在离女孩家较近的大华影院门口。从吴亮家坐车到大华影院一般要45分钟。谁知这天路上堵车，等到吴亮赶到大华影院门口的时候，已比约会时间晚了10多分钟。

吴亮走到女孩面前，急忙说："不好意思，路上碰上堵车，早不堵晚不堵，偏偏这时候堵，真是对不起。"

女孩随意地说："没什么，我也是刚到。这个城区人多，车也多，所以常常堵车……"

"就是嘛！唉，都挤到这个城区了。"吴亮急忙说，"你看这条路，到处都是人，每年还有不少外来人口涌入。每天叫喊要修快速路，也不见那些当官的行动……"女孩眉头一皱，不过也没说什么，任凭他说下去。

"哦，你吃了晚饭吗？"姑娘趁吴亮说得口干之际插了一句。

"吃了，现在不饿。"吴亮随便应了一句。接下来，两个人都沉默了。

吴亮忽然冒出一句："咱们去看电影吧。""嗯！"女孩细声应了一声。

刚到门口，吴亮"唉"了一声，女孩忙问："怎么了？"

"也没什么，今晚的两部电影我都看过。《××××》虽是大片，却让人看了摸不着头脑。《××××》太老了，很没劲。"吴亮没兴趣地答道。

女孩迟疑了一下，说："那咱们别看了吧。"

"行呀！不看这破电影，咱们上街随便遛遛。"吴亮大声说道。

街道中间车流不息，十分喧闹。两人一时间又都沉默了。吴亮心想：她怎么不像那几个女孩一样主动说话呢？

忽然，吴亮兴奋地问道："你喜欢看篮球比赛吗？"女孩愣了一下，轻轻地说："还行。"吴亮一听"还行"，心中一喜，心想总算找到了她也喜欢的话题。于是，他不停地跟她讲今年的某篮球联赛的近况，以及超级球星的流动情况。女孩一直默默地听，偶尔问上一两个小问题。

吴亮说到最后也觉得兴趣索然，两人又陷入了沉默状态。

"天色不早了，我得回家了。"女孩打破了沉默。

"哦，行，要不我送你回家吧。"吴亮有些沮丧地说。

女孩说："不用，你家远，晚上坐车不方便，我一个人走就行。"

吴亮心想也是，便不再坚持。于是，吴亮跟女孩说了声"再见"就回家了。

当然，吴亮又一次相亲失败了。

问题：

1. 吴亮又一次相亲失败，你认为他在沟通上存在哪些问题？

2. 你觉得吴亮在沟通过程中违反了哪些人际沟通的原则？

3. 你有能让吴亮成功地与这位女孩约会的建议吗?

 自我测试题

【测试1】

人际关系测试

这是一份大学生人际关系行为困扰的诊断量表,整个量表共有22个问题,请你根据自己的实际情况,逐一对每个问题做"是"或"否"的回答。

(1) 关于自己的烦恼,你有口难开。

(2) 和生人见面时感觉不自然。

(3) 过分地羡慕和忌妒别人。

(4) 对参与连续不断的会谈感到吃力。

(5) 与一大群朋友在一起时,你常感到孤寂或失落。

(6) 在社交场合感到紧张。

(7) 时常伤害别人。

(8) 与异性相处时,不知道如何适可而止。

(9) 瞧不起异性。

(10) 不能与别人和睦相处。

(11) 极易受窘。

(12) 当不熟悉的人对自己倾诉他的生平遭遇时,你常感到不自在。

(13) 担心别人对自己有坏印象。

(14) 总是尽力使别人赏识自己。

(15) 时常避免表达自己的感受。

(16) 对自己的仪表(容貌)缺乏信心。

(17) 讨厌某人或被某人所讨厌。

(18) 常被别人谈论、愚弄。

(19) 自己的烦恼无人可诉。

(20) 受别人排斥,感到他人很冷漠。

(21) 不能广泛地听取各种意见和接受看法。

(22) 你常因受心理伤害而暗自伤心。

计分标准

选择"是"的给1分,选择"否"的给0分。

结果解释

如果总分为0~6分,这说明你与朋友相处时的困扰较少。你善于交谈,性格比较开朗、主动,会关心别人。你对周围的朋友都比较友好,愿意和他们在一起活动,他们也都喜欢你,你们相处得不错。你能从与朋友的相处中得到许多乐趣。你的生活是比较充实而且丰富多彩的,你与异性朋友也相处得很好。总之,你没有或很少有交友方面的困扰,善于与朋友相处,能获得许多人的好感与认同,人缘很好。

如果总分为 7～14 分，这说明你在与朋友相处方面存在一定程度的困扰。你的人缘一般，换句话说，你和朋友的关系不牢固，时好时坏，经常处在一种起伏状态之中。

如果总分为 15～22 分，这表明你在同朋友相处方面的行为困扰程度比较严重。其中，如果总分超过 18 分，则表明你在人际关系方面的行为困扰程度很严重。你不善于交谈，性格孤僻，不够开朗，或者有明显的自高、自大等行为。

思考与讨论

根据测试结果分析自己的人际关系状况。

【测试2】

人际沟通测试

对照自己的实际情况，对以下每个问题给出"是"或"否"的回答。

（1）跟别人谈话时，你会试着从对方的角度看问题。

（2）如果错了，你不会害怕承认错误。

（3）你认为让别人理解自己的最好办法是把你的想法和感受明确地告诉对方。

（4）你如果觉得自己伤害了别人，会马上道歉。

（5）你乐于接受批评。

（6）对别人正在讲的话题，你通常会表示感兴趣。

（7）入学后能很快喊出同宿舍同学的名字。

（8）你时不时会跟老师聊聊天。

（9）你善于从别人的话里听出弦外之音。

（10）别人开自己的玩笑可以接受，但不主动拿别人开玩笑。

（11）做事有原则，但遇到特殊情况，也会灵活处理。

（12）讲话简明扼要，不啰嗦。

（13）懂得如何说"不"而不使对方难堪。

（14）脸上常挂着微笑。

（15）懂得如何适度地赞美别人而又没有拍马屁的嫌疑。

（16）很少抱怨，从不在公开场合与人发生争执。

（17）跟陌生人接触时，你善于发现彼此之间的共同点。

（18）不会表现得比朋友更精明，但也不会让人觉得愚蠢。

（19）你总是勇于表达自己的想法。

（20）注重细节，经常通过观察细节得出与众不同的结论。

结果解释

回答"是"的题目不超过 8 个：不及格，你需要好好补一下有关人际沟通的常识。

回答"是"的题目超过 8 个但不超过 15 个：你虽然了解沟通之道，但还不够完美，要加把劲。

回答"是"的题目超过 15 个：你非常善于与他人沟通。

思考与讨论

分析自己的人际沟通能力。

第2章　人际交往中的社会心理学原理

本章要点

- ◆　人际交往的心理需求理论
- ◆　人际交往吸引规律
- ◆　人际交往中的心理效应
- ◆　人际交往中的心理障碍及其成因
- ◆　人际心理障碍的调适手段
- ◆　自我形象认知及评价体系
- ◆　自我认知的 SWOT 分析
- ◆　乔哈里视窗理论及运用
- ◆　缩小自我盲区的鱼缸会议

　　自 20 世纪 20 年代人际关系理论产生以来，有关人际关系和人际沟通的理论学说纷纷涌现，层出不穷。代表性的理论学说，如梅奥的人际关系理论、马斯洛的需要层次理论、阿伦森与福阿夫妇的交互理论、霍曼斯的社会交换论、舒茨的人际特质理论、乔哈里的视窗理论、海德的平衡理论、纽科姆的"对称"理论和米德的符号相互作用理论，从不同的角度诠释了人际关系和人际沟通的特点与规律，对现代人际关系学的形成和发展产生了极其重要的影响。以下主要从社会心理学角度阐述几种常用的理论。

2.1　人际交往的心理需求理论

2.1.1　人际关系的需求类型与行为倾向

　　每个人都需要与别人交往，人际关系是一种需要，但不同的人对人际关系有不同的心理需求。美国社会心理学家修兹把这些需求分为 3 类。

　　（1）包容的需求。包容的需求是指一个人与别人来往、结交，以及与他人建立并维持和谐关系的欲望。基于这种动机而产生的行为特征为交往、沟通、参与等。与此相反的是孤立他人、退缩、排斥他人、疏远他人等行为。

　　（2）支配的需求。支配的需求是指一个人在权力基础上建立并维持良好关系的欲望。其行为特征表现为运用权力、权威去控制、支配与领导他人。与此相反的是抗拒权威、忽视秩序、拒绝受人支配、拒绝追随他人等行为。

　　（3）感情的需求。感情的需求是指一个人在感情上与他人建立并维持良好关系的欲望。其行为特征表现为喜爱他人、与他人保持亲密关系、同情他人、待人热情等。与此相反的是憎恨他人、厌恶他人、待人冷淡等。

修兹认为每个人都有与别人建立人际关系的愿望和需求，这是人际关系得以建立的内在动力。上述每一类需求都可以转化为动机，让个体产生一定的行为倾向。修兹根据上述 3 类人际关系的需求，把行为倾向划分为主动地表现和被动地期待两种，从而划分出 6 种人际关系倾向，即主动与他人交往、期待他人接纳自己、支配他人、期待他人引导、主动对他人表示亲密、期待他人对自己亲密，人际关系的行为模式如表 2-1 所示。

表 2-1　人际关系的行为模式

需要	行为倾向	
	主动性	被动性
包容	主动与他人交往	期待他人接纳自己
控制	支配他人	希望他人引导
感情	主动对他人表示亲密	期待他人对自己亲密

修兹认为，一个包容动机很强的行为主动者，即"主动与他人交往"型，一定是个外向、喜欢与人交往、积极参加社会活动的人，如果他的感情动机也很强，即"主动对他人表示亲密"型，则不但喜欢与人相处，也关心爱护别人，这种人必受人爱戴、赞美，具有良好的人际关系适应性。

2.1.2　马斯洛的需要层次理论

需要层次理论是由社会心理学家马斯洛首创的一种理论。他认为人的动机是由多种层次与性质的需要组成的，而各种需要之间有高低层次之分。他将人的基本需要归纳为 5 类，如图 2-1 所示。

图 2-1　需要层次理论

1. 5 个层次需要的内容

（1）生理需要。这是个体对衣食住行等的基本生存需要。生理需要的满足是个体的其他层次的需要产生的基础，当人的生理需要得到满足之后，他立即表现出其他（更高层次）的需要。

（2）安全需要。这是个体对生命安全、财产安全、工作安全和就业安全（工作稳定）等方面的需要。

（3）爱的需要。这是一种个体对友谊、爱情及归属感等方面的需要。马斯洛认为，在生理需要和安全需要得到满足之后，爱的需要就会显现出来，并成为激励一个人产生某种行为的主要激励因素。人对爱的需要是与前两个层次的需要性质不同的需要。生理需要和安全需要主要表现为个体对物质方面和经济方面的需要，而爱的需要则主要表现为个体对心理和精神方面的需要。

（4）尊重需要。这是一种个体对成就、地位和声望的追求以及希望自己受到他人的赏识、尊敬和重视等方面的需要。

（5）自我实现的需要。一个人在其他层次的需要都得到满足之后，就会产生自我实现的需要。这种需要表现为一个人希望能发挥自己的全部潜能，希望完成与自己能力相称的一切事情。

2. 主要观点及评价

马斯洛的需要层次理论的主要观点如下。

（1）人最迫切的需要是激励人产生行为的直接原因和动力。

（2）需要的激励处于一种动态水平中，它是逐渐发展变化的。当前最迫切的需要决定人的行为。当低层次的需要得到满足后，人们就会试图满足较高层次的需要。

（3）需要的满足次序为从低级到高级。

（4）每个人都具有 5 种层次的需要，只不过在不同时期、不同年龄阶段，每个人所表现出来的各种需要的强烈程度不同而已。

马斯洛将人的需要看作一个多层次、多水平的系统，认为人的需要可以由低级到高级逐步发展，其中包含辩证的因素，该理论对在人际交往中如何针对人的心理需要来实现有效沟通、建立良好的人际关系有重要的参考价值。但他仅指出了需要的层次间的相互关系，而忽视了层次之间的矛盾。他认为高级需要只有在低级需要得到满足后才能实现，否定了人的主观能动性，否定了人的理想、世界观等对需要的重要调节作用。尽管马斯洛的需要层次理论存在一些局限性，但不可否认的是，该理论对人际关系和人际沟通实践具有广泛的指导意义。

2.2　人际交往吸引规律

人际关系心理由相互联系的 3 部分组成：认知、情感和行为。其中，情感表现为人与人之间的喜爱或不喜爱，或个体之间主观感受的相互依存程度，即人际吸引。友谊与爱情是人际吸引的亲近表现。本节根据与心理学相关的研究成果，将人际交往吸引规律总结为魅力吸引律、邻近性吸引律、相似性吸引律、互补性吸引律、异性吸引律、自我表露性吸引律等。

2.2.1　魅力吸引律

一个人的魅力是影响人际吸引的直接因素，具体体现在仪表、容貌、才能、人格品质等方面。这些因素在决定人际情感方面会发挥很大的作用。人们喜欢美的东西，这是一种自然倾向。

（1）仪表与容貌。仪表与容貌对于人际吸引的影响是显而易见的。爱美是人的天性，无论在哪种文化背景中，美貌都是一种财富，令人向往。仪表与容貌是人际交往尤其是双方初步接触过程中的一个重要的吸引因素。人的长相、穿着、仪态、风度等都会影响人们彼此间的吸引力。大量的社会心理学实验资料表明，外貌在人际情感中的作用较大，尤其是在交往的初期，好的外貌容易给人一种良好的第一印象。人们往往会以貌取人，并产生光环效应，即倾向于认为外貌美的人也具有其他的优秀品质，使人们对有美貌的人的其他方面给出更积极的评价。不过，如果人们感到有美貌的人在滥用自己的美貌，会反过来倾向于对他们实施更为严厉的惩罚。而且，随着交往时间的延长，仪表与容貌的影响力也会越来越小，吸引力从外在因素逐渐转为人们内在的道德品质与才能。

（2）才能。在其他条件相等的情况下，一个人的才能越强，他就越受欢迎。因为一个人的才能本身就有一种吸引力，使他人对之产生敬佩感并欣赏其才能，愿意与之接近。但是，才能与人际吸引力并不简单地成正比。当才能对别人造成压力，让对方感到自己无能和失败时，则会成为影响人际吸引力的消极因素。

（3）人格品质。比起仪表与容貌、才能，人格品质则具有无与伦比的吸引力，而且这种吸引力比较持久、稳定与深刻。"女人不是因为美丽而可爱，而是因为可爱才美丽。"托尔斯泰的至理名言适合于任何国家、任何时代。另外，有关的研究还发现在政治领域，人们似乎更青睐那些相貌普通的女性，民众大多认为那些面容娇好的女性华而不实，只会卖弄自己的风情，没有真才实学。也有研究发现，商店的顾客似乎更喜欢那些相貌普通的售货员，那些光彩照人的售货员反而带给顾客一种压力。

2.2.2 邻近性吸引律

社会心理学家费斯汀格有一项著名的研究，这项研究是关于空间距离与人际关系的：他调查了一个住宅区的"友谊模式"。这个小区由17幢独立的两层楼房组成，其住户都是偶然搬进去的，之前都相互不认识。调查问题是"在这个社区的社交活动中，你最亲近的是哪3个人？"结果表明：距离越近的住户，关系越密切。其中，41%的人选择了同一层最近的邻居，22%的住户选择了隔壁的邻居，只有10%的人选择了距离较远的邻居。

心理学家西格尔做过这样一项实验：他在马里兰警察学校根据学生的名字按字母顺序安排教室座位和宿舍房间，结果发现名字字母顺序越近的人，在自由组合的活动里也越亲近。如果让这些学生说出3位最新伙伴的名字，他们说的也都是字母和自己名字字母顺序接近的名字。

抛开这些严格的心理学研究，单凭经验，我们也可以发现，空间距离比较近的人，如同桌、邻居、同事等都很容易形成亲密的关系。为什么会这样呢？本章总结了以下几点原因。

（1）空间距离上的接近为人们的交往提供了条件，增加了个体之间的交往频次，从而对对方有更多的了解和关注，进而建立亲密的私人关系。

（2）根据社会交换理论，人们在进行交往的时候总是期待着对方的"回报"，空间上的接近使得回报唾手可得。对于现实生活中的人来说，与空间距离接近的人建立亲密关系有很大的实用价值，即与身边的人建立亲密的关系，人们可以很容易地获得安全感，获得对自己有利的信息，在生活、学习、工作等方面可能得到照顾。

（3）时间上的长久性强化了彼此之间的关系。一般来说，空间距离接近的人都要共同度过一定时期的生活，如果双方不能形成亲密的关系，或者形成比较糟糕的关系，这对双方共同面临的生活都会带来不利的影响。基于这个原因，人们对身边的人的评价都倾向于积极的一面。

空间距离的接近给我们的人际交往带来了有利的一面，但这并不一定意味着我们与空间距离接近的人一定会建立良好的人际关系。空间距离的接近只是一种条件，若想要发展出融洽的人际关系，双方还需要共同努力。

2.2.3 相似性吸引律

相似性吸引律是指交往中的个体在态度（包括信念、兴趣、爱好、价值观、人格特征等）、年龄、性别、职业、经历等方面具备相似性特征时，彼此之间往往产生较为强烈的吸引力。比如，在找对象或者给别人介绍对象的时候，我们通常会默默地坚持一个原则：门当户对、郎才女貌。仔细观察大学里的恋人们，你会发现凡是那些情投意合的恋人，双方身上都有很多相似之处，这些相似之处可能是身高、体形，也可能是处世风格。我国有句古语叫"不是一家人，不进一家门"，这正说明了相似性吸引律在人们形成亲密关系方面起到了很重要的作用。

> **拓展阅读**
>
> 为了从理论上证实"相似性"的效用，美国心理学家组加姆曾做过一个心理学实验。他让 17 名互不相识的大学生住在一间宿舍，对他们之间的亲疏变化过程进行了长达 4 个月的跟踪调查。实验结果表明，在相识之初，空间距离的远近决定了这些大学生彼此间的亲疏程度；然而在实验的后期，那些在信念、价值观和个性品质上相似的人都成了形影不离的好朋友。
>
> 资料来源：陈倩.改变生活的心理学法则 [M].武汉：武汉出版社，2009.

相似性吸引律认为人们往往喜欢那些与自己相似的人，这种相似性包括信念、价值观、态度和个性品质的相似性，外貌吸引力的相似性、年龄的相似性，以及社会地位的相似性等。在生活中时常见到这样的情形：人们在早期交往中，年龄、社会地位、外貌吸引力往往起着重要作用，随着交往的加深，信念、价值观、个性品质等因素的作用会慢慢凸显，并且其重要性会超过其他因素；很多兴趣爱好、价值观等相同的人往往能成为知心朋友。在一些社交场合，一个人如果能够表明自己与对方有相似的经历或观念，更容易找到双方感兴趣的话题，使彼此的交谈更加融洽。

> **拓展阅读**
>
> 管宁、华歆共园中锄菜。见地有片金，管挥锄与瓦石不异，华捉而掷去之。又尝同席读书，有乘轩冕过门者，宁读书如故，歆废书出观。宁割席分坐，曰："子非吾友也！"
>
> 资料来源：刘义庆.世说新语 [M].北京：商务印书馆，2018.

心理学家阿龙森认为，观点的相似性能对人际关系产生有利的影响，这是因为当人们发现别人的观点与自己的观点相近时，会造成一种"我是正确的"的奖励效果，从而使人更喜欢与自己意见相同或相近的人交往。相反，如果他人的观点与自己的观点不一致，这会提醒人们自己可能是错误的，这也是对自身价值的一种否定，因而人们不喜欢与自己意见不一致的人。

"物以类聚，人以群分。"人们通常喜欢与那些在态度、价值观、社会条件及受教育程度等方面与自己相似的人交往，这样可以找到更多的共同点，更能被对方接纳和认同。观点、看法一致实际上也是对自己的一种社会性支持。

日常生活中，各种情况的相似都能引起程度不同的人际吸引效应。与他人初次见面时，个体通常会询问对方"是哪里人、学什么专业、在哪里高就"等一些问题。当发现彼此竟是同乡、同行、校友时，顿生亲切之感，消除了陌生人之间的隔阂。共同的态度、价值观和兴趣，共同的语言、国籍、出生地，共同的背景，共同的受教育水平、年龄、职业、社会阶层，乃至共同的身体特征，如身高、体重等，都能在一定条件下不同程度地增强人们的相互吸引力。

很多人担心在和陌生人交谈时，找不到共同的话题。其实人与人之间都有很多相似的地方，比如相似的经历、对某件事情的共同看法、喜好同一件东西等。只要用心观察，你就会发现两个人可能喜欢同一种颜色，对同一本小说情有独钟，喜欢午后同样的一家咖啡厅里喝咖啡，有一部电影让两人都曾经潸然泪下。慢慢地，随着谈话的深入，你会发现两人之间相似的地方越来越多，气氛也会越来越融洽。当对方对某件事发表了与你相似的看法，或者讲述了一段与你相似的经历时，你要适时地说一句："我也是这么想的，你与我真是太投缘了！""太巧了，我也去过那里。"有时，只要说一句简短的话，就能拉近彼此之间的心理距离，于是原本萍水相逢的两个人，相见恨晚，引为知已。

2.2.4 互补性吸引律

在人际交往过程中，相似性与互补性是产生人际吸引的两个互补的条件。互补性是指交往双方的需求或个性能互补时，彼此之间也能形成强烈的吸引性，如内向与外向、支配型与被动型、急性人与慢性人、爱说的人与爱听的人之间会产生较好的互补性吸引。在现实中，人们常可以看见，尽管两个人脾气、性格大相径庭，但是他们相处得十分融洽，这是因为一方所具有的品质和表现恰好可以满足另一方的心理需要，二者相互弥补、相辅相成。

研究表明，当交往双方的需要和满足途径正好形成互补关系时，双方之间的喜爱程度也会增加。大量心理学资料和日常生活的事实都证明，现实生活中部分人的婚姻是基于互补关系缔结的。双方的个性倾向和行为特征正好都满足了对方的需要，构成了双向的互补关系。一个支配型的男性娶一个依赖型的女性，一个主动型的女性与一个被动型不愿做决定的男性结为夫妇等，都属于这种情况。互补性吸引律是适用于婚姻与爱情中的双方的相处规则。

2.2.5 异性吸引律

异性吸引也许是人际吸引中最容易实现的吸引方式。男性和女性在一起时，会自然地产生一种兴奋、愉悦的感觉。社会心理学者李朝旭等人通过实证研究发现：高魅力异性观众在场会增强男性的社会绩效，而低魅力异性观众在场则会削弱其社会绩效。不仅如此，"男女搭配"还有更重要的作用。去南极考察的澳大利亚科考队员几乎都得了一种怪病，他们失眠、健忘、情绪低落，有关部门派遣堪培拉大学的罗斯·克拉克博士前去调查。调查出来的结果是，这种怪病是由科考队工作人员全是男性、性别比例严重失调而造成的。因此，心理学家建议那些性别比例失调的工作部门或单位，要重视"男女搭配"的健康效应。有关专家认为，在一个机构里，异性比例至少保持在 20% 以上，这样才比较有利于整个团队的身心健康。

2.2.6 自我表露性吸引律

自我表露是指个体与他人交往时，自愿地在他人面前将自己内心的感觉和信息真实地表达出来。自我表露实际上是向交往对象传递强有力的"信任"信号，可以增加他人对自己的喜欢，同时，可以引发对方也进行自我表露，增进相互的了解、信任，并促进双方实现情感上的靠近。

心理学研究表明，人与人之间的交往状况的好坏，在很大程度上取决于彼此的自我表露程度高低。在人际交往中，一个人如果能够敞开心扉，适当表露自己，将自己真实的一面展示出来，往往较易赢得交往对象的信任，在多数情况下，人们总是喜欢和坦诚、真实的人交往。如果对方勇于坦言自己的不足和缺点，人们反而觉得他很坦率，这样的做法会拉近彼此的心理距离，人们会感觉心里踏实。每个人都生活在自己的隐秘世界中，人与人之间总有一些隔阂和戒备，而自我表露能够在一定程度上融化这层隔阂、削弱这种戒备，使人与人之间能够互相理解与接纳，相处得更加融洽、和谐。

心理学家奥特曼认为："良好的人际关系是在自我表露逐渐增加的过程中发展起来的。随着信任程度的提高，双方会越来越多地表露自己。"一般情况下，交往双方的关系越密切，人们的自我表露就越广泛、越深刻。心理学家将自我表露由浅到深划分为4个层次：第一层是兴趣爱好，如饮食习惯等；第二层是态度，如对他人的看法；第三层是自我概念与人际关系，如自己和家人的关系等；第四层是隐私，如个体的一些独特的想法和行为等。

当然，无论两人之间的关系多么密切，每个人心中都有一些不愿为别人所知的秘密。自我表露并不是越多越好，人们需要掌握一定的技巧和分寸。恰如其分的自我表露能够快速拉近彼此的距离，而过早、太少和太多的自我表露反而会让双方更加疏远。过早的自我表露容易引起对方的慌乱和怀疑，进而产生自我防卫意识，反而会拉大双方的心理距离；太少的自我表露不利于建立平等和谐的关系，而过多的自我表露又容易让人产生厌恶。正确的做法是，彼此进行自我表露的程度要趋于一致，自我表露的过程要循序渐进。

自我表露可能存在性别差异，一般来说，女性喜欢进行更多的自我表露，男性的自我表露则相对较少。

2.3　人际交往中的心理效应

人际交往与人际认知有着密切联系，任何人际交往都包含人际认知的因素，并且建立在人际认知的基础上。各种人际认知印象的形成受许多复杂因素的制约，但是心理效应无疑是制约人际认知印象形成的重要因素，人际认知中的心理效应会直接影响人际交往的效果与深度，个体了解并恰当地运用这些心理效应可以更好地开展人际交往。人际认知中的心理效应主要有首因效应、近因效应、晕轮效应、刻板印象效应、投射效应和皮格马利翁效应等。

拓展视频

影响人际关系的
六大心理效应

2.3.1　首因效应

心理学研究上有个结论，对于一系列出现的人物或事件，人们往往对最初和最后出现的人物或事件印象更加深刻。前者叫作首因效应，后者叫作近因效应。这个原理是在关于"记忆"的心理实验里发现的：试验者给被试者呈现一系列无关联的字词，然后让他们以任意顺序加以回忆，结果发现，位于开始和末尾部分的字词要比位于中间部分的字词更容易回忆。

首因效应涉及的是第一印象，指的是人们在第一次交往中对他人形成的印象最深刻，难以改变，往往影响和左右双方以后的交往。人们在交往中，往往比较重视最先得到的信息，并会据此对别人下判断，形成最初的印象，而在最初的印象形成之后，人们对后来的信息就较不重视，这种社会知觉效应被称为首因效应。

个体要重视人际交往中的首因效应，力求在人际交往中给人留下良好的第一印象。比如，在交友、招聘、求职等社交活动中，人们可以利用这种效应，给他人展示一种极好的形象，为双方以后的交流打下良好的基础。这就需要个体加强在谈吐、举止、修养、礼节等方面的素质，不然会导致另外一种效应的负面影响，这就是近因效应。要做到这一点，第一，要注重仪表、风度，一般情况下人们都愿意同衣着干净整齐、落落大方的人接触和交往；第二，要注意言谈举止，言辞幽默、侃侃而谈、不卑不亢、举止优雅，这样会给人留下难以忘怀的印象。

同时，人们也要了解首因效应在人际交往中的认知误区。首因效应是一种直观的感觉，仅是在很短时间内对人的一种简单了解，受观察者主观认识的影响，具有较强的片面性。古语说"路遥知马力，日久见人心"，仅凭第一印象就妄加判断，往往会在人际交往中带来不可弥补的错误。《三国演义》中的一个情节就体现了这个道理："凤雏"庞统当初准备效力于东吴，于是去面见孙权；孙权见庞统相貌丑陋，心中先有几分不悦，又见他傲慢不羁，更觉不快；最后，广招人才的孙权竟把与诸葛亮比肩齐名的奇才庞统拒于门外，尽管鲁肃苦言相劝，也无济于事。

拓展视频

首因效应：为什么说第一印象很重要？别再被先入为主"坑"了

2.3.2　近因效应

近因效应是指在人际交往中，最近的印象对人的认知产生的影响。换言之，在交往主体的印象形成和态度改变中，新近得到的信息比既往得到的信息对于整个印象和态度会产生更强的影响。例如，春秋战国时期，苏秦周游六国，宣传自己的"连横术"，未成功。回家时，身无分文，功名未就，导致"妻不下纴，嫂不为炊，父母不与言"。这里，苏秦的处境对妻子、嫂子、父母产生了近因效应，而苏秦遭到冷遇，连家人都忘了他是一个才华横溢的人。

心理学研究表明，对于陌生人的认知，第一印象有更大的作用；而对于熟悉的人的认知，人们更容易受近因效应的影响。此外，一般心理上开放、灵活的人容易受近因效应的影响；而心理上保持高度一致、具有稳定倾向的人，容易受首因效应的影响。

人际交往中关于近因效应的例子，在人们的生活中随处可见。对于多年不见的朋友，你对他的最深的印象往往是上次临别时的情景；一个朋友总是让你生气，可是谈起生气的原因，你只能说上最近的两三条；某社会名流一生声名卓著，到了晚年却因为一桩丑闻而臭名昭著；夫妻吵架，一气之下忘记了过去相濡以沫的情谊，而闹着要离婚；多年的生死之交，可能因为最近的一次小小的误会而分道扬镳；人们在谈话中总爱把最近看到的事物作为话题，或是把最近看到的一本书上的内容作为例证来说服他人；企业的管理者在对员工进行评价时，往往把员工最近的表现作为重要的评价依据。

近因效应提醒我们，在人际交往中要特别注意近期的表现，保持多年树立的良好形象。特别是在与老朋友交往中，你要认真对待彼此的每一次交往，千万不能因为自己一次出格的行为，毁了多年培养的深情厚谊。与朋友发生矛盾和争吵时，你要等到彼此心平气和，再坐到一起促膝而谈，倾听各自的真实想法，避免多年的友情毁于一旦；如果双方的矛盾真到了难以调解的地步，你在与朋友分别之际，也要给予他美好的祝福，即使曾经有过嫌隙，双方以后回忆起这段友谊来也会淡然，而不至于势同水火。

但是，与首因效应一样，近因效应使人们仅根据一时一事去评价一个人或人际关系，割裂了历史与现实、现象与本质的关系，影响了人们对人和事做出客观、正确的评价和判断。因此，我们在认识他人时，不能只看一时一事，被暂时的、个别的行为所迷惑，而要培养全面考虑的思维方式，结合对方一贯的行为做出公允的评判，从而消除由于近因效应而产生的认知偏差。

2.3.3　晕轮效应

晕轮效应又称光环效应，它是指根据某人身上一种或几种特征来推论概括该人其他一些未曾了解的特征，属于以点概面、以偏概全的认知偏差。

个体对他人的认知判断主要是根据个人好恶做出的，然后再从这个判断推论出认知对象的其他品质。如果认知对象被认知为"好人"，他就会被一种"好"的光环所笼罩，大家就容易把一些"好"的品质赋予他；反过来，如果认知对象被认知为"坏人"，他就会被一种"坏"的光环所笼罩，大家就容易把一些"坏"的品质赋予他。

晕轮效应实际上就是个人主观推断的泛化扩张和刻板印象共同作用的结果。例如，人们看到某人热情，便认为此人慷慨聪明、有同情心、办事能力强；看到某人话少，就认为此人待人冷漠、有心计、不好相处、古板。在对人的认知中，由于晕轮效应，一个人的优点或缺点特别容易被夸大或遮挡，使他人难以看清其真面目，这是一种明显的从已知推及未知、由片面猜测全面的认知现象，会导致人们对他人的形象歪曲和不正确的评价，以及对他人产生过高或过低的期望。

晕轮效应更容易发生在不熟悉的人之间，或者较为感性的人身上。外表是最能产生晕轮效应的因素。除此之外，晕轮效应还体现在以服装评判对方的品位和地位，以初次的言谈举止判定对方的才能与品德，以偶然性的行为判定其一贯的行为等方面。在人际交往中，无意中的一个粗俗的举止或许会让你在朋友眼中的形象大打折扣；一个善意的举动，或许能让你在别人眼中光彩倍增，在别人心中留下良好的印象。

晕轮效应会使人对交往对象产生认知偏差，导致人们做出错误的判断和反应，影响正常的人际交往。在现实生活中，以貌取人、"情人眼里出西施"等都是晕轮效应的具体表现。大学生在人际交往中，尤其要注意克服由晕轮效应引发的消极作用，尤其应避免出现喜欢一个人的某一点便认为他一切都好，讨厌一个人的某一点便认为他一切皆糟的情况。要有意识地训练自己从多个角度、各个方面去观察和评价他人，力求做到实事求是，客观公正地看待身边的人，不要被表面现象所迷惑；还要学会利用晕轮效应的积极作用，如塑造良好的外在形象，优化自己的言谈举止，突出自己的优点和长处等，以便给他人留下良好的印象。

2.3.4　刻板印象效应

刻板印象效应又称定型作用，是指人们对某一类人或事物产生比较固定、概括而笼统的看法后，就推而广之，认为其他人或事物也符合该看法，而忽视个体差异。这种心理效应的产生是因为我们的生活实在是太复杂了，我们有太多的东西要看、要听、要吸收，而我们只有一个大脑，在一天24小时中想要记住大量的信息，实在不是一件容易的事情。故此，我们的大脑在进行信息处理的时候，就会采取分类、选择的方式，将相似的资料放在同一类，以便在日后需要的时候，比较容易记起及处理。在分类的过程中，如果资料累积多了之后，大脑却没有常常把它们拿出来重新整理或是跟上时代发展的脚步，慢慢就会形成刻板印象。

在人际认知的时候，人们并不是把认知对象作为孤立的个体来认知的，而总是把他作为某一类群体中的一员来看待，当人们把认知对象归入某一类群体之后，就会认为他具有那一类群体的特征，这就会使人们对每一类群体都有一个固定的看法。也就是说，在人际交往中，刻板印象常使人们对他人的认知固定化。刻板印象效应也是一种认知偏见，人们不仅对接触过的人会产生刻板印象，还会根据一些不是十分真实的间接资料对未接触过的人产生刻板印象。比如，人们一般认为工人豪爽、农民质朴、军人雷厉风行、知识分子文质彬彬、商人较为精明。另外，性别、年龄等因素，也可成为人们在刻板印象效应的影响下对人分类的标准。例如，按年龄归类，人们通常认为年轻人上进心强、敢说敢干，而老年人则墨守成规、缺乏进取心；按性别归类，人们通常会认为男人总是独立性强、竞争心强、有自信和抱负，而女性则是依赖性强、起居洁净、讲究容貌、细心温柔。

刻板印象对社会认知既有积极作用，也有消极作用。人们常说"物以类聚，人以群分"，这是有一定道理的，因为人们生活在相同条件下就容易产生许多共同点。刻板印象能够帮助我们更加简单、有效地认识认知对象、做出判断、理解问题，特别是当面对一个陌生人或陌生环境的时候，刻板印象几乎是必需的，它能够节省我们的精力，避免我们陷入"信息大海"。

但与此同时，刻板印象也是导致错误的社会认知的原因之一，因为刻板印象常常是不正确的，人们常常会忽视同一群体中个体之间存在的差异。在日常生活中，有些刻板印象与职业、地区、性别、年龄等因素联系得非常密切。而刻板印象一旦形成，人们看事情的弹性就会减小，认知也就会渐渐偏颇。

2.3.5 投射效应

投射效应是指个体认知他人时把自己的特性"赋予"到他人身上，也就是以己度人，以自己的想法去推测别人的想法，认为自己是这样想的，别人也一定会这样想。比如，自己喜欢热闹，就以为别人也喜欢热闹；自己好胜心强，就猜想别人也争强好胜；心地善良的人认为别人也和自己一样善良；经常算计别人的人也会觉得别人时时处处都在算计自己。

投射效应的常见表现形式之一是情感投射，即以为别人与自己的好恶相同。比如，几个同学聚在一起吃饭，小王非常爱吃肉，而另一位同学小李对肉不太感兴趣，喜欢吃一些清淡的蔬菜，于是小王就感到不可思议，暗想："肉这么香，吃起来这么过瘾，小李怎么会不喜欢？"这就是典型的情感投射效应的表现。

投射效应的另一种常见表现形式是愿望投射，这是把自己的主观愿望投射于他人身上，认为他人与自己抱有相同的愿望。例如，某男生暗暗喜欢班里的一位女生，在平时的交往和接触过程中自然非常留意女生的一举一动。但由于愿望投射的作用，他经常把对方表现出来的那些没有实际意义、不包含特定信息的举动主观地解释为"她对我也有意"，于是从中得到鼓舞，终于鼓足勇气向对方表白，结果却被婉言拒绝。他非常恼怒，认为对方是在戏弄他，但该男生到最后也没有意识到是自己判断失误。

心理学家 A. 希芬鲍尔为验证投射效应专门做了一个实验：他先通过放映喜剧或悲剧录像来赋予被测试者一定的情绪，然后再让被试者判断一些照片上人的面部表情。结果发现被测试者往往根据自己当时的情绪状态来断定他人照片上的面部表情，二者的关联程度较高，这个实验充分证明了投射效应的存在。

人类有许多在本质上相同的特性，因此投射效应有时能够帮助人们相互理解。但是，如果过多地受制于此，一个人常把主观意向强加于他人，就会造成对他人的认知出现偏差，带来不良的交往问题。比如，一个人对某人有看法，一遇到问题就以为是对方在搞鬼，于是搜集一些似是而非的证据来进行验证，使双方的关系不断恶化。

投射效应的根源在于从自我角度出发去认知他人。自我与非我不分，主观与客观不分，认知主体与认知对象不分。实际上，世界上没有完全相同的两个人，自己与他人在认知、情感体验、个人喜好等方面肯定存在着一定的差异。一位心理学家曾经说过，人们往往认为自己生活的四周是晶莹剔透的玻璃，自己能够透过这层玻璃看到外面真实的世界。事实上，每个人的周围都是一面面巨大的镜子，人们所看到的不是外面的世界，仅是自己投射的一个个影像而已。因此，克服投射效应的关键在于分清认知主体与认知对象，看到别人与自己的差异，客观地看待他人，不要以己度人。

2.3.6　皮格马利翁效应

皮格马利翁效应也称期待效应、罗森塔尔效应，是指在人际交往过程中，人们将自己的期待投向对方，从而对对方产生巨大影响，最终使期待变为现实。皮格马利翁是古希腊神话中的塞浦路斯国王，性情孤僻，擅长雕刻。他用象牙雕刻了一尊理想中的少女像，在夜以继日的工作中，把全部的精力、热情和爱恋都赋予了这尊雕像。雕像完成后，他像对待自己的妻子那样爱抚她、装扮她，并向神乞求让她成为自己的妻子。爱神阿芙洛狄忒被他打动，赐予了雕像生命，并让他们结为夫妻。人们从皮格马利翁的故事中总结出了"皮格马利翁效应"：期望和赞美能产生奇迹。

皮格马利翁效应首先被用在教育心理学上。美国心理学家罗森塔尔等人进行了一项有趣的研究。他们先找到了一所学校，然后从校方手中得到了一份全体学生的名单。在经过抽样后，他们向学校提供了一些学生的名单，并告诉校方，他们通过一项测试发现，这些学生有很高的天赋，只不过尚未在学习中表现出来。其实，这是从全体学生的名单中随意抽取出来的一些人。有趣的是，在学年末的测试中，这些学生的学习成绩的确比其他学生高出很多。研究者认为，这是因为受教师期望的影响。由于教师认为这些学生是天才，因而寄予他们更大的期望，在上课时给予他们更多的关注，通过各种方式向他们传达"你很优秀"的信息，学生感受到教师的关注，这产生了一种激励作用，学生在学习时加倍努力，因而取得了好成绩。这种现象说明教师的期待不同，对学生施加影响的方法也不同，学生受到的影响也不同。

皮格马利翁效应中包含大量的组织行为变量，包括他人的期望、沟通、领导、自我期望、激励和绩效。因此，在日常人际交往中，我们可以得出一个启示：赞美、信任和期待具有一种能量，它能改变人的行为。当一个人获得另一个人的信任、赞美和期待时，他便感觉获得了社会支持，从而增加了自我价值，变得自信、自尊，获得一种积极向上的动力，并尽力达到对方的期待，以避免对方失望，从而维持这种社会支持的连续性。

皮格马利翁效应告诉我们，对一个人传递积极的期望会使他进步得更快、发展得更好；反之，向一个人传递消极的期望，则会使人自暴自弃、放弃努力。在我们的生活中，父母和老师对我们的期望大小，我们对别人的期望大小，以及我们对自己的期望大小，都对我们的生活是否愉快有重大影响。假如你对自己有极高且积极的期望，你可以每天早上对自己说："我相信今天一定会有一些很棒的事情发生。"这个练习会改变你的整个态度，使你在每一天的生活中都充满自信与期望。

2.4　人际交往中的心理障碍及其成因

人生活在世上，必然要参与社会交往。但现实生活中，为什么有些人在社交中总交不上朋友，或交了朋友没多久，朋友又离他而去呢？究其原因，是这种人在社交中心理状态不佳，这阻碍了人际关系的正常发展，这种心理状态就成了社交中的人际交往障碍。人际交往中的心理障碍对人际交往所造成的直接影响为一个人不敢或不能与人交往，或者使交往变得困难，或者给自己和他人带来不快、压抑等消极的情感体验。

通常对人际关系影响较大的人际交往中的心理障碍有自傲与自卑心理、羞怯与孤僻心理、恐惧心理与社交恐惧症、虚荣与攀比心理、猜疑与嫉妒心理、偏见与成见心理、自我中心主义和逆反心理等，本节将对这些心理障碍的主要表现及形成原因加以分析。

2.4.1 自傲与自卑心理

1. 自傲心理的主要表现及形成原因

自傲心理是指一个人在与人交往时表现出的自高自大、目中无人、轻视对方及不尊重他人的心理。有自傲心理的人，往往在社交场合中显得高傲，对其交往对象不屑一顾，通常向他人展示出一副自命不凡、自视清高、自以为是的架势。自傲的人一般都有某个方面的优势，常常会不切实际地夸大自己的优势，设想自己如何了不起、能干大事业，对身边的小事不屑一顾，常常贬低身边的人，不愿与他人沟通、交往或与人虚假往来。

产生自傲心理的原因，主要来自个体对自我认知的偏颇，如受一种恃才自傲心理的驱使，认为自己才智超群，在所有方面都压倒别人，在交往对象面前显示出高人一等、自以为是的架势，以至于不把对方放在眼里，也听不进对方的意见。我们应该意识到，这种心理障碍在人际交往中会伤害交往对象的自尊，从而导致人际关系的疏远。

一般而言，自傲心理与自卑心理存在于一种不对称、不平等的"权势关系"中，这种关系容易使一方傲慢自大，处于主动地位；而使另一方产生自卑心理，处于被动地位。如现实生活中的上下级关系，社会地位高的人与社会地位一般的人交往，容易产生这样的心理障碍。

2. 自卑心理的主要表现及形成原因

自卑心理可谓是交往者对自身能力、品质等评价过低的一种反常自我意识，它是交往者把自身与交往对象做比较，认为自己在某些方面不如对方而产生的一种情感体验。

具有自卑心理障碍的人主要表现为，在与人交往中，总感到自己一切不如人，缺乏应有的自信感。在遇到困难和问题时，具有自卑心理障碍的人会首先对自己的能力表示怀疑，易丧失对自我的信心。他一旦受到交往对象的讥讽、嘲弄、轻视和侮辱，便会对自信心和荣誉感产生更大的压抑，从而表现出对交往对象的嫉妒、猜疑、暴怒等畸形心理。自卑心理还有一些其他的表现形式，如为了掩饰自己的自卑而表现为自我孤独和脱离群体，或表现为多愁善感、自惭形秽、性格抑郁、消极悲观。过度自卑的人容易压抑、沮丧、抑郁、气馁、缺乏激情、放弃努力，错过成功机会。

自卑是一种自我封闭心理，会让人埋没自己的优势，是影响人际沟通的严重心理障碍，它会直接阻碍一个人走进并融入社会，危害个人发展和人际交往。产生自卑心理的原因是多方面的，虽在现实交往中因人而异，但主要原因来自主观和客观两个方面。

（1）主观因素分析。个体的生理、心理及性格的影响不容忽视，如生理方面，如果个体的容貌、身材、体质有明显缺陷，就会引起一个人自我评价较低而产生自卑心理；在性格方面，那些内向孤僻、抑郁、优柔寡断、谨小慎微的人，易产生自卑心理；在智能方面，如感知、记忆、思维、想象、语言表达、操作等智能水平偏低者，也易产生自己不如他人的自卑心理。

（2）客观因素分析。家庭环境和家庭教育的不同会引起自卑心理，如家境贫寒、经济拮据或残缺畸形的家庭，其成员易产生自卑心理。人们通常认为，父母是孩子的第一任教师，因为父母对孩子的教育方式和态度，对孩子自我意识的形成有直接影响。可以见到，溺爱型家庭教育出的孩子爱撒娇、任性、自傲；民主型家庭教育出的孩子性情活泼、开朗、独立、明事理；而在严厉型的家庭教育中，由于父母过于苛刻，孩子受到某种程度的压迫，而容易产生自卑心理。另外，学校中老师对学生的教育不当、存有偏见或鄙视、斥责，也会令学生产生自卑心理。再从社会来看，若存在不公正、不公平的现象，则受到一定程度歧视的弱势群体等也很容易产生自卑心理。

2.4.2 羞怯与孤僻心理

1. 羞怯心理的主要表现及形成原因

羞怯心理是个体在人际交往中感觉难为情、害怕与人交往的一种心理障碍。羞怯既指害羞，也指胆怯，具有羞怯心理的人，在社交场合中易出现的反应一般为脸红、手心冒汗、心跳加快、浑身发抖、说话紧张、手足无措、目光怯于正视交往对象等。有羞怯心理的人在公共场所中通常喜欢躲在角落，害怕引人注目，习惯小声说话。一般来说，有羞怯心理的人喜欢独居且很少主动参加社会活动。

人们一般认为羞怯心理是未成年人的心理特征，随着年龄、阅历的不断增长，一个人会自然克服这种心理障碍。然而据斯坦福大学心理学家调查，在抽样调查的 1 万余名成年人中，约 40% 的人有不同程度的羞怯心理，且男女人数比例基本持平。几乎所有的人都有或曾经有过不同程度的羞涩和胆怯，只是有些人表现得特别严重。

~~~ **实 例** ~~~

李阳毕业于某名牌大学，现在北京一家公司任职。他朴实憨厚，为人坦诚直率，但腼腆羞涩，不善言谈。李阳进公司已快两年了，取得了相当大的成就，但是他有一个大家都知道的"毛病"：只要一见到女性就会满脸通红。为此，李阳常被同事们笑话，他也一直很痛苦。

李阳来自一个偏僻乡村，家庭条件一般。他从小性格内向，喜静不喜动，很少与人交往。大学时，他成绩优秀，但是经常陷入烦躁和痛苦之中。在他心底始终存在一种难言的"病痛"——他害怕女性，看到女性就脸红。工作以后同样如此，只要一遇到女性，他就会满脸通红，随之而来的就是坐卧不宁、情绪烦躁、思绪混乱，有时甚至看到女性鲜艳的衣服或长发也会有同样的痛苦感受。

多年来，李阳的这个"毛病"一直使他十分痛苦，精神负担很重，又不便对别人说，只好自己默默地忍受。为减轻这种痛苦，他尽可能地缩小自己的生活圈，从不主动与女性接触。

他经常整天静坐一处，埋头学习或工作，和男性同事的关系也不是十分融洽。因此，他感到十分孤独和烦恼，甚至还怀疑自己精神不正常。

一般来说，羞怯心理的产生主要有 3 个方面的原因。

（1）青春期生理变化引起的感应性反应。人在青春期时，生理心理发育最旺盛，激素分泌较多，外界刺激会打破体内的平衡，个体容易出现紧张、冒汗、脸红心慌等感应性反应。

（2）自卑心理的影响。具有羞怯心理的人羞于与他人交往，特别不敢与陌生人交往，这是因为对自己的信心不足，害怕出错。

（3）成长环境的影响。如果在童年、少年期曾经受到过他人的训斥、嘲笑或戏弄，个体会形成心理阴影，以后进入类似环境或新环境就会胆怯。

2. 孤僻心理的主要表现及形成原因

个体的羞怯心理如果没有得到及时克服和扭转，可能就会进一步发展为孤僻心理。孤僻是指孤寡怪僻而不合群的人格表现，常表现为独往独来、离群索居，对他人怀有厌烦、戒备或鄙视的心理；感觉凡事与己无关、漠不关心，一副自我禁锢的样子；即使与人交往，也缺少热情和活力，显得漫不经心、敷衍了事。所以其他人很难了解这种人的内心世界，他也不能很好地理解别人。

孤僻心理常在以下几种情景中表现得更为突出：不被别人理睬而不得不独处时，常会有失落感和自尊心受伤感，导致更加孤僻而不愿与人交往；与别人交往而当众受到讥讽、嘲笑、侮辱和指责时，会以为别人都瞧不起自己，闷声不响、郁郁寡欢，或者恼怒异常、挥袖离去；遇到各种挫折时，常会产生虚弱感和自卑感，心灰意懒，自我孤立，拒人于千里之外。孤僻心理对人的身心健康十分有害。有孤僻心理的人常缺乏同学、朋友之间的友谊，其交往需要得不到满足，内心很苦闷、压抑、沮丧，感受不到人世间的温暖，看不到生活的美好，容易消沉、颓废、不合群，缺乏群体的支持，整天提心吊胆地过日子，忧心忡忡。

孤僻心理的产生也可从主观和客观两方面寻找原因。从主观方面来看，具有孤僻心理的人喜欢独往独来，封闭自我；具有孤僻心理的人也通常表现为不愿与他人接触，沉默寡言。还有一类人不善与人交往，久而久之也会形成孤僻心理。再从客观方面来看，孤僻心理的形成与个人的家庭环境、成长经历及其所处的群体环境都有密切的联系。需要说明的是，严重孤僻者有可能患有某种心理疾病，有的甚至带有病理性质，这样的人需要专业的心理治疗。

2.4.3 恐惧心理和社交恐惧症

实 例

小西的困境

小西是一个来自农村的女大学生，面对大学里动辄上百人的课堂，小西感到极度的不适应。在老师要求学生分组讨论问题的时候，小西非常不安，她既害怕被人邀请，又害怕被同学们忽略，在这种两难的情境下，她选择了逃离熟人。小西害怕上课，更害怕下课，因为下课后就必须回到寝室，与同宿舍的舍友们打交道。

长此以往，小西渐渐觉得孤独和害怕。每当开口和别人说话时，她就觉得脸在发烧，即使勉强说了话也无法和别人对视。每当有人盯着自己的时候，她恨不能地上有条缝好钻进去。平时走路的时候，小西最怕遇到熟人。因为遇上了就必须打招呼，而这对小西而言是个很艰难的任务，她既想与人打招呼避免尴尬，又担心对方不理睬自己，很多时候小西选择不打招呼，因为她觉得反正别人是不会注意到她的。

恐惧心理表现为在与人的交往中尤其是在大庭广众之下会感到紧张、害怕，甚至会语无伦次和手足无措。不正常的恐惧是一种消极的情绪状态，伴随着紧张、焦虑、苦恼等，使得个体的精神经常处于高度的紧张状态，严重影响个体的日常生活。

拓展视频
今天你"社恐"了吗？

严重的恐惧心理会发展为社交恐惧症。对某种社交状况感到焦虑不安、恐惧、极力逃避的心理被称为"社交恐惧症"。深受社交恐惧症之苦的人明知道自己的不安心理是多余的，但总不能摆脱对社交状况的恐惧心理。

心理学家认为，社交恐惧症患者具有负性自动思维的认知模式，即在日常生活中，他们的头脑被一些关于自己与他人及人际关系的负性信念占据着，其中大部分具有自我贬抑性质，大多数患者认为自己难以被别人接受。他们总认为别人对自己的评价是负性的，认为人际关系本质上具有等级性和竞争性，因紧张、恐慌、焦虑、窘迫等情绪的存在，自信不足，无法确信自己有能力处在社会群体中，因而表现出退缩与回避。

社交恐惧症患者对自己的社交行为要求比别人对他的要求更加苛刻，他总是设定自己的行为是不适当的，或者认为自己在公共场所的表现缺乏吸引力，在社交场合总表现出焦虑。在认知上，他很在乎自己身上的焦虑症状。这种焦虑情绪投射到人际关系上，就是很担心焦虑症状被别人觉察，因而社交恐惧症患者表现出对社交场合的恐惧，但他会将此归因为人际关系不良。

自卑、羞怯、孤僻、恐惧这些心理障碍实际上有着密切的关联性，这些负面的心理情绪如果没有得到及时扭转，或是被不断强化，就有可能导致社交恐惧症，社交恐惧症进一步发展则会诱发抑郁症等心理疾病。经常参加社交活动，增加与他人交往的频次，会对改善恐惧心理和社交恐惧症起到促进作用。

拓展视频

抑郁症是什么？
到底有多可怕？

拓展视频

形成抑郁症的7个原因，
了解了就能避免发生

2.4.4　虚荣与攀比心理

实　例

某高校大学生家境一般，学习成绩优秀，但虚荣心极强。自从考入大学，看到有的同学穿名牌，出入高级餐厅，他心里觉得极不平衡，便骗父母说学校要交某某费用，家长寄来了血汗钱，他却用它买了一件高档衣服，请室友吃了顿西餐，同学们也感觉良好。而他却一发不可收拾，不顾学习，长此以往，负债累累，形成了恶性循环。家长、老师和同学发现后，便对他进行积极劝导。他自觉惭愧、狼狈不堪，没脸见父母，好长时间都不敢回家。

1. 虚荣心理的主要表现及产生原因

虚荣心理是指一个人借用外在的、表面的或他人的荣光来弥补自己内在的、实质的不足，以赢得别人的注意与尊重。虚荣心强的人喜欢在别人面前炫耀自己的荣耀经历，夸夸其谈，故弄玄虚，喜欢炫耀有名望、有地位的亲朋好友，妄图借助他人的荣光来弥补自己的不足。虚荣心理会让人不实事求是，不考虑具体条件，追求虚假的声誉，即我们平时所说的"打肿脸充胖子"。

虚荣心理对人的危害是非常明显的。首先，虚荣心理是发展优良社会道德品质的绊脚石，也会衍生出自私、虚伪、欺骗等不良行为表现。其次，虚荣心理导致人骄傲自满，盲目成性，会对个体的成长造成消极的影响。最后，虚荣心理是情感变化的导火索，由于虚荣的人的心理负担过于沉重，需求过多、过高，自身条件和现实生活的差距不能让他们得到满足，怨天尤人、愤怒压抑等负面情感随之滋生、积累，最终引起情感的畸变和人格的变态。严重的虚荣心理不仅会影响个体的学习、进步和人际关系，而且对个体的心理、生理的正常发育都会造成极大的危害。

从个体心理学的角度来分析，虚荣心理的产生有以下原因。

其一，"面子心理"的影响。"讲面子"是东方文化社会普遍存在的一种心理，反映了人们有被尊重的情感和需要。在有些人看来，"丢面子"就意味着自己的才能受到了否定，这是让人很难接受的，于是有些人"死要面子活受罪"。

其二，与戏剧化人格倾向有关。虚荣的人多半为外向型、冲动型人格，善变、做作，具有强烈的情感反应、装腔作势、缺乏真实的情感，待人处事时突出自我、浮躁不安。

其实，虚荣心理的背后是自卑与心虚等深层的心理缺陷。虚荣心理对于个体而言只起一种补偿作用，个体竭力追慕浮华是为了掩饰心理上的不平衡和缺陷。从日常生活中我们也不难发现，虚荣心强的人大多不愿脚踏实地地做事，而是经常利用撒谎、投机等不正当手段去获得名誉。正如法国哲学家柏格森所说："一切恶行都围绕虚荣心而生，都不过是满足虚荣心的手段。"

2. 攀比心理的主要表现及产生原因

攀比在心理学上被界定为中性略偏负面的心理特征，即个体发现自身与参照个体发生偏差时产生负面情绪的心理过程。产生攀比心理的个体通常与参照个体之间具有极强的相似性，导致自身被尊重的需要被过分夸大，虚荣动机增强，甚至产生极端的心理障碍和行为。

攀比实际上来源于一种社会比较。具有攀比心理的人终日陷于一种复杂的情绪状态之中，焦虑、矛盾、愤怒、满腹牢骚、郁郁寡欢，有时甚至会违法乱纪。

根据起到的作用不同，攀比心理分为正性攀比和负性攀比。

（1）正性攀比。正性攀比指正面的、积极的比较，是个体在理性意识驱使下的正当竞争，往往能够引发个体积极的竞争欲望和克服困难的动力。

（2）负性攀比。负性攀比指那些消极的、伴随有情绪性心理障碍的比较，会使个体陷入思维的死角，产生巨大的精神压力和极端的自我肯定或否定。负性攀比最大的问题在于个体缺乏对自己和周围环境的理性分析，只是一味地沉溺于攀比中无法自拔，这对人对己都很不利。

2.4.5 猜疑与嫉妒心理

1. 猜疑心理的主要表现及产生原因

猜疑心理是一种主观臆断、过分敏感的，用以假设为出发点的封闭性思想来看待交往对象的言行的心理障碍。

猜疑心理通常表现为对交往对象不信任、不友好、不真诚；相信自己的推理和想象，喜欢捕风捉影，自圆其说；在与人的交往中，时常担心他人会算计自己，处处设防，并对别人的观点产生逆反心理等。这里举一个大家熟知的"亡斧疑邻"的例子。《列子·说符》中说，一个人的斧子丢了，他总怀疑是被邻居的儿子偷去了。当他看见邻居的儿子时，发现他说话、走路的表情都像偷了斧子的样子。后来，斧子找到了，原来是他自己不小心丢在山谷里了。这时，他再去瞧邻居的儿子，发现他走路、说话的表情一点儿也不像偷了斧子的样子。后来，人们将这种带着主观臆断去观察、了解、分析交往对象，从而产生认识偏差的现象，称为亡斧疑邻效应。

猜疑心理产生的主要原因如下。猜疑者往往不善于冷静思考，不深入调查研究，分析事情大多靠主观臆断；以毫无根据的事实作为前提，然后为这个前提寻找大量的所谓事实来证明自己的假设，因而失去了对事实的判断标准，形成真假不分、是非不分、黑白不分的局面。同时，猜疑者缺乏与他人的交流沟通，容易轻信传言，并且过于自信、心胸狭窄等。可见，猜疑是人为制造的心理障碍，可谓是交际中的大顽症。

2. 嫉妒心理的主要表现及产生原因

嫉妒心理是个体因欲望得不到满足或在竞争中失败，而产生的一种由羞愧、愤怒、怨恨、不服气、不愉快等组成的复杂情感体验。嫉妒是人类的一种普遍的情绪，它源于人类的竞争，本身具有一定的生物学意义，或起积极作用，或起消极作用。有些人嫉妒是出于不服而不甘落后，从而奋发努力、力争上游，这时嫉妒就是一种积极的心理与行为。这种情形在充满竞争的现代社会里有其积极意义。然而很多人在产生嫉妒心理之后，不能控制情绪的发展，不能将其转化为激励因素，嫉妒心理反而转变成嫉妒行为，成为影响人际交往的一个重要心理障碍。

在现实生活中，所有的人都不可避免地存在不同程度的嫉妒心理，但大部分人的嫉妒心理常常是较隐蔽的，是受到抑制的。当其嫉妒心理通过嫉妒行为表现出来时，形式也因人而异，如较轻程度的表现是发泄不满、不服气、忌恨、恼怒的情绪；较重程度的表现则是产生对他人的攻击、诋毁、欺辱行为，更甚者会丧失理智，对他人和社会造成恶劣影响。

多数情况下，嫉妒心理表现出一种负面效应，它不但影响个体的身心健康，还会影响其学习和工作。强烈的嫉妒心理会直接影响人的情绪，而不良的情绪会大大降低个体的学习或工作的效率。另外，强烈的嫉妒心理还会使人们结交不到知心朋友。嫉妒心强的人往往事事好胜，常想方设法阻碍别人的发展，总想压倒别人，这会使同学、朋友躲开他，不愿与其交往，从而给自己造成不良的人际关系氛围，使自己感到孤独、寂寞。

嫉妒心理是具有等级性的，即只有处于同一竞争领域的两个竞争者才会有嫉妒心理和嫉妒行为，如一个职位的两个竞争者之间、为了争取考试第一名的同班同学之间。人只会嫉妒与自己处于同一竞争领域且表现比自己强的人，而不会嫉妒与自己不在一个竞争领域的人，也不会嫉妒同一竞争领域里表现比自己弱的人。在《三国演义》中周瑜嫉妒诸葛亮是因为诸葛亮和他同处一个领域并且能力比他强；周瑜不嫉妒刘备、孙权，是因为他们不在同一竞争领域。

2.4.6　偏见与成见心理

偏见是影响人际交往的常见心理障碍，指的是一个人不对交往对象进行全面的了解和公正的考察便贸然做出判断，得出有失偏颇的结论。错误的判断、盲目的推理、无知的肯定和否定都是造成个人偏见的因素。持有偏见的人往往拼命维护自己的偏见，即使事实证明他错了，他也会坚持。被偏见影响较深的人往往会失去理智，以致在没有偏见存在的地方也能看出偏见。

持有偏见可以说是人际交往中的大忌，它会一点一点地腐蚀人们的独立判断能力，在人际交往中设置一道难以逾越的屏障。持有偏见的人大多目光短浅或心胸狭窄，他们好猜疑、嫉妒他人，即使对朋友也不会吐露真心，因此有偏见的人通常找不到知己。由于偏见往往通过人的行为表露出来，因此有偏见的人说话、做事很容易显得偏激。这样的人在人际交往中常是受孤立的，因为人们觉得他们的行为古怪，想法难猜。而他们自己往往感觉不到，不知道自己已经是偏见的受害者了。

成见指的是一些不太正确的认知，成见中可能有合理的成分，但大部分是弱化了的或过分夸大的。

偏见与成见都会严重地干扰人际交往的正常进行。可以说，否定性的偏见和成见使交际双方互不信任、互相防范，其交往只限于浅层次的应付，缺乏质量，更缺少心灵的沟通、思想的交流。强烈的偏见和成见还会导致冲突，致使人际关系恶化。我们需要自觉地、有意识地克服偏见与成见心理。在心理障碍中，最严重的且最难以克服的就是人们头脑中的偏见与成见，因为它们根深蒂固，左右着人们的行动，自然也影响着人际交往。

晕轮效应、刻板印象效应和投射效应都有可能是个人偏见、成见产生的主要原因，它们反映出个体对他人的认知判断首先是根据个人的好恶得失和先入为主的固定印象得出的，然后个体再从这个判断推论出认知对象的其他品质。

2.4.7 自我中心主义与逆反心理

1. 自我中心主义的主要表现及形成原因

自我中心者在为人处世时以自己的需要和兴趣为中心，只关心自己的利益得失，不考虑别人的兴趣或利益，完全从自己的角度、根据自己的经验看待问题。自我中心主义是个体的自私心理发展的结果，有较严重自私心理的个体，在人际交往中表现出很强的功利性。他们在与他人相处中，强调的不是互利互惠，而往往以对己是否有利作为价值评判标准，有利就交往，无利就拒绝来往。自我中心者将自身利益置于首位，心里只装着自己，遇事只为自己考虑，致使其在现实中常常做出损人利己、假公济私的行为。自我中心者在沟通上表现为缺乏同理心和换位思考能力，不关心交往对象的需求，不能站在他人的角度思考和处理问题。

实 例

饭桌见人品

春节快到了，梅梅的父母来北京陪她过年，梅梅的男友火速预订了熟悉的餐厅，并在饭桌上努力表现。可回到家，梅梅的父母发话了："你这个男朋友在我们眼里不过关！第一，他订餐厅时并没有征求过你的意见，也没有问过我们两人的口味；第二，赶上节前宴请高峰，上菜慢，他反复催促服务员，态度很不友善，动辄就要投诉、叫经理；第三，席间他手机响了，他可以向对方表明自己有事，稍后联系，如果是急事也可以说声抱歉离席处理，但他边吃边接了十几分钟的电话，我们只能坐在他的对面尴尬地吃饭。"

听完父母的一席话，梅梅也跟着犹豫了。

以下就自我中心主义的主要表现及其形成原因做简要分析。

（1）很少关心他人。自我中心主义很强的个体都有特殊的成长历史，换句话说，自我中心主义在很大程度上是后天形成的。典型的例子为某些独生子女，他们在成长的过程中受到悉心的照顾，在健康、教育等方面的发展往往比孩子多的家庭要好。由于家里只有一个孩子，独生子女在成长的过程中，不用与别人分享资源、竞争，"集万千宠爱于一身"，这样，孩子就认为自己就是世界的中心，不自觉地就会形成以自我为中心的人格特征。当这些孩子走进学校和踏入社会时，他们就很自然地会把这种以自我为中心的特征带到学校和社会中。由于成长的过程中，自我中心者习惯了接受别人的关心，在与他人交往的时候，如果得不到关心他就会感觉心理不平衡，更别说去关心别人了。

（2）固执己见。自我中心者完全根据自己的经验和观点去认识和解决问题，似乎自己的认识和态度就是他人的认识和态度。由于很少从他人的角度来考虑问题，他们很少对自己的观点的正确性产生怀疑，不会轻易改变自己的态度，而通常会盲目地坚持自己的意见。

（3）保持着很强的自尊心。自尊是社会评价与个人需要的关系的反映，是个体评价自己的程度及对自己的价值感、重要感的体验。自我中心者由于在家庭里一直受很高的社会评价，获得了很高的价值感、重要感，对自己的能力等各方面的评价都很高，所以这种人受不了他人对其能力的怀疑，以及对其地位的不重视。

在一个自由、开放、公平的社会中，很少有人能成为他人的中心，如果有，那也只是在某一方面，或某一个时间段内。我们要学会以一种平等的地位与他人发展人际关系，自我中心主义是我们发展良好人际关系的障碍。为了消除这种障碍，个体必须在亲身的交往实践中改善自我，在与他人的碰撞中，不断反思自己的不足，只要有真诚的态度，自我中心主义慢慢会得到改善。

2. 逆反心理的主要表现及形成原因

逆反心理表现为对交往对象所言所行的一种不加分析的反抗、批判抵制的心理现象，经常在人际沟通中表现明显。典型的逆反心理有 3 种。

超限逆反：是指个体过度接受某种刺激后出现的逃避和排斥反应。个体对任何刺激的接受能力都是有限的，如果过度，这种刺激对个体而言不但是一种压力，更是一种伤害。如果个体过多地接受了某一种刺激，在这种刺激再次出现的时候，个体就会以逃避的方式来拒绝接受这种刺激。父母越是啰啰嗦嗦地强调某件事情，孩子越是一意孤行，这就是超限逆反的一种表现。

自我价值保护逆反：当外在的刺激影响或威胁到个体的自我价值的时候，人们以相反的行为方式来反抗这种刺激。例如，在同一个宿舍里，如果 A 反复批评 B 不讲卫生，把宿舍弄得很乱，久而久之，B 可能会变本加厉地把宿舍弄得更乱，这就是自我价值保护逆反的一种表现。

禁果逆反：被禁食的果子是最"甜"的，自己得不到的东西是最"好"的，被禁止做的事情往往是最有吸引力的，这就是禁果逆反。探究未知的事物是人的一种基本需要，而禁果逆反正是在这种认知需要的基础上产生的。

逆反心理是一种心理抗拒反应，是个体为了适应环境而产生的一种心理机能。在人际交往中，个体要尽量避免出现逆反心理。

人际交往的心理障碍除了以上所列的几种，还有依赖心理、偏执心理、报复心理、完美主义等，在此不再一一阐述。

2.5 人际心理障碍的调适手段与自我认知的方法工具

如何消除人际交往中的心理障碍？俗话说："解铃还须系铃人。"增强自我认知能力、自控意识，全面提升自我有着十分重要的意义，也是赢得良好、和谐的人际关系的关键。这需要交往者掌握有效的人际心理障碍调适手段，并能够正确认识和评价自己。

2.5.1 人际心理障碍的调适手段

人际心理障碍的调适手段多种多样，在这里只讨论以下 3 种主要的调适手段。

1. 改变自己的认知

认知是刺激与反应的中介。对人际关系有一种积极、全面、善意的认知是良好交往的基础，反之，不合理的认知会给个体带来很多困扰。比如，对人与人之间的关系持有尔虞我诈或虚伪、演戏、冷漠、不可靠等信念，个体就会形成一种心理定式、先入之见或刻板印象效应，从而影响良好的人际关系的建立与发展。

我们经常会发现，面对同样的事情、同样的境况，不同的人会有截然不同的反应和处理方式，最终会产生完全不同的结果。这背后的原因就是个体对事物的认知方式存在差异。

有这样一个故事：有位母亲在晴天愁大儿子的伞卖不出去，在雨天愁二儿子的布鞋卖不出去，于是整天发愁。这位母亲的认知方式明显存在问题，若是她能够换个角度思考，在晴天想着二儿子可以卖布鞋，在雨天想着大儿子可以卖伞，便可以每天都开心了。我们的生活也是这样的，我们要学会在看待一些让自己感到懊恼的事情时，不要用"早知道……"或者"如果当初……就好了"这种句式，而是改用"还好不是……"等句式，感觉就会很不一样。

很多时候，一些不良的情绪，如烦恼、失望、沮丧等是由自己不合理的认知造成的，改变这些不合理的认知会让我们改变这些不良的情绪，同时人际关系也能得到改善。可以说，改变认知是改善人际关系的第一步。

拓展阅读

别人看你的眼光

美国某大学的科研人员做了一项有趣的实验，即"伤痕实验"，每位志愿者都被安排在没有镜子的小房间里，由专业化妆师在其左脸制作一道血肉模糊、触目惊心的伤痕。志愿者被允许用一面小镜子查看效果，随后镜子就被拿走。

关键的是最后一步，化妆师需要在伤痕表面再涂一层粉末，以防止它被不小心擦掉。实际上，化妆师用纸巾偷偷抹掉了化妆的痕迹。对此毫不知情的志愿者被派往各医院的候诊室，他们的任务就是观察人们对其面部伤痕的反应。

规定的时间到了，返回的志愿者竟无一例外地叙述了相同的感受：人们对他们比以往粗暴无礼、不友好，而且总是盯着他们的脸看！可实际上，他们的脸与往常并无二致，什么也没有，他们为什么会得出这种结论？

启示：看来是错误的自我认知影响了判断。一个人在内心怎样看待自己，在外界就能感受到怎样的眼光。同时，这个实验也从一个侧面验证了一句西方格言："别人是以你看待自己的方式看待你。"

一个从容的人，感受到的多是平和的眼光；一个自卑的人，感受到的多是歧视的眼光；一个和善的人，感受到的多是友好的眼光；一个叛道的人，感受到的多是挑衅的眼光……可以说，一个人有什么样的内心世界，就会接收到什么样的外界眼光。

2. 改变自己的行为

改变自己的行为是指在改变个人认知的基础上改变自己的行为，以使自己的行为与环境更加协调，主要包括自信训练。

比如，自卑、羞怯的人在表达自己的情感和意愿方面顾虑重重，这种表现上的缺陷严重阻碍了良好的人际关系的建立，自信训练是改变人际行为的一种积极有效的方法，可以有效地弥补个体表达上的缺陷，具体包括角色扮演、模仿和自我奖励等措施。

角色扮演是指在某些具体情景中以扮演的方式，从中获得某种体验或建立某种行为习惯。模仿是指通过观察别人在社交场合中如何表现，来习得一些有效的行为方式，人们的大多数行为都是通过模仿而习得的。自我奖励是一种积极有效的心理治疗方法，即个人通过与以前行为的比较和对当前行为后果的评价，对行为的改变予以适当的奖励，从而强化积极行为。

3. 团体训练

团体训练提供了一个集体环境，成员之间有共同的目标，可以就共同的问题自由地表达和实践，这是改善个体的人际关系的一种有效手段，与个别训练有不同的动力机制和训练效果。团体训练一般在由5～15人组成的小组中进行，在小组中，个体通过观察学习、体验和与他人的交流，改变自己的认知方式，建立新的行为模式，从而达到良好的适应效果。团体训练对团体成员在人际交往方面的作用主要体现在以下几个方面。

（1）认知方面的实践。小组中有指导者参与，在共同关怀和共同指导的氛围中，参与讨论者无须担心自己的观点是否会受到批评和排斥，只需要注意自己的观点是否合理，如何进行改变，最终与这个团体中的其他成员达成共识。

（2）行为方面的实践。团体训练强调在暴露的实际场景中解决问题。在团体中，小组成员对各自的行为表现可以互相赞扬、批评和指导，共同使交往方式朝着有利于个体建立良好的人际关系的方向发展。

（3）情绪表达。在团体训练中，小组成员之间可以互相倾诉，把自己长期压抑的负面情绪表达出来，并通过自由表达和共同练习，学习表达积极情绪。

2.5.2　自我形象认知及评价体系

了解自身是一切社会交往活动的基础，自我认知能力是人际交往中最重要的基础能力之一，用我国的古话说就是一个人要有自知之明。在人际交往中，关系主体需要对自我形象有清楚、正确的认识，并做出全面客观的评价，才能努力实现自我完善，建立有稳固基础的自我形象。

1. 实事求是地肯定自我

个体应该实事求是地肯定自己的价值，即实事求是地肯定自我。所谓实事求是，即既不忽视、掩盖自己的优点和成绩，也不夸张、扩大、炫耀自己的长处和进步。显然，忽视、掩盖自己的优点和成绩，具有自我否定的性质，容易损伤个体的自信心和自尊心，压抑自己的潜能和积极性；而夸张、扩大、炫耀自己的长处和进步，则容易造成过分的自信和自尊，从而导致自负、自傲心理的产生。我们应该意识到，在人际交往中，过分的自尊也会导致虚伪、做作、装腔作势，以致削弱自我的人际适应性，造成心理冲突和压力，而且会掩盖个体的缺点和问题，使消极因素难以化解，并难以扬长避短而压抑潜能，久而久之，就会形成自欺欺人且消极的适应方式，因而实事求是地肯定自我，能让个体切实维护自己的尊严，调动自己的积极性，从而更好地发挥自己的潜能。

拓展视频

央视主持人董卿的自我认知，令人钦佩

2. 实事求是地否定自我

"金无足赤，人无完人"，这个世界上根本不存在十全十美的人，因而，人类一直将自我完善视为人生最宝贵的追求。应该承认，实事求是地否定自己，不仅不会伤害自己的自信心和自尊心，反而会使自己的自信心和自尊心建立在坚实的基础之上。可见，这样做会有利于克服自身的消极因素，减少对潜能的自我消耗；有利于充分展示自己的实力，进一步增强自信心，提升自我的价值和地位。如何实事求是地否定自我？简单地说，就是对自身存在的缺点和错误，既不夸张也不缩小，不文过饰非，不推诿于他人和客观因素，正确地估计其性质及其对自我价值的影响程度。

个体在进行自我否定时，应尽量避免自我挫伤。自我挫伤是指由个人的主观心理活动所造成的对自信心和自尊心的损害。通常情况下，自我挫伤是由个人对自身成就目标的预期水平过高而引起的。一般情况下，每个社会个体都不可避免地存在来自客观因素的挫伤，但应尽量减少或避免来自主观因素的挫伤，尤其是要避免自我挫伤。个体应正确对待自我的不足，相信自身所存在的一些缺点和错误经过自我调节可以克服和改正；有些错误虽不可以改正，但个体能够通过自我调节而达到尽量减小其消极影响的效果。

3. 建立一个科学的自我评价体系

正确地认识和评价自我能帮助我们全面地了解自己，正确地调整自我，促使自我完善，达到建立良好的人际关系的目的。表 2-2 所示为不同自我形象的表现特征，我们可参照表 2-2，了解个体不同自我形象的表现特征。

表 2-2　不同自我形象的表现特征

良好自我形象的表现	不良自我形象的表现
• 接纳、尊重、肯定自我	• 怀疑和否定自我
• 具有从容、开放、乐观的心态	• 不尊重和讨厌自己
• 能全面地认识和正确评价自我	• 没有安全感
• 清楚自身的能力	• 不清楚自身的能力
• 具有独立性、自主性、自律性	• 依赖他人和外界环境
• 有对自我、对他人、对社会的责任感	• 情绪消极、逃避责任
• 对自己有恰当的期望	• 没有恰当的期望
• 善于表达自己、勇于表现自我	• 不敢表达自己
• 拥有成就感和自豪感	• 害怕成功

资料来源：时蓉华.社会心理学 [M].上海：上海人民出版社，2002.

作为社会个体，我们每个人都应建立一个科学的自我评价体系，并采用一些有效可行的自我评价方法。需要强调的是，个体对自我的评价，不是在封闭的自我意识中自然而然形成的，而是在个体与周围各种各样的人的接触中形成的，个体会注意他人对自己的态度，想象、推测或者询问、了解他人对自己的评价。实际上，他人的评价标准恰好反映了当时社会规定的角色要求和群体的价值体系与价值观。

为了正确地获得他人对自我的认识和评价，本节将介绍自我认知的 SWOT 分析、乔哈里视窗理论及运用和缩小自我盲目区的鱼缸会议 3 种常用的方法和工具。

2.5.3　自我认知的 SWOT 分析

SWOT 分析是认识自我的有效工具之一。SWOT 分别是 4 个单词的缩写，即优势（S，Strength）、劣势（W，Weakness）、机会（O，Opportunity）和威胁（T，Threat）。SWOT 分析是指通过对被分析对象的优势、劣势、机会和威胁等加以综合评估与分析得出结论，有机结合内部资源、外部环境来清晰地确定被分析对象的优势和劣势，了解其所面临的机会和威胁，在此基础上提出被分析对象要实施的战略战术。

SWOT 分析作为一种战略分析方法，在商业领域中的运用极为广泛，它同样能帮助个体分析自身内在的优势和劣势以及外部环境的机会和威胁。通过这些分析，个体可以制定未来发展和实施的策略。

1. 制作个人 SWOT 矩阵

个人 SWOT 矩阵如表 2-3 所示，它不仅考虑了个体的自身状况，还考虑了个体所处的外部环境；个体通过个人 SWOT 矩阵分析，可以找出适合自身发展的基本策略。

表 2-3　个人 SWOT 矩阵

	积极因素（对达到目标有帮助）	消极因素（对达到目标有害处）
自身状况（内在的）	优势（Strength）	劣势（Weakness）
外部环境（外在的）	机会（Opportunity）	威胁（Threat）

（1）发掘自己的优势

优势是你区别于他人的一些重要特征，这句话的重点在于"区别于他人"的特征。很多人将大家共有的特征列在优势板块中，这其实并不正确。例如，有的人将"我很聪明"列在优势板块之中，但当他仔细地将自己和竞争对手比较后发现大家都很聪明，那么"我很聪明"在此次 SWOT 分析中只能算作基本要求，而不能作为他的优势。

（2）认识自己的弱点

认识弱点和发掘优势一样，你不仅要充分做到自我批判，还要得到朋友、同学或同事等的反馈。有的人不能虚心地接受别人的批评，当别人列出他的弱项的时候，他首先考虑的是反驳，或者寻找一些特殊的理由，这是一种不被赞同的态度。

（3）发现机会

机会来自外部，但它是相对于能力来说的。换句话说，你在识别机会的时候必须考虑自身的能力，只有在自身的能力范围内的机会才能成为你真正的机会。有的人一遇到机会就直接进行尝试，最后发现自己无法完成任务，此时机会反而成了威胁。

（4）感知威胁或挑战

除了机会，我们也会面对各种各样的威胁或挑战。这是我们无法控制的外部因素，但是我们可以弱化它们的影响，提前感知到威胁或挑战的存在可以帮助我们提前做好准备。

2. 运用个人 SWOT 矩阵的实例

个人 SWOT 矩阵除了能让我们一目了然地看出自己的优势、劣势、机会与威胁，还能让我们从中分析出未来发展的策略以及与人相处的策略等。表 2-4 所示是运用个人 SWOT 矩阵的实例。该矩阵表列出了张三的优势和劣势，以及他面对的机会和威胁。那他在紧接着的一段时间应该怎么做呢？这就是一个策略性的问题。比如，张三可以利用自己在公司中具有良好的绩效记录，并有较强的沟通能力和富有耐心的优势，争取在下一次领导选举中担任适当的职务，从而增强自己的综合能力。

表 2-4　运用个人 SWOT 矩阵的实例

优势分析	劣势分析
◆ 我具有良好的绩效记录和较强的创新能力，这受到同事们的普遍认可 ◆ 和同事相比，我的交流能力较强 ◆ 我通常能够发现问题的关键所在，有时能直接提出问题的合理解决方案 ◆ 我对和自身利益无关的事情也有极强的耐心	◆ 我能将手边的事情快速地处理完，但对于事情完成的质量并不会深入关注 ◆ 当我手边有多件事情需要同时处理的时候，我会有较大的压力 ◆ 我在公共场合演讲时会感到非常紧张
把握机会	辨别威胁
◆ 公司刚引入领导轮值制度，下周将会重选领导 ◆ 明年新项目启动期间，公司将和海外机构合作 ◆ 财年末绩效考评会有改革，客户满意度将纳入考评体系	◆ 团队中的李四性格外向，口才非常出色，是我竞聘领导岗位的竞争对手之一 ◆ 所有的同事都非常刻苦地工作，期中绩效考评时我能否获得较好的名次尚且未知 ◆ 我的英语能力较差，加入海外组的概率较低

3. SWOT 分析对大学生的指导意义

SWOT 分析对大学生进行自我分析和学业生涯规划同样具有指导意义。通过这种方法，大学生能够客观地进行自我认知，明确自己的发展方向，从而为自己的学习、工作和生活做出最佳的决策。表 2-5 为自我认知的 SWOT 分析示例，列举了某高校新媒体传播专业的一位大学生运用 SWOT 分析对自己学业生涯做的分析和规划。

表 2-5 自我认知的 SWOT 分析示例

	优势	劣势
内部环境分析	1. 乐观开朗，志向高远，生活态度热情，善于发现事物积极的方面 2. 诚实稳重，为人正直，待人诚恳，喜欢与人交往 3. 有强烈的责任心、较强的社会适应能力和一定的组织能力 4. 心思细腻，思考问题细致、缜密 5. 学习认真踏实，具备一定的文学素养 6. 喜欢思考问题，有一定的分析能力，并有寻根究底的兴趣 7. 富有逻辑性和条理性，有一定的书面表达能力 8. 勇于创新，敢于尝试，喜欢接触新鲜事物	1. 社会经验不足，知识面过窄，缺乏理性思维能力 2. 语言表达能力不强，不善于在公共场合发言，有时候口语表达过于烦琐 3. 思维比较程式化，不够灵活 4. 自视甚高，我行我素，有时比较固执，不喜欢采纳别人的意见 5. 性情柔弱，想问题、做事情有时过于瞻前顾后、优柔寡断，以致坐失良机
	机会	威胁
外部环境分析	1. 当下，新媒体发展迅速，社会对我所学专业的人才需求量大，专业发展前景良好 2. 学校提供了良好的学习环境和很好的软硬件设施，我有较多机会参与一些实践项目，学以致用，可以积累更多的工作经验，同时可以有就业或考研究生的双重选择 3. 我所在的城市有很多优秀的校友，为像我这样的在校生的学习和实习提供了丰富的可利用资源和构建良好的人际关系的条件	1. 从就业方面来看，目前我国就业形势具有不确定性，各用人单位对人才素质提出了更高的要求，越来越多的用人单位更加看重员工的工作经验而非学历 2. 从考研究生方面来看，研究生数量剧增，优秀的人很多，机会却不均等，这时考研究生就不单单是知识储备方面的比拼，更是对个人发现机会、展示自己并把握机会的能力的考验
未来的选择	运用 SWOT 矩阵进行个人分析以后，我对自身有了比较清醒的认识，进一步明确了未来的发展方向。我计划在学习期间，利用较强的学习能力，认真学习新媒体传播专业的知识，不断提高英语水平和计算机能力，拓展知识面，培养创新能力，同时利用课余时间参加社会实践活动，积累工作经验。我暂时不考虑考研，毕业后将进入与自身专业相关的行业，如传媒业、广告业等	

2.5.4 乔哈里视窗理论及运用

在人际关系中，每一个人的人际沟通信息都可以被划入 4 种不同的区域，即公开区、盲目区、隐蔽区和未知区，如图 2-2 所示。这就是由美国学者乔瑟夫·勒夫特和哈里·莫厄姆提出的"乔哈里视窗"。该理论从自我概念的角度，对人际沟通进行了深入的研究，并根据"自己知道—自己不知道"和"别人知道—别人不知道"这两个维度，依据双方对沟通内容的熟悉程度，将人际沟通信息划分为 4 个区域，它对我们研究人际沟通和自我认知具有重要价值。

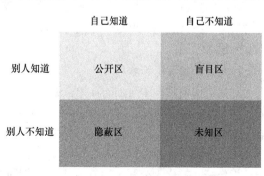

图 2-2 乔哈里视窗

1.人际沟通信息的4个区域

（1）公开区

公开区的信息是自己知道、别人知道的信息，如你的姓名、外貌、职业、家庭情况、性格、爱好、部分经历等。所有的人际交往都是在这个区域进行的，共同的公开区越大，双方沟通起来也就越便利，越不易产生误会。一般来说，如果你想交到更多的朋友，有更大的社会交际面，就应尽可能地去扩大自己的公开区，把自己知道、别人知道的信息传播得更广，把自己知道的信息更多地表达出来。在所有人中，公开区最大的是知名艺人等公众人物。他们频繁露面，参加各种活动，发表演讲，出席仪式，一直都在扩大自己的公开区，其公开区越大，其名气和影响力一般也就越大。

（2）盲目区

盲目区的信息是自己不知道、别人知道的信息，如你的性格上的弱点或坏习惯、你的某些处事方式、别人对你的一些感受等。在这个区域中，个人看不到自己的优劣，但这些信息在别人眼中是一目了然的，这就是所谓的个人盲点。"旁观者清，当局者迷"说的就是人知而己不知的道理。例如，有些公司的管理者为什么很难听到关于自己的真话？这就是因为他们周围往往都是一些阿谀奉承的人，沟通多为单向且闭塞的。一旦当事人没有开放的胸怀容纳一些敢于对自己讲真话的朋友或善于直言的下属，他的盲目区就有可能变得越来越大。因此，领导者只有不断地缩小自己的盲目区，才有助于走向成功。一般来说，盲目区越大，人们的信息交流活动越容易处于盲目的状态。

（3）隐蔽区

隐蔽区的信息是自己知道、别人不知道的秘密，如你的某些经历、希望、心愿、阴谋、好恶等。这个隐私地带的开放程度的高低由自己控制。一个真诚的人也需要有隐蔽区，完全没有隐蔽区的人的心智是不成熟的。但在人际沟通中，适度地打开隐蔽区，是提高沟通成功率的一条捷径。

（4）未知区

未知区的信息是自己不知道、别人也不知道的信息，如某人自己身上隐藏的疾病，个人未曾觉察的潜能，或压抑下来的记忆、经验。未知区是尚待挖掘的黑洞，也许通过某些偶然的机会，个体得到了别人较为深入的了解，自己对自我的认识也不断地深入，个体的某些潜能就会得到较好的发挥。例如，你从来没有上过演讲台，你自己都不知道自己具有演讲能力，当然别人也不知道。其实每一个人都有这样的能力，只是你可能没有经过训练并将它表现出来，当你有一天站到舞台上并表现出你的能力的时候，你可能会突然发现：我原来可以讲得很棒！又如你原来从来不会销售，但是一旦决定去做并且非常用心地去做，你可能会发现，原来你在这个领域还很有潜质。

2.乔哈里视窗理论的运用

乔哈里视窗是一个有趣的理论，道出了许多事实和人性：如每个人眼前所看到的都有其局限，而每个人都需要有自己的隐蔽区。沟通双方在沟通时有交集的只有"自己知道，别人知道"的开放区，在其他区域，沟通者则需要更多的耐心和观察力让自己和他人未知的地带缩小，进而做到良性的沟通。乔哈里视窗不是静止的而是动态的，各个区域之间是可以互相转换的。把隐蔽区转化为公开区的方法就是自我揭露，即主动向别人袒露自己的故事，主动让别人认识自己、熟悉自己、了解自己、喜欢自己、信任自己，最终我们才有可能让别人和自己成为莫逆之交。

根据乔哈里视窗理论，一个人越善于向他人表露自己内心的想法和情感，乐于接受他人的反馈并从中学习和反省，其公开区就越大，其沟通能力和效果也会越强，这个人在工作中和人际关系上就越容易获得谅解和支持。不少人的隐蔽区较大，与人沟通时对自身的情况保留过多。虽然保留隐私是必要的，但是过分保护自己，就容易给人虚伪的感觉，影响正常社交的开展。拒绝别人的善意批评和反馈的人，容易有更大的盲目区，盲目区大的人，其人际关系往往很恶劣，这类人在很多时候自以为是而不自知。这类人较难有进步，通常要经历较大的挫折，明白自己的不足和学习欣赏别人，才会有明显的改善。

如何有效地缩小自己的盲目区，建立正确的自我认知，鱼缸会议提供了建设性的思路和方法。

2.5.5　缩小自我盲目区的鱼缸会议

鱼缸会议是一种以组织会议的形式，由群体成员分享各自的观点和资讯，对部门或个体进行诊断和反馈的团队沟通方式。例如，某公司 A 部门的关联部门包括 B 部门、C 部门、D 部门、E 部门，他们各自派出代表组成一个评价反馈小组，对 A 部门进行诊断，被诊断的 A 部门自始至终不能发言，只能记录意见。A 部门被诊断后，再由 B 部门接受诊断，以此类推。这个时候，被诊断的部门好像玻璃鱼缸中供人观赏评价的金鱼，因此，这种会议被称为鱼缸会议。鱼缸会议也可用于对团队中每个成员的诊断。

1. 鱼缸会议的背景和意义

鱼缸会议的源起是因为在组织系统内部由于传统的职能分工，我们仅仅专注于自己的职务行为，看不见自己行为的影响怎样延伸到职务范围之外。当有些行为的影响回过头来伤害到自己，我们还误认为这些新问题是由外部因素引起的。因此，我们需要得到系统内其他部门的建设性反馈，我们也需要给予其他部门建设性反馈，以促进真诚互动的沟通。鱼缸会议可以针对部门或个人来运用。

鱼缸会议用在部门的意义如下：第一，帮助部门看清自己的行为对组织系统、对其他部门的影响；第二，消除部门之间的隔阂，使公司内部信息能自由流动，使得部门间、同事间的沟通更高效。

鱼缸会议用在个人的意义如下：第一，帮助个人增强其自我认知能力，使其了解自己能力的长处和短处；第二，了解别人眼中的自己到底是怎样的，促进自我反思。

2. 鱼缸会议中的角色及鱼缸会议的流程

鱼缸会议中的角色如下。

• 被反馈者——鱼缸会议中的"鱼"。在倾听评价和建议的过程中，被反馈者的角色是一条沉默的"鱼"，他要放低姿态，认真倾听和记录来自他人真实的声音。他可以对他人的反馈简单表示感谢，但不能有解释或辩论性发言。不让被反馈者发言，是为了防止在辩解中强化对问题的习惯性防卫心理。只有让反馈者无拘无束地谈出自己的意见，被反馈者才可能充分地了解别人对自己的看法，看清自己的行为是如何对他人造成影响的。要认识到：每个人由于学识、经验、背景不同，价值观和看待问题的角度都有所不同，我们既要接受自己眼中的自己，也要了解别人眼中的自己，多方位地认识自己会帮助我们成长。

• 反馈者——鱼缸会议中给予反馈意见的人员。他们需要根据主题和目标，提出建设性的意见和建议，反馈的内容尽量结合行为和事实，避免主观臆测。任何反馈者对其他反馈者提出的任何想法都不能批判、不得阻拦，即使自己认为是幼稚的、错误的，甚至是荒诞离奇的。

• 主持人——由对组织的背景比较了解并熟悉鱼缸会议的流程和方法的人担任。主持人应利用掌控能力充分调动每一个与会者的积极性，提醒被反馈者保持聆听，不打断反馈，引导反馈者以提问的方式引发被反馈者的思考。在此期间，注意防止出现一些"扼杀性语句"，如"这根本行不通""你的想法太陈旧了""这是不可能的""这不符合某某定律""你提了一个不成熟的看法"等。只有这样，与会者才可能在充分放松的心境下，在别人的建议与质疑的激励下，集中全部精力开拓自己的思路。

鱼缸会议的流程如表2-6所示。

表2-6　鱼缸会议的流程

序号	步骤	细节
1	确定对象	确定是部门内部沟通还是跨部门的沟通，有哪些人参与
2	准备反馈表	按人数准备好鱼缸会议的反馈表，确保每个人都能得到其他与会者的建设性反馈
3	围坐成圈	人数在8人以内，围坐成一圈；如人数较多，则可以分成多个小组，每个小组都各自围坐成一圈
4	开展鱼缸会议	鱼缸会议的角色分为被反馈者和反馈者，会议开始之后，每个人轮流坐在圈的中间作为被反馈者，倾听其他作为反馈者的与会者的反馈，在这个过程中，被反馈者只能倾听，说谢谢，但不能给出其他反馈，不能对话。反馈者对坐在圈中间的被反馈者做出建设性反馈
5	成员轮换	如果是多个小组的建设性反馈，则可进行成员之间的交换，确保每个人都得到其他人的反馈
6	会议结束	每个反馈者把记录了内容的反馈表交给被反馈者（反馈表也可以由反馈者本人自行记录或另外安排专人记录）。每个人应对他人的建设性反馈给予感谢

3. 鱼缸会议在学校团队活动中的运用

鱼缸会议有助于个体认清自我，助力成长，这种方式可以在大学班级、宿舍和社团活动中广泛应用，以丰富、完善个体的自我评价，包括对自己的想法、期望、行为及人格特征的判断与评估。这是自我调节与人格完善的重要手段。针对实际情况，我们可以对鱼缸会议的形式进行适当优化和调整，分为以下几个阶段来开展。

（1）自我审视。反思自己在学习、工作、为人处世、日常沟通等方面体现的性格、能力、价值观、行为方式、习惯等，列举自己的若干条优点和缺点，并将其填入总结表。

（2）相互围观。班级、宿舍或社团组织里相互熟悉的同学以6人组成一个小组，小组成员围坐在一起举行鱼缸会议，每人轮流当被反馈者，另外5人当反馈者。

（3）坦诚反馈。反馈者本着坦诚、帮助被反馈者的态度说出自己对被反馈者的认知，至少提出其3条优点和3条缺点，且不与他人重复。反馈者发言时应遵循建设性沟通的原则（每人发言时间为1~2分钟，主持人注意控制时间）。

（4）虚心聆听。被反馈者听取每位反馈者的意见，同时进行记录，填写表格，如对他人的意见有解释说明应在鱼缸会议结束后进行。

（5）自我反思。鱼缸会议结束后，每人再做总结和分析，比较自我认知和他人对自己的认知存在哪些差异并探索其成因。

（6）自我提升。围绕自身缺点的克服和转换，以及自身优势的保持和发扬，制订改进方案，拟定行动计划表，并付诸实践。

 复习思考题

1. 修兹的人际关系需求类型与马斯洛的需要层次类型有何内在联系？
2. 人际交往吸引规律有哪些？举例说明你认为最符合实际的 3 条规律。
3. 增强人际魅力的技巧是什么？
4. 心理学研究认为人与人之间的交往状况好坏在很大程度上取决于相互的自我表露程度，你如何理解该观点？
5. 简述首因效应与近因效应的区别与联系。
6. 比较晕轮效应、刻板印象效应和投射效应这 3 种心理效应有何异同。
7. 举例说明皮格马利翁效应在人际交往中的应用。
8. 人际交往中的心理障碍主要有哪几种？针对这几种心理障碍，请你分别提出解决方案。
9. 人际心理障碍的调适手段有哪些？
10. 如何运用乔哈里视窗理论来分析自我？

 模拟实训题

1. 对自己进行 SWOT 分析

根据自己的实际情况，对自己进行 SWOT 分析，客观地进行自我认知，明确自己的发展方向，为自己的学习、工作和生活做出相应的决策，并将结果绘制成个人 SWOT 矩阵。

2. 鱼缸会议练习

根据本章有关鱼缸会议的知识和要求，同一班级、宿舍或社团组织里相互熟悉的同学以 6 人为一个小组，围坐在一起举行鱼缸会议，每人轮流当被反馈者，另外 5 人当反馈者。完成下列表格。

鱼缸会议记录

填写人：_____ 学号：_____

反馈者姓名	优点（3条以上）	缺点（3条以上）
反馈者1：		
反馈者2：		
反馈者3：		
反馈者4：		
反馈者5：		

（1）自我审视

反思自己在工作、学习、为人处世、日常沟通等方面体现的性格、能力、价值观、行为方式、习惯等，列举自己的5条优点和5条缺点，填写下表。

我的5条优点	我的5条缺点

（2）自我反思

鱼缸会议结束后，比较自我认知和他人对自己的认知，两者存在哪些差异？你如何看待这些差异？

_____

_____

_____

（3）自我提升

围绕自身缺点的克服和转换，以及自身优点的保持和发扬，制订改进计划，填写下表。

改进点	行动策略	何时开始	何时完成

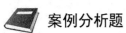 案例分析题

【案例 2-1】

某高校大三女生玲玲在家乡时认识了一位男生。初次见面时，长相平平的男孩并没有给她留下深刻印象，两人也就不了了之了。大四时，玲玲来到了一个陌生的城市，找了一份实习工作。恰好，那个男孩也在这座城市。

初入职场，玲玲感觉压力很大，再加上她在这里举目无亲，时常感到孤独。一次，玲玲拨通了男孩的电话，向他倾诉烦恼。后来，他们见面了，经常一起吃饭逛街，慢慢地，两人有了默契。玲玲发现，男孩虽然长相不是很出众，但是有很多优点：沉稳大度，能包容她的任性；体贴细心，会烹饪一手好菜。

经过一段时间的交往，她觉得自己越来越离不开他了。一年过后，玲玲和那个男孩有情人终成眷属。

问题：

案例中两人的交往过程符合哪些人际交往吸引规律？请结合案例描述的情境进行具体分析。

【案例 2-2】

宗老师是某大学一年级的班主任。开学之初，他在学校大门口接待前来登记报到的新生。有一位名叫林子云的新生，报到时衣冠不整，头上的帽子歪到了一边，他站在桌前报出自己名字时，左腿还一抖一抖地制造"人造地震"。林子云留给宗老师的初次印象可以说是糟透了。宗老师想，这个学生肯定是一个调皮捣蛋、不爱学习的学生。于是，宗老师带着不悦的心情，非常严肃地对林子云说道："请把你的帽子戴好，腿如果没有毛病的话，请不要抖动！"

面对这么一个"吊儿郎当"的学生，宗老师自然特别留意：他是否有逃课的坏毛病？是不是常在班上拉帮结派、打架闹事？因此，在选班干部的时候，林子云根本不在宗老师的考虑范围之内。几个月过去了，宗老师才发现林子云并不像自己想象的那么坏，他既不旷课也不打架，且遵守学校纪律，热心为班级做好事，课余时记日记、写文章，还在校报上发表了几首小诗呢。于是宗老师决定找林子云谈一次话。

经过交流，宗老师又了解到：林子云性情温和，待人有礼貌，与同学的关系相处得十分融洽。他在报到那天之所以衣冠不整、歪戴帽子、左腿抖动，是因为他那天感冒了，又在长途汽车上颠簸了大半天，头昏脑涨的。行车时，他出现了呕吐现象，为了方便，他把帽檐儿拉向了一边。下车后，他没注意到自己的"光辉形象"，因此给宗老师留下了很差的印象，竟然成了老师密切"关注"的对象。

鉴于林子云半年来的良好表现，第二学期开始，宗老师让他担任了班干部。后来证明，林子云干得很出色。

问题：

请运用人际认知中的心理效应理论分析上述案例。

【案例 2-3】

一位大学生这样描述她进入大学后的困惑："我是被鲜花、掌声和荣誉簇拥着长大的女孩。我的学习成绩优异，多次在比赛中获奖，在高中我连任 3 年班长，做过学生会的文艺部长、团委会的宣传委员，在无数的光环照耀下，我就像一个骄傲的公主。这使我形成了自傲的性格，或者说我从来没有时间思考自己的期望值是否太高，但进入大学后我才发现这里人才济济，我只是这个环境里的小角色，我努力过，但并没有获得更大的收获。我感到失落和压抑，我的这种苦闷比其他人更强烈。我对自己失望了，开始自我放纵，成了享乐主义者，但这与我的性格有着强烈的冲突。我选择逃避，隐藏了自己的才华，成了一个封闭的人，我再也找不到曾经的光彩，在一个狭隘、孤独的空间中，我不断发现自身的缺点，感觉自己与这个环境格格不入，最终形成了恶性循环，我深深感到自身的渺小，对外界有一种无能为力的感觉。这种感觉像一块阴云一直笼罩着我，也影响了我的生活……"

问题：

这位同学进入大学后在人际交往方面产生了什么心理障碍？这是什么原因引起的？她该如何克服这种心理障碍？

你患有社交恐惧症吗？

根据自己的实际情况，对每个问题做 A、B、C、D、E 的回答。A 表示"根本不符合"，B 表示"某方面符合"，C 表示"比较符合"，D 表示"大部分符合"，E 表示"完全符合"。

1. 和不熟的人聚会时，会很不自然。

2. 和老师或上级交谈时，会很不自在。

3. 在面试中常不知所措。

4. 是个比较内向的人。

5. 和权威人士对话会很害怕。

6. 即使在非正式场合也会感到不安和害怕。

7. 处在与自己类型不同的人群当中仍感觉很舒服、很自在。（Q）

8. 给陌生人打电话会有紧张感。

9. 和交往不深的同性交谈会产生不适感。

10. 和异性谈话时会感到更加自在。（Q）

11. 是个比较不害怕与人交际的人。（Q）

12. 在人多的场合不会有什么不自在。（Q）

13. 想让自己更擅长与人交际。

14. 和很多人聚在一起时不知道该做什么。

15. 如果面对一位吸引人的异性，会不知所措。

计分标准

末尾不带 Q 的题目，回答 A 得 1 分，回答 B 得 2 分，回答 C 得 3 分，回答 D 得 4 分，回答 E 得 5 分；末尾带有"Q"的反向记分，即回答 A 得 5 分，回答 B 得 4 分，回答 C 得 3 分，回答 D 得 2 分，回答 E 得 1 分；最后计算总分。

测试结果

15～59 分：善于交际，没有社交恐惧症。

60～75 分：不善于交际，有患社交恐惧症的倾向。

分析提示

社交恐惧症已经是在忧郁症和酗酒之后排名第三的心理疾病。现在人们面临的压力越来越大，患社交恐惧症的人数有上升趋势。治疗社交恐惧症的方法有心理治疗和药物治疗。病情较轻微的人只需要接受心理治疗；病情较严重的人，就应该由医师诊断，接受药物治疗。

第 3 章　人际沟通的形式与技巧

本章要点

- ◆ 言语沟通技巧
- ◆ 提问的方式与技巧
- ◆ 有效倾听的技巧
- ◆ 建设性反馈的特征与技巧
- ◆ 非语言沟通的重要性
- ◆ 身体语言的类别
- ◆ 打电话和接电话的技巧
- ◆ 网络沟通的优势与不足
- ◆ 使用电子邮件沟通的礼仪和技巧
- ◆ 即时通信的沟通技巧

　　人际沟通是一个信息传递和交流的过程，主要通过人际交往中的语言（包括书面语、口头语）沟通、非语言（体态语）沟通等形式，达到交往主体预期的目的。而且，随着时代发展和技术进步，沟通形式也在不断变化，电话沟通、网络沟通（如发送电子邮件、QQ 信息、微信信息）也越来越普遍。较好地掌握和恰当地运用沟通形式及技巧，是确保人际沟通畅通、建立和优化人际关系的有效途径。

3.1　言语沟通

　　人类社会主要是运用语言符号系统，即利用口头语和书面语进行交流。口头语交流，即言语沟通，作为人类口头形式的语言活动，被视为人际沟通中最普遍、最常用，也是最主要的交际手段。言语沟通常分为两种类型：第一种是正式交谈，即双方就事先商定交谈的主题、目的等进行交流，如会谈、谈判；第二种是非正式交谈，即双方没有任何准备的、比较自由和随意且具有随机性的交谈。人们无论是进行哪种类型的交谈，为了使交谈能有效达到沟通目的，都应遵守一定的规则和要求。

3.1.1　选择合适的话题开始

　　语言学家普遍认为，为了实现成功的交谈，参与交谈的双方首先应注意选择合适的话题。双方在交流和沟通中，应以选择双方共同感兴趣的话题为宜。而不合适的话题通常有 3 种：一是只有交谈双方中的一方感兴趣的话题，二是让一方无法继续交谈的封闭式话题，三是有关一方隐私的话题。

在与他人进行交谈时，你在开始时不妨采用对对方表示关心的问候性话语，而在谈话即将结束时，可适当运用向对方表示感谢的话语。例如，交谈开始时，你可采用以下话语："您最近在忙些什么？""您的事情进展如何？""我能为您做些什么？"在交谈结束时，你可以说："谢谢您的帮助和建议，我将重新整理一下我的思路。""这次交谈真令我获益匪浅。"

拓展视频

闲聊的 5 个技巧，帮助你快速增进与他人的感情

在正式的商务谈判中，谈判初期被称为"破冰"期，谈判人员通常需要运用中性话题来加强沟通。素不相识的人在一起谈判时极易出现停顿和冷场，谈判一开始就进入正题，更容易增加"冰层"的厚度。因此，谈判人员应在进入谈判正题前，留出一定的时间，就一些非业务性的、轻松的话题，如时事新闻、气候、体育、艺术等，进行寒暄交流，缓和气氛，以缩短双方在心理上的距离。

3.1.2 准确清晰地传递信息

为了实现有效的沟通和交流，参与交谈的双方应尽可能做到准确清晰地传递信息。这主要包括以下方面。

1. 慎选用语

一般来说，在沟通过程中，如果信息的接收者不能理解发送者所传递的信息，那么沟通是无效的，因此，选择传递信息的用语极为重要。在交谈中，发送者应尽可能选择通俗的用语，语意表达应清晰、完整。要根据接收者的实际情况，选择合适的、容易理解的话语，尤其要选择接收者容易接受、具有美好性质的语言，要避免使用有伤害性或攻击性的语言，如生活中有些人开

拓展视频

冒犯并顶撞客户导致沟通失败的案例

拓展视频

得罪领导的 5 句口头禅

口就说："不是这样！""你说的根本不是事实！"或者说："你在胡说八道，谁会相信这种胡话？！"试想，这样的语言谁能接受呢？因此，采用类似语言的人是无法与他人进行有效沟通的。反之，若我们在沟通中，时常将"您说的也很有道理"作为导语，其效果则会大不相同。

2. 语速适中

在运用言语与人进行交流的过程中，语速对阐述效果的影响也很大：如果你说得过快，对方会听不清、记不住；而如果你说得过缓，对方则会感到拖拉冗长、难辨主次。因此，语速应快而不失节奏，慢而不失流畅，给人以轻松动听之感。语句之间稍微停顿一下，目光与对方交流一次再继续阐述的效果颇佳。

一般来说，电视台新闻播音员的语速较快，基本上是每分钟说 300 个字左右。人们平常的语速是每分钟说 200 个字左右。对于日常生活中非常熟悉的语言，在短时间内（几秒钟内），人耳的接受程度可达每秒钟七八个字，甚至更多；一般情况下，人耳的接受程度，即辨析率是每秒钟四五个字，即每分钟 240～300 个字。超过这个速度，听者在理解辨析时就会有一定的困难。

我们应警觉，在交谈中过快的语速、尴尬的停顿，都可能会传递一些非故意的信息，让对方感到我们可能隐瞒了某种事实，以至于对我们说的话产生怀疑，而妨碍沟通的有效进行。因

人际关系与沟通（视频指导版）

此，对交流和沟通中语速的把握不可忽视。

3. 语调和声调的掌控

在说同一句话时，你使用的语调、声调不同，为它所赋予的含义就不同。比如，"您的一番话对我启发很大呀"这样一句话，在谈判中由于语调声调的不同，可以有赞赏、讥讽、敷衍等意思。在正式的交谈中，通过对方说话的语调，你就可以判断其感情或情绪的状态。在陈述问题时，你要让对方从你的语调中感受到你的坚定、自信和冷静；要避免使用过于高亢、尖锐或过于柔和、轻细的语调。还应注意到，情绪因素可直接影响说话时的语调，所以，你应时刻注意调整自己的情绪状态，努力克制自己，避免因自己不好的情绪状态影响说话时的语调，从而传递一些非故意的信息，以致阻碍双方的有效沟通。

拓展视频
专家讲座：交谈技巧

3.1.3 言谈风范

正式的沟通和交流需要在一种良好的氛围中进行，交谈者应具有良好的言谈风范，如用词正面积极、待人礼貌、谈吐幽默等。

1. 使用正面积极的字眼

语言具有很强的能量。沟通双方所说的话，其实对彼此的态度及情绪影响很大。在交谈中，沟通双方应该有意识地使用正面积极的字眼来取代负面消极的字眼。

一般而言，在日常生活中所使用的字眼可以分成 3 类：正面积极的、负面消极的以及中性的字眼。负面消极的字眼有问题、失败、困难、麻烦、紧张等。如果你经常使用这些负面消极的字眼，恐慌及无助的感觉就随之产生。高情商的人很少会用这些负面消极的字眼，他们通常会用正面积极的字眼来代替它们。例如，他们不说"有困难"，而说"有挑战"；不说"我担心"，而说"我在乎"；不说"有问题"，而说"有机会"。一旦开始使用正面积极的字眼，个体便会变得积极起来，更有动力去面对生活。

比如，在商务活动中，介绍价格时，不要说"贵"，而要说"物有所值"；不要说"不值钱"，而要说"物美价廉、经济实惠"；不要说"对不起，现在没货，10 天后才能到货"，而要说"只要 10 天，属于你的货就到了"；不要说"失败的概率是 20%"，而要说"成功的概率是 80%"；不要说"没有"，而要说"请稍等"。负面消极的字眼和正面积极的字眼的对比见表 3-1。

拓展视频
遇到"杠精"怎么办：永远不要和层次不同的人争辩

拓展视频
比较亲子教育中的两种沟通方式

表 3-1　负面消极的字眼与正面积极的字眼的对比

负面消极的字眼	正面积极的字眼
别忘了在下班前把货送到	记住在下班前把货送过去
这次的报告写得好多了	这次的报告写得更好了
我们不允许刚刚参加工作就上班迟到	刚刚参加工作的人保证按时上班很重要

负面消极的字眼	正面积极的字眼
免费早餐仅限于20元以内，超出部分请自付	你可以免费享用20元以内的早餐
如果您对我们的服务不满意的话，可终止续约	这次与您合作非常好，受益匪浅，望我们能继续合作
外派工作本身就是不确定的，困难比较多	外派工作非常有利于丰富你的职业生涯，但也的确需要你克服一些意想不到的困难

所以，与人沟通时需要字字琢磨，只要改变你的负面口头禅，换成正面积极的字眼，你就会变得积极乐观起来。

2. 遵循礼貌规则和使用非暴力沟通技巧

礼貌可谓是言语沟通的基础，也是实现与各类人进行有效沟通的基本法则。有一句名言是这样说的：礼貌在生活和交谈中，比最高的智慧和一切学识都重要。从中华文化的传统来看，礼貌言谈主要体现在文雅、得体、谦逊3个方面。交谈者在交谈中应遵循礼貌规则，应懂得礼貌言谈是言语交际风度的重要体现。

拓展视频
暴力沟通能造成多大的伤害

遵循礼貌规则要求人们掌握非暴力沟通技巧。在我们日常生活中，暴力沟通十分普遍，如家长对学生说："你这么不爱学习，将来长大了能有什么出息？"我们习惯被情绪控制，以暴力沟通的方式发泄情绪，这会导致矛盾激化，让他人和自己都陷入痛苦。掌握非暴力沟通技巧能帮助我们认知日常沟通中"潜藏的暴力"，从而使我们以诚实的态度和倾听的方式与人交流，消除暴力。道德评判、比较、强人所难、回避责任等异化的沟通方式非但不能解决问题，反而容易造成心灵隔阂。"非暴力"意味着让爱融入生活，让尊重、理解、欣赏、感激、慈悲和友情来主导生活，而非让自私自利、贪婪、憎恨、偏见、怀疑和敌意来主导生活。

拓展阅读

非暴力沟通

非暴力沟通（Nonviolent Communication，NVC）概念是美国学者马歇尔·卢森堡博士在1963年提出的。2003年，联合国教科文组织将NVC列为全球正式教育和非正式教育领域非暴力解决冲突的最佳实践之一。2009年，《非暴力沟通》一书在我国出版。该书将非暴力沟通方式划分为表达和倾听两方面，其中，表达又细分为观察、感受、需要、请求4个要素，《非暴力沟通》通过对这些方面和要素的详细解读，帮助人们扭转负面的思维方式，用温和的方式化解人际冲突，以维持轻松和谐的人际关系。

拓展视频
非暴力沟通的诀窍

也许我们并不认为自己的日常谈话方式是"暴力"的，但我们的语言确实常常使自己和他人感到痛苦。卢森堡博士提出采用非暴力沟通技巧来开展谈话和进行倾听，能使交谈双方情谊相通，乐于互助。

3. 表现幽默的语感

社会生活及人际关系的复杂性要求我们在交际中要表现出应有的机智和灵活性，而幽默的确是一种有趣、富有感染力的传递艺术，是高情商的表现。在人们的交谈中，交谈者所具有的幽默感，不仅能令自身的谈吐生辉，还能为交谈增添一种轻松、愉快、和谐的气氛，并可消除疑虑和隔阂，因而，恰当地使用幽默的语言不失为一种促进人际沟通的有效方式。不可否认，有时在交谈中，交谈者会处于十分尴尬的境地，这时便需要以幽默的话语作为润滑剂。美国作家马克·吐温有一次在某地旅店住宿，他在服务台登记房间时，一只蚊子正好飞来。换做其他客人，可能会毫不犹豫地批评旅店的卫生做得不好。但马克·吐温却对服务员说："早听说贵地的蚊子十分聪明，果然，它竟会预先来看我登记的房间号码，以便晚上对号光临，饱餐一顿。"服务员听后不禁大笑，立刻和其他的旅店员工开始做驱蚊工作，以免这位受众人喜爱的作家被"聪明的蚊子"叮咬。可见，幽默的话语不仅能化解尴尬的局面，而且能以愉悦的方式表达真诚、大度和友善，因此，幽默如同一座桥梁，沟通了人际关系；它也是一种有价值的思维品质，表现了交谈者机智地处理复杂问题的应变能力。正如心理学家特鲁·赫伯所说的，幽默是现代人必备的文明品质，它既是一种才华，又是一种力量，还是人类面对共同的生活困境时使用的一种超脱方式。

但应注意的是，实际交谈中的语言有多种幽默风格，如高雅的、通俗的、含蓄的、滑稽的等，人们应根据不同的场合、时机，选择恰当的幽默方式，从而取得良好的效果。

3.1.4 提问的技巧

1. 提问方式

提问方式有很多种，如引导式提问、证实式提问、探索式提问、澄清式提问、暗示式提问、迂回式提问、反诘式提问等，但所有的提问方式都可以归纳为两种基本的提问方式，即闭合式提问和开放式提问。

（1）闭合式提问

闭合式提问就是为了获得特定信息或确切回答的直接提问，又叫确认式或证实式提问，其主要目的是确认结果。闭合式提问的常用词汇有"能不能""对吗""是不是""会不会"，如"您是不是认为这门课程值得学习？""贵方在 10 天之内能不能发货？""您会与我们合作来共同开展这项业务吗？""您是说贵方同意我方的主张，准备在双边贸易问题上进一步加强合作，对吗？"对方的回答一般只能为"是""不是""能""不能""会""不会""对""不对"。这种提问方式单刀直入，直接指向问题的要害，答案比较明确、简单，可以让提问者收集比较明确的信息。

（2）开放式提问

开放式提问是要从对方那里获得更多、更全面的信息，其主要目的是收集信息。开放式提问的常用词汇有"什么""哪些""为什么""想法"等，如"您对本方案有什么建议？""您觉得该方案哪些方面需要改进呢？""您为什么会有这种想法呢？"开放式提问可以使对方有机会打开自己的心扉，说出自己的想法、感受和顾虑，提问者也因此有机会深入对方的内心世界，获得一些深层次的信息。

表 3-2 所示为不同提问方式的比较，对以上两种提问方式分别给出一些例子，便于大家比较。

保险推销中的提问

在保险业务谈判中，如果你想要了解对方更多的信息，进行开放式提问就尤为重要。

比如你想了解对方目前的保险合作情况，如果选择直接询问："马先生，贵公司目前跟哪家保险公司合作呢？费率是多少呢？"（闭合式提问）

对方的答复大多是："这不方便透漏，你们先报个价格吧。"这皮球又踢回来了。

如果换种提问方式，你可以这么问："马先生，您公司业务规模这么大，一定经常跟我们保险公司打交道吧？您对之前的合作伙伴评价如何？"（开放式提问）

他至少要简单评价一番，哪怕就是说："还不错！"你也能找到可以继续了解的话题，比如你可以接着问："您看您对我们这边的要求是什么呢？"（开放式提问）

对方接下来的答复就不会是简单的"是"与"不是"，而很有可能要长篇大论一番，只要对方在说，他说的话就总能给你透露不少情报。

又如，在费率这个核心机密方面，你不必直接询问对方的费率是多少，如果能了解到对方的年投保金额，再了解到对方的年保险费，你就可以大致推算出对方的费率了，实际上这两个数据在你跟对方聊天时就可以在不经意间轻易获得，而且不会引起对方的警觉和反感。

表3-2 不同提问方式的比较

闭合式提问	开放式提问
你在本月底以前可以完成作业吗？	你什么时候可以完成作业？
我们是共同验收还是委托买方验收？	验收条件怎么确定呢？
这是你们的最后价格吗？	你们的价格怎么会是这样的呢？
这就是你对运输安排的理由吗？	你为什么要这样安排呢？
发动机下方40厘米处是这个部件的位置吗？	发动机下方是什么？
你看我们在今天晚上8点钟以前见面行吗？	你看什么时候有空？

两种提问方式互相补充，各有所长。闭合式提问的特点是针对性强，提问者容易控制问题讨论的方向并制造紧张的气氛，节奏较快，给予对方的压力较大，对方应答受制；开放式提问的特点是随意性强，对方回答问题的方向难测，气氛缓和，节奏较慢，对方应答自由。前者多用于辩论性场合，后者多用于社交性场合。在谈判中很难说清哪种提问方式更好。比如，律师在进行盘问时，总是会设法避免那种不可控回答的提问以达到特定的目的；而销售人员或头脑风暴会议的主持者常运用开放式提问，以融洽关系、启发思维。

个体在提问时除了选择适当的方式外，还应注意提问的言辞、语气和神态，要尊重对方的人格，避免使用讽刺性、审问性和威胁性的提问方式。

2. 提问效果

从提问效果看，提问可分为有效提问和无效提问两类。有效提问是确切而富于艺术性的一种提问。无效提问是强迫对方接受的一种提问，或迫使对方消极地去适应预先制定的模式的一种提问。举例如下。

第一句为"你根本没有想出一个主意来，你凭什么认为你能提出一个切实可行的方案呢？"

第二句为"你对这个问题还有什么意见？"

第三句为"不知各位对此有何高见？请发表！"

第四句为"这香烟发霉了吗？"

第一句是典型的压制性的、不留余地的提问，把对方逼得不知如何回答是好。第二句是缺乏情感色彩的例行公事式的提问，引不起对方的兴趣。第三句是提问，虽然从表面上看没问题，但实际效果并不好，与会者十有八九会半天不出声——高见？谁敢肯定自己的见解高人一等呢？谁好意思开口呢？第四句，是一位顾客在梅雨季节去商店买香烟时，怕香烟受潮发霉随口问的，但他得到的回答是"发霉？请到别处买！"因此，掌握有效提问的艺术很重要。

有效提问的艺术涉及以下两个方面。

第一，有效提问必须在"问者谦谦，言者谆谆"的氛围中进行，给人以真诚感和可信任的印象，让双方形成坦诚信赖的心理感受，从而使回答者产生平和而从容的感受，达到预期的目的。

第二，有效提问必须使用一定的提问模式，具体如下。

有效提问＝陈述语气＋疑问语缀

根据这一模式，我们可将上述无效提问的 4 个例句改为以下句子。

第一句为"你能提出一个切实可行的方案，这很好，你能先说一说吗？"

第二句为"你是能帮助解决这个问题的，你有什么建议吗？"

第三句为"不知各位意下如何，愿意交流一下吗？"

第四句为"香烟是刚到的货，对吗？"

据语言学家的分析，人们的任何提问几乎都可以转化为这种模式，即先表述陈述内容，然后在陈述内容之后附加疑问内容，与此同时配以赞许的一笑，这样的提问就会变得有效。即使是要对方按照你的意见去做，你也要用这一模式提问，如"我知道要做很多工作，可是我们必须在今晚做完这些工作，行吗？"这种提问方式能调动对方回答的积极性，启发对方更深层的智力资源，充分满足对方的"社会赞许动机"，即渴求社会评价的嘉许与肯定心理。这种提问之所以有效，是因为陈述内容后面加了疑问内容，具有一种向他人征询、洽商，顾及他人自尊的意味。即便提问对象是孩子，也可以采用这种模式，试对下面两句做比较。

例句 1，"伟伟，给叔叔、阿姨唱一首歌！"

例句 2，"听说伟伟会唱许多歌，还上了晚会表演，叔叔、阿姨没看到，伟伟给叔叔、阿姨唱一首歌好吗？"

例句 1 是命令式，没有迎合个体渴求社会评价的嘉许与肯定心理，孩子可能会僵在那里，就是不唱；例句 2 是征询式，能引发孩子获得嘉许和肯定的表现欲望，有效率极高，幼儿园老师常采用此方法。

3.2　倾听与反馈

3.2.1　听的功能与有效倾听的障碍

在人际沟通过程中，听起着非常重要的作用。一方面，听是获取信息的基本手段，在面对面沟通中，大量信息都要靠倾听对方的说明来获得；另一方面，交谈者在沟通过程中对听的处理本身也可以向对方传递一定的信息。认真的倾听既能向对方表明你对他的讲话内容十分感兴趣，也表示了你对对方的尊重，从而能够起到鼓励对方进行更多、更充分的阐述，使己方获得更多信息的作用。

听在沟通中起着十分重要的作用，但人们实际听的效果如何呢？美国学者利曼·史泰尔在其对听的开拓性研究中发现，听是运用得最多的一种沟通能力，也是人们在听、说、读、写等各种沟通能力中最早学会的一种能力。但人们在如何"有效地听"这方面所接受的教育与训练是最少的。在学校期间，学生们通常可以得到说、读和写等方面的教育与训练，但听很少引起人们重视。

人们没有对听予以足够重视的原因在于，一般情况下人们认为在沟通的各方面能力中，听是最简单的一种。只要没有语言障碍，就不存在听的问题。但是，对听的实际效果的研究结果与人们对听的这种认识大相径庭。有关研究表明：听对方讲话的人通常只能记住不到 1/2 的讲话内容，而在讲话人所阐述的全部内容中，通常只有 1/3 是按照原意听取的，1/3 是曲解地听取的，另外 1/3 则完全没被听取。

要完整而又准确地理解对方表达的含义和意图并不容易。在沟通过程中，人们面临着多种有效倾听的障碍，如当人们与他人讲话时，往往只注意与自己有关的内容，或是只考虑自己头脑中的问题，而无意去听对方的全部讲话内容；受到自身知识水平或语言能力的限制，无法理解对方表达的全部内容；仅仅根据自己的情感和兴趣来理解对方的表述，从而很容易误解或曲解对方的意图；等等。

3.2.2 有效倾听的技巧

要实现有效倾听，就要设法克服上述障碍。事实上，受人们精力状况的限制，交谈者不可能在妥当地回答对方的问题的同时，又一字不漏地收集并理解对方表达的全部内容的含义。因此，有效倾听的关键在于了解对方阐述的主要事实，理解对方表达的直接含义和话外之音，并鼓励对方进一步表述其所面临的问题及有关想法。要达到这些要求，在听的过程中，交谈者掌握一些技巧是必要的。

拓展视频

有效倾听的方法

1. 耐心地听

积极有效倾听的关键在于交谈者在双方沟通的过程中能够耐心地倾听对方说的话，不随意打断对方的发言。随意打断对方的发言是一种不礼貌的行为，不仅不利于对方完整而充分地表达其意图，也不利于己方完整而准确地理解对方的意图。

2. 对对方的发言做出积极回应

交谈者在耐心倾听对方的发言的过程中，还要注意避免被动的听。沟通的关键在于要实现相互理解，交谈者不仅要善于做一个有耐心的听众，而且要做一个富有同情心、善于理解对方的听众。在听的过程中，交谈者应当通过适当的面部表情和身体动作，对对方的表述做出回应，鼓励对方就有关问题进行进一步的阐述；还可以利用适当的提问加深对对方有关表述的理解，引导对方表述的方向。高效的倾听者的标志是他能对他人的话做出合适的反应，通过这种反应来加强人际关系。

鼓励对方发言的技巧

鼓励对方发言表示我们乐于接受对方的观点和看法，这会让对方有一种备受尊重的感觉，有助于我们建立和谐、融洽的人际关系。

（1）善于引导对方

在交谈过程中，我们可以说些简短的鼓励性的话语，如"哦""我明白了"等，以向对方表示我们正在专注地听他说话，并鼓励他继续说下去。当谈话出现冷场时，我们也可以通过适当的提问来引导对方继续说下去。例如，"你对此有什么感觉""后来又发生了什么"等。

（2）给予对方真诚的赞美

真诚的赞美可以有效地激发对方的谈话兴致。例如，"你说的这个故事真棒""你这个想法真好""你的话对我很有启发"等。

（3）进行开放式提问

要想让谈话继续下去，并且有一定的深度和趣味，你就要多进行开放式提问。开放式提问不是用一两个词就可以回答的，对方在回答时需要做较多的解释和说明。同时，你要向对方表示自己对他们说的话很感兴趣，还想了解更多的内容。对方会感到放松，因为他们知道你希望他们参与进来并充分表达自己的想法。

（4）适时提出疑问

在倾听过程中，你要适时地提出一些切中要点的问题或发表一些意见和看法来响应对方的谈话。此外，如果你有听漏或不懂的地方，要在对方的谈话暂告一段落时，简短地提出自己的疑问。

（5）恰当运用肢体语言

激发对方谈话兴致的肢体语言主要包括自然微笑、身体略微前倾、时常看对方的眼睛、微微点头等。

资料来源：李映霞.管理沟通：理论、案例与实训[M].北京：人民邮电出版社，2017.

3．保持开放的心态，从肯定对方的角度去倾听

倾听的前提是对沟通对象抱有虚心受教的姿态，克服先验意识，不得先入为主。正确的倾听态度应该如下。

"我对你很感兴趣，我认为你的说法很重要。"

"我相信你是有理由这么做的，我认为你的想法值得听听。"

"我尊重你的想法，即便我不赞同，我也知道这些想法对你是合适的。"

要认识到，一般沟通情境下的倾听是为了双方更好地交流思想和观点，联络情感，而不是为了辩论。在辩论中，倾听是为了反驳、分清正误、压倒对手；在一般的沟通交流中，倾听是为了理解、为了求同存异、为了帮助对方。另外，交谈者不要为了面子，或者因为担心自己的权威或地位受到挑战，而不接受与自己观点相左的思想，要以"海纳百川，有容乃大"的气度去倾听他人的建议。

4．做适当的记录

在关于长时间及较复杂的问题的沟通过程中，交谈者应考虑对所获得的重要信息做适当的记录，以将其作为后续沟通的参考。当然，交谈者在做记录前，应当对现场记录是否与有关文化价值观念相冲突有所了解。在某些文化中，人们将听者记录其言论视为对其发言的重视；而

在某些文化中，人们则将记录其言论视为一种对其不信任的表现。在某些场合，由于讨论的问题具有敏感性，人们则不希望有人对其言论进行记录。

3.2.3 倾听中的建设性反馈

在生活、学习和工作中，我们经常会遇到这样的情形，自己出于一片好心想给别人提建议或意见，最终反而得罪了人。倾听中难免需要给对方一些反馈，可是我们发现，即使一个听上去无伤大雅的评价或建议也能让听者感到被嘲讽、被亏待或受到威胁，进而感到愤怒、焦虑。如何做到在给他人提醒、提供指导、提出建议和批评时，对方不仅不会反感，而且能够愉快接受呢？这就要使用给予建设性反馈的一些技巧了。

拓展视频

这样聊天提意见？你可能得罪了人还不自知

所谓建设性反馈，是指当沟通对象的行为没有达到其期待的结果时，沟通者指出具体问题所在，并提示改善方向，在解决问题的前提下，与对方保持良好的人际关系。建设性反馈有以下 3 个特征。

（1）可以解决实际问题

建设性反馈是针对对方存在的实际问题而提出的，不仅仅是为了讨他人喜欢或是被社会认可。

（2）可以实现信息的准确传递

沟通者要围绕沟通目标，准确高效地传递信息，保证信息被对方接收和理解，而不是模糊不清或偏离主题的。

（3）保持积极的人际关系

给予建设性反馈时沟通者需要用一种表示尊重与支持的方式进行陈述，并且给对方主动解决问题留出余地，而不是简单地指责对方，或指示对方该做什么。也就是说，建设性反馈要既能解决现实问题，又能让沟通者与沟通对象保持良好的人际关系。

3.2.4 给予建设性反馈的技巧

在给对方提意见时，如何让"忠言不逆耳"呢？李映霞等学者提出的"五步法"可以让你在给他人给予建设性反馈时取得较好的效果。

1. 表达你的积极意图

明确、积极的沟通意图有助于表明你是客观且尊重对方的，将使对方更容易听取你的反馈意见。积极的沟通意图应该指向沟通双方的共同目标。这种对事不对人的表示，可以使对方不致误解你在责备他。举例如下。

"我们需要如期完成这个发货计划，但现在晚了，我们看一下能做什么。"

"我们能否讨论一下新的结账程序？我认为这个新程序并没有达到我们的目标——更快地为客户服务。"

2. 描述你所观察到的不良情况

要使反馈生效，需要让对方相信你说的话是真实且有依据的。要做到这一点，你的意见必须是明确且具体的，你应简单地陈述事实而不做评价或解释。这里需要注意以下两点。

第一，描述的不良情况要具体简明。你应尽可能地使用事实和数字来描述不良情况，这样才有说服力。但要注意不能太冗长，否则反馈就会变成数落。

笼统抽象的描述和具体简明的描述的范例如表 3-3 所示。

表 3-3 笼统抽象的描述和具体简明的描述的范例

笼统抽象的描述	具体简明的描述
你交来的记录不完整	我仔细核对了你交来的记录，发现少了13个数据
你的工作台总是乱七八糟	你工作台上有些工具没有放在恰当的位置上
你从未按时交给我	时间只剩一半了，可计划只完成了1/3
你的车技真够差的	我注意到你刚才没打转向灯

第二，描述不良情况要对事不对人。如果批评话语的主语是"你"，那么对方很容易理解成这种批评是针对他的。如果主语换成"事"或"行为"，那么批评话语针对的就不是某个人了。对人与对事的反馈的范例如表 3-4 所示。

表 3-4 对人与对事的反馈的范例

"对人"的反馈	"对事"的反馈
你的工作没有条理	工作要注意轻重缓急
你的车技真够差的	拐弯时一定要打转向灯
你从未按时交给我	工作进度要跟上，否则会影响团队绩效
你没有按我们同意的方式安排这些项目	这些项目没有按我们同意的方式安排

3. 说明不良情况的恶劣影响

我们需要客观冷静地提醒对方，其不良行为带来了一些需要重视的后果。这里需要注意以下 4 点。

（1）将后果与共同的工作目标联系起来

沟通的前提是解决问题、达成共同目标，因此我们应时刻提醒自己和对方别忘了这个前提，如"进度比计划落后了 3 天，这样会影响到我们部门的绩效"。

（2）点到为止

选择几个十分严重的后果来进行说明，否则你的反馈可能被视为数落和攻击而不是一种支持。尤其是对职位比你高的人或自尊心很强的人进行反馈时，你说的话一定要点到为止。

（3）保持客观的语气

描述一个行动或行为的负面后果可能会使你情绪激动，你应当提醒自己尽量用客观的语气描述，而不是进行主观评价。

（4）慎用负面消极的字眼，多用正面积极的字眼

没有人喜欢被直截了当地严厉批评，你需要把否定词"包装"一下，让你的批评委婉一些，如"小刘，这个报告写得太啰嗦了"不妨改为"小刘，这个报告可以更精练一些"。

4. 征求对方的答复，并倾听

你需要了解对方的想法，否则就有将谈话变成单方演讲的危险，也就不能达到解决问题或互相学习的目的。这里要用到倾听的各种技巧。

5. 一起讨论解决方法

请注意，建设性反馈是一种建议，而不是批评。你需要将给予建设性反馈的过程看成一次对话交流，而不是单方面倾诉。双方可以交换意见，一起讨论，讨论的中心不在于问题而在于

解决方法。这样不仅有利于解决问题和互相学习，而且确保了客观的意见交换。这里特别需要注意的是，每当你提出选择方案时，只需说明你自己会如何尝试去解决问题，尽量避免表现得像个专家。如果需要对方负责改进，那就让他负责，这是帮他建立责任心的好办法。

3.3 非语言沟通

3.3.1 非语言沟通的含义和重要性

非语言沟通是相对于语言沟通而言的，是指人们通过身体动作、体态、语气语调等交流信息、进行沟通的过程。尽管语言沟通是人们主要的沟通形式，但是非语言沟通也是重要的沟通形式。非语言沟通有非常广泛的应用。一方面，在语言沟通过程中，如果人们同时进行非语言沟通就将大大丰富所传递的信息，提高沟通的效率；另一方面，在沟通过程中，有时人们甚至完全不需要利用语言，而只需要通过姿态、眼神、表情、仪表和服饰等非语言信息，就能很有效地传递有关信息。

拓展视频
名家讲座：非言语沟通方式

非语言沟通具有非常重要的地位和作用。语言专家曼塔必安通过研究，提出了一个公式：

沟通时信息的全部表达 =7% 的语言 +38% 的声音 +55% 的肢体语言

这说明语言在传递全部信息中的作用只占 7% 左右，声音的作用也只占约 38%，而肢体语言（非语言沟通）所起的作用最大，占到了约 55%。可见，非语言沟通在整个沟通活动中所起的作用甚至比语言沟通更为重要。

人们的面部表情总是在表达一定的信息，如喜欢或不喜欢、感兴趣或不感兴趣等。其中，眼睛所传达的信息最多，也最重要。在很多文化中，如在中国和美国，听者与讲话者保持直接的眼神接触被视为听者对讲话者所阐述的内容较感兴趣，也是一种尊重对方的表示。而讲话者与听者之间保持直接的眼神接触，则经常被理解为其有足够的自信，并对其所阐述的内容充满信心，且其所阐述的内容可能较为真实。除了面部表情能够传达大量的信息外，人体的许多动作，特别是习惯性动作，如手势、坐姿、头部的晃动等，也传递着丰富的信息。

非语言沟通的重要性主要体现在以下两个方面。

（1）非语言沟通能够提供比语言沟通更丰富的信息。非语言沟通所包含的信息远比语言沟通包含的信息丰富得多，因为人类语言所传达的意思大多数属于理性层面，经过理性加工而形成的语言会把人们想要表达的大部分，甚至绝大部分信息隐藏起来。而非语言的肢体动作常常比语言更能表现出人的态度与情感。在使用肢体语言时，人们想要掩饰态度和情感要困难得多。在表达情感、显示态度和表现气质等方面，非语言沟通所传达的信息往往更准确、内容更丰富、效果也更理想。

拓展视频
女律师对非语言信号的敏锐观察力，让人惊讶

（2）非语言沟通能更真实地提供有关人们的情感和态度的信息。语言是经过思考和选择，有意识地表达出来的。因此，有些人经常出现"口是心非"的情形。非语言沟通在很大程度上是无意识的，因而也能更真实地反映人们的情感和态度。人们的非语言信号是一种自然而然的感情流露，通常很难被刻意地传达。人们的姿态动作、面部表情、目光

都传达了他们的情感和情绪。从这些非语言信号中所得到的关于对方是否愉快、悲哀、恐惧、愤怒和感兴趣等的信息，甚至比从语言信号中所得到的信息更真实、更可靠。

拓展视频

青年才俊纵论世界各国肢体语言的差异

也就是说，不仅人的动作、姿势、表情等传递着丰富的信息，而且通过这些信号所传递的信息往往比通过语言信号所传递的信息更为真实。也正因为如此，在信息传递的过程中，通过不同信号所释放出来的信息就可能存在某些矛盾，从而对沟通者产生不利影响。鉴于此，沟通者不仅要善于观察、理解不同的非语言信号所传递的信息的含义，结合听和读所获得的信息来做出判断，而且要努力保持自身通过不同信号（说、写和做）所传递的信息的一致性。此外，在国际交流和跨文化沟通中，我们更要注意到不同文化背景下同样的非语言信号所表达的信息及表达同样的信息所对应的非语言信号的差异。

3.3.2 身体语言

拓展视频

帮你少奋斗30年的肢体语言

非语言沟通方式非常广泛，既包括人体姿势、动作、面部表情、声调等人体语言，也包括衣着、礼物、时间、空间等。在人际交往中，具有丰富的无声语言知识、掌握无声的语言技巧，对于洞察对方的心理状态、捕捉其内心活动的蛛丝马迹，进而实现高效沟通具有重要意义。以下介绍一些身体语言，如眼睛语言、表情语言、手势语言和姿势语言等。

1. 眼睛语言

"眼睛是心灵的窗户"这句话道出了眼睛具有反映人的内心世界和情感的功能。不同的眼神传递和表达着不同的信息。在人际沟通中，常见的眼睛语言如下。

（1）对方的视线经常停留在你的脸上或与你对视，说明对方对交谈内容很感兴趣，急于了解你的态度和诚意。

（2）商务谈判中涉及价格等关键内容时，对方时时避免与你的视线进行接触，说明对方把价格抬得过高或把价格压得过低。

（3）对方的视线时时左右转移、眼神闪烁不定，说明对方对你所谈的内容不感兴趣，但又不好意思打断你的谈话而产生了焦躁情绪。

（4）对方眨眼的时间明显长于自然眨眼的时间，说明对方对你所谈的内容或对你本人已产生了厌烦情绪，或表明对方对你产生了优越感乃至藐视你。

2. 表情语言

表情在传达信息方面起着重要的作用，特别是在面对面的情感交流中，表情的作用占了很大的比例。在人际沟通中，常见的表情语言如下。

（1）表示对对方感兴趣：亲密注视（视线停留在对方双眼与颈部的三角区域），眉毛轻扬或持平，微笑或嘴角向上。

（2）表示严肃：严肃注视（视线停留在对方的前额），眉毛持平，嘴角平平或向下。

（3）表示疑虑、批评直至敌意：轻轻一瞥，皱眉，嘴角向下。

（4）表示距离或冷静观察：眼睛平视，眉毛持平，嘴角持平或微微向上。

（5）表示发怒、生气或气愤：眼睛睁大，眉毛倒竖，嘴角向两边拉开。

（6）表示愉快、高兴或暗喜：瞳孔放大，眉毛上扬，嘴张开，嘴角微微向上。

3. 手势语言

手势是人们在交谈中用得最多的一种行为语言，人际沟通中常见的手势如下。

（1）说话时伸出并敞开双掌：表示态度诚恳、言行一致。

（2）掌心向上的手势：表示友好、谦虚、屈从、不带有任何威胁性。

（3）掌心向下的手势：表示控制、压抑、压制，带有强制性，会使人产生抵触情绪。

拓展视频

改善你的肢体语言的方法

（4）挠头：说明对方犹豫不决，感到为难。

（5）彼此站立交谈：对方双手交叉于腹部，意味着对方比较谦恭、有求于你、交易地位较低，对成交的期望值较高；若双臂交叉、叠至胸前并上身后仰，意味着对方不愿合作或抱有傲慢的态度；若倒背双手的同时身体重心在分开的两腿中间，意味着对方充满自信和愿意合作；若背手时做"稍息"状，则意味着戒备、敌意、不愿合作、傲慢甚至蔑视。

4. 姿势语言

（1）跷腿。对方采用交叉跷腿的坐姿（俗称二郎腿），伴之以消极的手势，通常表示紧张、缄默和防御态度，但有时也表现为随便散漫的态度。

（2）架腿。对方与你初次打交道时采取这种姿势并仰靠在沙发背上，通常带有倨傲、戒备、猜疑、不愿合作等意思。一条腿自然地架在另一条腿上的女性对自己的容貌、身材自信。无论男女，频频变换架腿姿势，是情绪不稳定、急躁的表现。

（3）抖腿。小幅度地抖动腿部，或者用脚尖拍打地板，表示急躁不安、不耐烦，或是想要摆脱某种紧张感。

（4）并腿和分腿。交谈中对方始终或经常保持并腿这一姿势并上身直立或前倾，意味着谦恭、尊敬，表明对方有求于你，自觉交易地位低下，对成交的期望值很高。而交谈中对方双腿分开、上身后仰者，表示对方充满自信、愿意合作、自觉交易地位优越。

（5）肩腰动作。耸肩是一种表示困惑的通用肢体语言，表明对方不明白你在说什么。腰板挺直，颈部和背部保持直线状态，则说明此人情绪高昂、充满自信、自制力强；而双肩无力下垂，凹胸凸背，腰部下塌，则反映出疲惫、忧虑、消极、被动、失望等。弯腰鞠躬、作揖和跪拜等动作，除了展现礼仪之外，都是服从和从属于对方、压抑自己情绪的表现。

3.4　电话沟通

电话是现代人在工作、生活和人际沟通中离不了的媒介，也是与业务伙伴和顾客沟通、联系的重要工具。有时顾客会通过电话粗略地判断你的人品、性格，决定见不见你。很多时候，一笔生意的成败、一场谈判的效果，可能就取决于一个电话。因此，在商务活动以及平常交往中，为了让对方从你的电话声音中感受到你的热情友好，留下你诚实可信的良好印象，期待见到你本人，学习和掌握基本的电话沟通技巧和礼仪是很有必要的。

3.4.1　电话沟通的准备

1. 电话形象：言辞和语气

在双方面谈时，你的身体姿势、面部表情占谈话效果的55%。电话是双方不见面的一种沟通方式，它是通过电磁波或电流来传递信息的。因此，若你无法通过你的肢体语言来帮助自己传递更多的信息，你就只有在语言上下功夫，如果你尊重对方，礼貌热情，就会对方留下良好的印象。这就是电话沟通最基本但也是最重要的要求。

无论是拨打电话，还是接听电话，都可以反映出一个人或公司的形象。电话是公司对外交流的一个窗口，接打电话时应有"我代表公司形象"的意识。一个规范的拨打和接听电话的过程，会给对方留下一个好的印象，反之则会给对方留下一个不好的印象，因此在电话沟通过程中，你应该特别注意你的言辞与语气，要做到声音清晰、悦耳、吐字清脆。成功的推销来自顾客对你和产品的认同和信任，所以，你在电话中的言辞和语气，是否让顾客感觉到了被尊重、被关注，是你能否感染并打动顾客，能否赢得顾客信任的关键。

需要提醒的是，尽管对方看不到你的表情，但无论是接电话、打电话还是转接电话，在拿起电话前，你都应该准备好微笑，让每次电话沟通都带给对方开心和愉快的心情，让每次电话沟通都有成效。

2. 打电话的时机

在与人进行电话沟通时，你要换位思考、关注对方的感受。应避免在早晨 8 点以前、晚上 10 点以后往对方家里打电话，或避免在下班前的 10 分钟内往对方公司打电话。对方不方便接听电话时，如在高速路上、吃饭时、有重要的事情时，不适宜继续谈话。

3.4.2　打电话的技巧

第一阶段：打电话前的准备事项

◆ 确认对方的电话号码、公司名称及姓名。

◆ 准备好纸、笔及相关资料。

◆ 写下要说的事情及次序。

◆ 打重要的电话时要准备好开场白。

第二阶段：打招呼（语言"握手"）

◆ 电话被接通后，要先通报自己的公司名称或姓名："您好，我是来自 ×× 公司的 ×××。"然后确认对方的名字。

◆ 礼貌地询问对方是否方便之后，再开始交谈。

◆ 如果自己打错了电话，礼貌的做法是发自内心地道歉，可以说："噢，电话打错了，对不起。"默不作声就放下电话会使对方不快，也是缺乏礼仪的表现。

◆ 在给身份地位较高的人士打电话时，直呼其名是失礼的，应说："您好，我是 ××，我想跟 × 先生谈谈 ×× 事情，不知是否方便？"

第三阶段：讲述事由

◆ 讲述事由时要简明扼要，声音平和，遵守 5W1H 原则，即 When、Where、Who、What、Why、How（时间、地点、人物、事件、原因、怎么做）。

◆ 如果讲述时间较长，最后应该简单地重复一遍事由，既总结重点，同时也要听取对方的回应。

第四阶段：结束通话

在通话结束前，表示谢意并说"再见""×先生，谢谢您，再见！"

3.4.3 接电话的技巧

第一阶段：打招呼（语言"握手"）

◆ 最完美的接电话时机是在电话铃响的第三声接起来。如果你在电话铃响的第一声后就接起来，对方会觉得突然；如果你在电话铃响了很多声后才接起来，对方多少会有点不悦。

◆ 无论对方是谁，你都要让对方感到他得到了友好的接待，应尽量使用礼貌用语，如请、请稍等、谢谢、对不起、再见等。

◆ 告诉对方自己是谁，以免对方打错了电话，或以免对方因为询问而浪费时间。

◆ 确认对方是谁，然后致以问候："对不起，请问您是哪一位？……您好！"

第二阶段：专心聆听并提供帮助

◆ 暂停手头的事情，左手拿电话，右手做好记录准备，专心致志地听对方讲话。

◆ 不要在接听电话的同时做其他事情，如吃东西、打字、看手机、阅读资料等。不要让任何事情分散你的注意力，否则是很不礼貌的，对方也很容易觉察到你心不在焉。

◆ 如果对方要找的人不在或正在忙其他事而不能抽身，不要只告诉对方不在或正忙，还要告诉对方你想怎样帮助对方，让对方感到你乐于帮助。例如，你可以说："对不起，陈先生现在正在接另一个电话或者陈先生刚出去了，请问我可以帮他留言吗？或者需要我告诉他给你回电话吗？或者您可以过5分钟后再打来吗？"等。

◆ 以请求或委婉的语气，不要以要求的方式让对方提供信息。不要说"你叫什么名字？"或"你的电话号码是什么？"，而要说"请问我可以知道你的名字吗？""王先生有你的电话号码吗？"

◆ 转接电话的过程中，要捂住话筒，使对方听不到这边的其他声音。

◆ 重复和确认是电话沟通中非常重要的技巧之一，以避免误会，或不致遗漏重要的信息等。通话中提及的金额、日期、数字、人名、地址等信息是必须要再次确认的。

◆ 如果是顾客的投诉电话，最忌争辩，明智的做法就是一边洗耳恭听，让顾客诉说不满，一边认真琢磨对方不满的原因，然后找到正确的解决方法，用肺腑之言感动顾客。

◆ 负责地回答所有问题，如遇不清楚的事情，或说其大意，或请了解情况的人接电话。回答问题不能含糊不清。

第三阶段：结束电话

◆ 在通话结束前，要让对方感受到你非常乐意帮忙，表示谢意并说"再见"；若使用的是座机要等对方挂断电话后，再轻轻放下话筒。

◆ 在对方还在说话时就挂断电话是很不礼貌的。

拓展视频

教你在职场中如何用电话约见客户

3.5 网络沟通

网络沟通是指通过基于信息技术的计算机网络来实现信息沟通的活动，是现代社会交际中越来越重要的沟通形式。网络沟通形式多样且在不断发展，当前较为常用的工具主要有电子邮件、QQ、微信、微博等。

3.5.1 网络沟通的优势与不足

1. 网络沟通的优势

（1）网络沟通的及时性使信息能快速准确地传递，极大地增强了生活、工作中传递信息的便利性。在国内外的各种贸易谈判中，人们能通过网络对产品的价格、数量、规格进行沟通，还可以通过图片或者视频更加立体真实地了解产品。网络上的海量信息以图、文、声、像的形式免费提供，使人们足不出户就能了解世界各地的事物和动态；还可以与远距离的亲朋好友聊天。企业也可以通过网络与异地的企业进行沟通和合作。

（2）降低了沟通的成本。从电子邮件、文件处理到先进的网络会议、网络电话等，网络技术不断进步，使得基于互联网的交易和沟通协商快速增多。基于互联网的沟通和谈判大大减少了某些交易的成本和时间。同时，利用互联网及其搜索功能，人们更容易找到交易对象，从而降低了商业项目的开发成本和机会成本。

（3）缩小了信息储存空间。网络沟通比传统的沟通方式的信息含量更大，上万份的纸质材料所含的信息只需要一个网盘就能装下。

（4）不受天气、地域等自然因素的影响。

2. 网络沟通的不足

网络沟通作为人际沟通的一种方式，有人际沟通的一般问题，也有其特殊问题，具体如下。

（1）网络信息的安全性有待增强。当前网络身份认证、网络安全、网络条例法规等方面还不健全，互联网的安全隐患一直存在。

（2）口头沟通受到限制。网络沟通的便捷性使人们习惯了通过相应设备进行沟通，而减少了口头沟通。

（3）横向沟通扩张，纵向沟通弱化。人们利用网络可以极大地扩大人际关系交往面，但也会弱化人与人之间的纵向沟通。现实生活中的真挚、深入的人际沟通和情感互动相应减少。

3.5.2 电子邮件的沟通特点与使用技巧

电子邮件（E-Mail）是一种通过网络实现相互传送和信息接收的通信方式，在职场沟通中使用得尤其广泛。电子邮件使用简单、投递迅速、成本低廉，信息易于保存，在全球的传递畅通无阻，使人们的沟通方式得到了极大的改变。

1. 电子邮件沟通方式的特点

（1）不受时间的限制。人们可以 24 小时随时发送或接收电子邮件。因为人们常常会选择一个较为轻松的时间接收电子邮件，所以较少地受到其他事务的干扰，对彼此的交流可能产生更大的兴趣。

（2）写邮件比起打电话，能让人显得更从容坦然、表达得更充分，可以掩饰语言交流上的弱点，给对方留下良好的第一印象。

（3）在进行内部沟通时使用电子邮件便于明确责任。如果当面说或者在电话里讲，对方可能会左耳进右耳出，也许很快就忘了，许多事情从此"死无对证"，但电子邮件在网络上存在记录。

（4）电子邮件沟通也有它的局限性。比如，使用电子邮件进行沟通不如打电话和会面更直接；有的客户并不习惯于及时接收电子邮件，有时可能会误事。

2. 使用电子邮件沟通时需要考虑的问题

（1）你的沟通活动是否有时间方面的限制。比如，一个星期后有一个大型的商务活动，你要在这一个星期内与客户建立关系并与之在这场商务活动中涉及的部分业务进行交流。如果你使用电子邮件与客户进行沟通，有可能客户在商务活动开展之后才看到电子邮件，这就会延误营销的最佳时机。

（2）你的客户是否非常忙。如果你的客户平时非常忙，你不妨给他发电子邮件。

（3）你的客户是否难以接近。如果你通过调查了解到对方是个不苟言笑的人，自己的心理承受能力又较弱，可以选择通过电子邮件这种方式来和对方进行沟通。

（4）你的语言表达能力是否较弱。如果你不善言谈，在第一次与客户沟通时也可以使用电子邮件，而且今后对于不太紧急的事情，你也可以采用这种方式进行传达。

（5）对方是否习惯使用电子邮件。有的人虽然在名片上注明了他的电子邮件地址，但他可能并不喜欢使用电子邮件。

3. 使用电子邮件的礼仪和技巧

尽管电子邮件在形式上比较自由，是一种方便快捷的沟通媒介，但是你绝不能以草率的态度使用它，因为对方可以通过电子邮件来评价你。使用电子邮件的礼仪和技巧如下。

（1）完整的电子邮件应包括5个部分：一是写信人的电子邮件地址、收信人的电子邮件地址、抄送收信人的电子邮件地址、密送收信人的电子邮件地址；二是标题；三是称呼、开头、正文、结尾句；四是礼貌结束语；五是写信人的全名、写信人的职务及其所属部门、地址、电话号码等。

（2）要有一个明确的主题。电子邮件的标题很重要，要一目了然，尤其是在第一次与客户接触时，你最好在标题中注明自己的姓名，让对方在打开电子邮件前就能快速地了解电子邮件的内容。标题应尽量写得具有描述性，要能体现内容的主旨大意。一封电子邮件应只针对一个主题，你不应在一封电子邮件内谈及多件事情，这样不便日后整理。

（3）内容简捷、语句流畅通顺。你在第一次给客户发送电子邮件时，其中包含的内容可以多一些，但一定不要长篇大论。内容要简洁紧凑，你应尽量写短句，且不要重复。语句不要求华丽，但一定要流畅通顺，尤其要注意电子邮件中不能有错别字。

（4）格式规范，内容严谨。商务沟通中的电子邮件一定要按照规范的信函格式来写。要多使用敬语，避免使用网络缩写文字。署名要真实，不可使用网名。在电子邮件里尽量避免讲笑话和俏皮话。

（5）经常浏览收件箱。不管对方是否经常接收电子邮件，你要每天浏览自己的收件箱，注意及时查看有无对方回复的电子邮件，并尽量在第一时间与对方进行深入交流。

（6）不过分依赖电子邮件。电子邮件是一种比较方便的沟通和交流方式，但它只是商务沟通过程中的一个辅助性交流工具，你不可把它作为唯一的沟通和交流方式，也不能借电子邮件来逃避一些直接交流。在业务谈判或推销活动中，更多的是通过直接沟通和交流来密切联系客户的。

（7）建立公司内部的电子邮件系统和使用规则。基于对信息安全的考虑和信息化系统建设的需要，大型企业和有条件的中小企业都应建立有公司自己域名的电子邮件系统，并对其进行规范管理。每位员工应有一个公司内专用的电子邮箱，员工在处理公司内外部业务时应使用公司统一配置的电子邮箱，而不是私人电子邮箱。

拓展视频

商务电子邮件写作技巧

3.5.3　使用即时通信的技巧

1. 即时通信概况

即时通信（Instant Messaging，IM）是指允许两人或多人使用网络实时地传递文字、语音与视频等并进行交流。即时通信是目前互联网上最为流行的通信方式之一，市面上存在各种各样的即时通信软件，服务提供商也提供了越来越丰富的即时通信服务。

即时通信不同于电子邮件，区别在于通过即时通信软件进行的交谈是即时的。大部分即时通信软件具有 Presence Awareness 功能——显示联络人名单、联络人是否在线、能否与联络人交流。

即时通信可以按用途分为个人即时通信、商务即时通信和网站即时通信等形式。

（1）个人即时通信。个人即时通信主要以个人（自然）用户使用为主，拥有开放式的会员资料，以满足个人（自然人）用户聊天、交友、娱乐的需求，此类软件有 QQ、微信、移动飞信、网易 POPO、新浪 UC、百度 HI 等。

（2）商务即时通信。常见的商务即时通信软件主要有慧聪 TM、Anychat、阳光互联 Lync 等。

（3）网站即时通信。这是指把即时通信功能整合到网站上，在社区、论坛等的网页中加入即时聊天功能，用户进入网站后可以通过网页上的聊天窗口跟同时访问该网站的用户进行即时交流，从而提高网站用户的活跃度、用户黏度并增加其访问时间。

需要强调的是，随着 IT 技术的快速发展和移动互联网浪潮的冲击，即时通信的转型升级也非常快，每隔几年就有数不清的即时通信软件或服务淡出我们的视野，甚至是停止更新。

2. 使用 QQ 和微信沟通的技巧

当前国内较常用的即时通信工具是 QQ 和微信，下面以二者为例阐述相应的使用技巧。

（1）头像设置要正规

QQ 和微信的头像设置一定要给人一种值得信任的感觉。如果你正在开展某商业活动，建议使用公司统一的标识作为 QQ 或微信头像，用自己的真实姓名作为网名，这样做的目的就是增强别人对自己的信任，而且可以打造个人品牌和提高知名度，对以后开展其他推广活动也是相当有益的。

（2）字号、字体勿乱改

有时候我们为了突出自己的个性，把聊天的字体换成网络上比较流行的字体，或将文字颜色调成红色、绿色等，但是你在愉悦自己时，想过别人的感受吗？比如，很多人喜欢将文字颜色改为蓝色、黄色，而这些颜色的文字在屏幕上会非常刺眼，让人感觉不舒服。如果是平常用于和一些熟悉的人交流，可能无伤大雅，但是在开展正规的商业活动的时候，最好还是使用默认的设置，毕竟个性设置只符合你个人的喜好，别人不一定喜欢。默认的字号、字体虽然普通，但却是大众习惯的。

（3）聊天速度、回复速度要适当

QQ 或微信上的沟通交流，主要以文字的形式进行，这就涉及聊天速度的问题。在这个问题上，应该本着"就慢不就快"的原则。比如，对方一分钟打 20 个字，而我们一分钟能打 120 个字，这时候就要迁就一下对方，按着对方的节奏交流。否则对方跟不上我们的思路，就会使沟通产生障碍。而且从心理学的角度来说，对方有话"说"不出来，只能看着我们接二连三地发消息，就会感觉非常难受。除了聊天速度外，还要注意回复速度。回复对方的速度要适中，不能过快，也不能过慢，如对方问了一个他认为很重要的问题，即使我们知道答案，也不要马上回复。否则对方可能会感觉我们对这个问题不够重视、敷衍了事。

（4）图片表情要慎发

图片表情是大家在聊天中最喜欢用的元素之一，恰当的图片表情能够起到调节关系、缓和气氛的作用，但不恰当地使用图片表情同样会使别人产生不愉快的心理感受。所以大家尽量不要用那些可能会引起别人抵触情绪、让人反感，或是有损自己形象的图片表情。一些低俗的图片表情更是不能用。

（5）回复要及时

客户在某一时刻发来一条信息，他此时肯定希望你以最快的速度回复他，解决他的问题。因此大家一定要及时回复，这是对客户最大的尊重。如果客户等了很长时间都没有收到你的回复，那客户肯定认为你对他不够重视，甚至认为你的公司也不重视客户，这可能直接导致这个客户的流失。还有些客户可能会在晚上发信息，如果有条件，公司需要每天晚上都有客服人员值班，如果没有条件也需要通过设置自动回复告诉客户我们在看到消息后会及时回复。

 复习思考题

1. 人际沟通的形式主要有哪些？
2. 在与他人开始沟通时，你如何选择合适的话题？
3. 人际沟通中你如何做到准确清晰地传递信息？
4. 交谈者如何具备良好的言谈风范？
5. 提问方式有哪些？如何才能做到有效提问？
6. 有效倾听的障碍有哪些？如何才能做到有效倾听？
7. 什么是非语言沟通？为什么说非语言信号所传递的信息往往比语言信号所传递的信息更为真实？
8. 列举你曾经遇到过的不符合使用电子邮件沟通的礼仪的情况。

 模拟实训题

1. 填写表 3-5，用积极的说法代替消极的说法。

表 3-5　用积极的说法代替消极的说法

消极的说法	积极的说法
这个报告写得太啰嗦了。	
这样做，真的很笨啊！	
我们这次任务失败了。	
已经过了时间，你不能退货。	

消极的说法	积极的说法
这个产品并不比上次那个差。	
这件事情不归我管。	

2. 给予建设性反馈练习

在年终的绩效考评中，小李因为以往表现有欠缺被评成 C 等，她不太高兴。如果你是小李的领导，要找她谈心，应如何进行沟通？按照本章所讲的建设性反馈"五步法"，完成表3-6。

表 3-6　建设性反馈"五步法"

项目	建设性反馈
1. 表达你的积极意图	
2. 描述你所观察到的不良情况	
3. 说明不良情况的恶劣影响	
4. 征求对方的答复，并倾听	
5. 一起讨论解决方法	

3. 连线题

把左列的身体语言和列的意义表达一一用线条进行连接。

说话时捂上嘴	优越感
小腿抖动	疑惑
考试时不自觉地把铅笔放到嘴里咬	紧张或有所期待
双手叉腰	紧张不安
揉眼睛或捏耳朵	挑战或不服气
握紧拳头	意志坚决或愤怒
背着双手	说话没把握或撒谎
搓手	需要更多的信息，焦虑

 游戏训练题

训练学生的口头表达能力。

1. 全班每个人都在一张纸上写下一个题目，然后把纸折好放进盒子里用力摇。请一个学生来抽题目，并让他立刻上台就抽到的题目发表 3 分钟左右的演讲。

这个游戏会大大增强学生的即兴表达能力，使学生学会如何在短时间内就一个主题去整理思路。

2. 通过故事接龙来训练学生的即兴表达能力。先由一个学生开始讲故事，然后由其他人接下去。例如，第一个学生可能这么开始："有一天晚上，我正骑着自行车往学校赶，忽然发现前面有一群飞碟向我飞来。我非常惊慌，赶快停了下来。这时，我发现一架飞碟降落在前面不远处，舱门打开，一个人向我走来……"

这时，终止声响起，表示讲话的人到此为止，接下来，由第二个学生把故事接下去。等到每个学生都接上自己的部分，故事的结局往往出人意料。

第 3 章　人际沟通的形式与技巧

【案例 3-1】

名医劝治的失败

在我国古代春秋战国时期，有一位著名的医生叫扁鹊。有一次，扁鹊谒见齐恒侯，站了一会儿，他看了看齐恒侯的脸色，然后说："国君，你的皮肤有病，如果你不治，你的病怕是要加重了。"齐恒侯笑着说："我没有任何病。"扁鹊告辞后，齐恒侯对他的臣下说："医生就喜欢给没病的人治病，以显示自己有本事。"

过了十几天，扁鹊又前来拜见齐恒侯，他仔细看了看齐恒侯的脸色说："国君，你的病已到了皮肉之间，不治会加重的。"齐恒侯见他尽说些不着边际的话，气得没有理他。扁鹊走后，齐恒侯还没有消气。

又过了十几天，扁鹊又来拜见齐恒侯，神色凝重地说："国君，你的病已入肠胃，再不治就危险了。"齐恒侯气得叫人把他轰走了。

再过了十几天，齐恒侯出宫巡视，扁鹊远远地望见齐恒侯，转身就走。齐恒侯很奇怪，派人去追问。扁鹊道："皮肤上的病，用数贴药物就可以治好；皮肉之间的病，用针灸就可以治好；肠胃之间的病，服用汤药就可以治好；但是病入骨髓，医生是无能为力了。如今国君的病已深入骨髓，所以我不敢再去谒见了。"齐恒侯听后仍不相信。

5 天之后，齐恒侯遍身疼痛，连忙派人去请扁鹊，这时扁鹊已经逃往秦国躲起来了。不久，齐恒侯便病死了。

问题：

1. 从沟通角度分析扁鹊的失误，其应该怎样改进沟通策略？
2. 齐恒侯为何没有把扁鹊的话当作一回事？
3. 讨论医生讲究沟通技巧的重要性。

【案例 3-2】

爱争对错的姑娘

大鹏是我的朋友。有一天，在大鹏女朋友小英的推荐下，我们 3 个人来到一家大型购物中心看电影。

购物中心很大，我们在里面一会儿上楼、一会儿下楼地找了很久都没找到电影院。这个时候大鹏有点急了，就问他女朋友："小英，我们这到底是要上楼还是下楼啊？"小英说："不是上楼下楼的问题，是找电影院的问题。"小英的语气当中夹杂着抱怨，嫌大鹏明知故问。可能是我在的缘故，大鹏并没有继续说什么，而是低头跟着小英往前走。

看电影的时候，大鹏随口问了一句："这个男演员是不是演过《潜伏》啊？"小英马上回了一句："怎么可能是《潜伏》呢？明明是《红色》啊！"语气跟之前一样，生硬、不留情面，还带着些优越感。

从电影院出来，我们 3 个人经过一家男装店，我正好想买件外套，就走了进去。挑衣服的时候看了一眼价格，我自言自语道："还挺贵啊。"没想到这话被小英听见了，她也看到了价格，来了一句："不是挺贵，是非常贵，好吗？"我和大鹏互相看了一眼，笑了笑，走出了这家店。

我跟小英也认识许多年了，我知道她其实是一位挺善良的姑娘。总体来说，她对大鹏也不错，可就是她的说话风格经常让大鹏很恼火，也很无奈。大鹏说："和小英说话总有一种马上要吵起来的感觉，因为她说的每句话几乎都要从否定我开始，而且什么事情都爱争个对错。"

资料来源：佚名.情商高就是会说话——第 47 期 [EB/OL].（2017-05-03）[2022-01-27].

问题：

1. 谈谈你对小英的说话风格的看法。

2. 结合案例，你觉得在与人沟通时主要有哪些注意事项？

【案例 3-3】

辅导员的沟通技巧

周日早上，学生会干事李斌在一个重要活动中迟到了几分钟，被他的部长见到了。部长很生气，怒气冲冲地说："我们部就数你最不卖力，每一次迟到、早退都有你。如果再这样，你干脆别来参加活动了。"李斌听完部长的话，不由得火冒三丈，对部长说道："你算老几？不过一个小小的部长，你管好自己行了，别在我面前指手画脚，我可不吃你这一套。"接着，两个人大吵起来。

这时，辅导员闻讯赶来，制止了这场吵闹。临走时，辅导员拍拍李斌的肩膀说："请你午休时到我办公室来一趟。"

中午，李斌来到辅导员的办公室，辅导员亲自为他搬来一把椅子，倒了一杯茶，请他坐下来慢慢谈。原以为要挨一顿批评的李斌，看到辅导员态度和蔼，脸色也开始好转。聊了一会儿家常后，辅导员问李斌："你为什么和你的部长吵架呢？"

"他一直看不惯我，"李斌将心里话全倒了出来，"平时我工作勤快，别人没干好，我干好了，他却说我工作不认真。我有摄影这一项技术特长，希望他在安排工作时考虑一下，他不但不支持，反而常常讽刺我。"

"那么，今天上午你为什么迟到呢？"辅导员温和地问道。李斌的脸顿时红了，不好意思地说："昨晚睡觉晚了一点，早上起晚了。"

"这样说来，今天上午的争吵是你不对。"辅导员严肃地说。

"是的，是我不对，我迟到了应该被批评。如果换成别人批评我，我一定会虚心接受的，但我就是不买部长的账。"李斌轻声地说。

"好吧，"辅导员站起来轻轻地拍了拍李斌的肩膀，接着说，"你无故迟到是不对的，要正确地对待部长的批评，不要太计较他的态度，部长那里我会找他谈一下，请他注意一下工作方法。另外，我们会研究一下，把像你这样的一些有专门技术的干事安排到能发挥自己的专长的岗位上去。如果你想通了，不妨找部长承认一下错误。"

李斌走出辅导员的办公室时，心情十分舒畅。第二天吃午饭时，他还特意和部长一起吃饭，承认了自己的错误，在后来的工作中也明显变得更积极认真了。

问题：

分析辅导员在沟通中采用了哪些有效倾听的技巧？

【案例 3-4】

汤姆的一次紧张的面谈

汤姆是 ××× 公司的一名资深职员，多年来勤恳工作，但一直未获晋升。最近有传闻说公司即将裁员。今天上午公司总裁史密斯先生突然召汤姆面谈。汤姆心中忐忑不安，觉得凶多吉少，暗暗想道：难道是通知自己被解雇的消息？

走进史密斯先生的办公室，汤姆不由得呼吸短促起来，史密斯先生示意他在一张扶手椅中坐下。史密斯先生说道："汤姆，你在公司已任职多年了吧？"

"是的，先生。"

"那么你认为公司近来表现如何？"

"我想——我想公司目前也许遇上了麻烦，但总会渡过难关的。"

"你在公司最有价值的经历是什么，汤姆？"

"这个……这个……"汤姆一时不知如何作答。

"汤姆，你今年快到45岁了吧？"

"是的，先生，我还可以为公司服务多年。"

"你和同事们相处得很好吧？"

"是的，当然，我们都是老同事了……"

"汤姆，你是否听到传闻，公司即将裁员？"

"听到过——不过，总裁先生，这不会是真的吧？"汤姆的声音有些颤抖，扶手椅中的身体变得更加僵硬了，两只手神经质地紧紧抓住椅子的扶手。

"汤姆，今天就谈到这儿吧。再见。"

"再见，先生。"

汤姆沉重的脚步声逐渐消失。史密斯先生想："本来想提拔他担任业务助理，现在看来他未必适合做管理工作，不过他倒是一名忠心耿耿的职员，还是让他在目前的岗位上一直干下去吧。"

问题：

你认为汤姆在面谈时出于哪些原因表现得不够理想？具体体现在哪些地方？

【案例 3-5】

××公司的一次电话交谈

"您好！"

"您好！"

"请问是 ×× 公司售后服务部吗？"

"是的。"

"请问您是？"

"我是工程师罗平。我能帮你做些什么？"

"我上星期买了贵公司生产的冰箱，今天早上发现它已不能制冷，存放的食品都变质了，气味实在难闻！"

"您肯定没有弄错开关或插销什么的吗？"

"当然！"

"噢……我想是压缩机有故障……"

"处理方法是什么？"

"24 小时之内维修人员会上门检查和维修。"

"我要求换一台新的冰箱！我已经受够了！"

"但公司的规定是先设法维修……"

"好吧，好吧……我把地址告诉你。"

"请等一等，我去取纸和笔……好了，请讲。"

"××市西区和平东路121号……你记下了吗？"

"当然，您怎么称呼？"

"我姓杨。"

"杨先生，您将发现我们的维修人员是一流的……"

"我更希望贵公司的产品是一流的。"

"好吧，再见。"

"再见。"

罗平在电话留言簿上记下："维修部：顾客电话为×××××××××××，今天，西区和平路127号，冰箱故障，请速修理——罗平。"

问题：

1. 罗平在电话交流中有哪些不妥之处？试举出6个方面的问题，并从案例中找出实例。

2. 总结一下打电话有哪些基本准则。

【案例3-6】

一封电子邮件导致的"秘书门"事件

2006年，总部设在美国的某国际网络公司北京分部，因公司大中华区总裁KC Lee和他的高级女秘书因不当的电子邮件发生激烈争吵，结果导致两人先后被迫离职。此事后来被评为当年互联网上的十大事件之——"秘书门"事件。

事件的起因很简单。2006年4月7日晚，该公司大中华区总裁KC Lee回到办公室取东西，到门口才发现自己没带钥匙。此时，他的私人秘书Tracy已经下班。KC Lee试图联系Tracy，未果。数小时后，KC Lee还是难抑怒火，于是在凌晨1:13，通过内部的电子邮件系统给Tracy发了一封措辞严厉且语气生硬的"谴责信"。KC Lee在发送这封电子邮件时，同时将其抄送给了公司几位高层领导。原电子邮件是用英文写的，如下。

I just told you not to assume or take things for granted on Tuesday, and you locked me out of my office this evening when all my things are all still in the office, because you assume I have my office key on my person.

With immediate effect, you do not leave the office until you have checked with all the managers you support, this is for the lunch hour as well as at end of day, OK？

该英文表达的语气是比较强烈的，主要内容翻译成中文后，大意如下。

Tracy，在星期二的时候，我刚刚告诉你不要想当然，但是今晚，你想当然地认为我有钥匙而把我锁在办公室外，而我尚有许多未处理的资料仍被留在办公室。

从现在开始，你必须在检查完所有你服务的经理们的需求后才可以离开办公室，这包括午餐时间和一直到下班为止，明白了吗？

令KC Lee意外的是，两天后，Tracy以一封咄咄逼人的电子邮件进行回复，并让大中华区的所有人都收到了这封电子邮件。Tracy的电子邮件是直接用中文写的，内容如下。

KC，

第一，我做这件事是完全正确的，我锁门是从安全角度考虑的，以前这里不是没有丢过东西，如果一旦丢了东西，我无法承担这个责任。

第二，你有钥匙，你自己忘了带，还要说别人不对。造成这件事的主要原因在于你自己，你不要把自己的错误转移到别人身上。

第三，你无权干涉和控制我的私人时间，我一天就只有8小时的工作时间，请记住中午和晚上下班后的时间都是我的私人时间。

第四，从到公司的第一天起到现在为止，我工作尽职尽责，也加了很多次的班，我也没有任何怨言，但是如果你们要求我加班是为了工作以外的事情，我无法做到。

第五，虽然我们是上、下级的关系，也请你注意一下你说话的语气，这是做人最基本的礼貌问题。

第六，我要在这里强调一下，我并没有猜想或者假定什么，因为我没有这个时间也没有这个必要。

这件事随后在网上被传开了，形成了几乎全国所有外企员工都疯狂地转发上述电子邮件的局面。

问题：

从有效沟通的角度，你如何评价案例中描述的"秘书门"事件？

 自我测试题

1. 你善于倾听吗（见表3-7）？

表3-7 倾听能力测试表

测试题目	分 值
1.你喜欢听别人说话吗?	1 2 3 4 5
2.你会鼓励别人说话吗?	1 2 3 4 5
3.你不喜欢的人在说话时，你也注意听吗?	1 2 3 4 5
4.无论说话人是男是女、年长年幼，你都注意听吗?	1 2 3 4 5
5.朋友、熟人、陌生人说话时，你都注意听吗?	1 2 3 4 5
6.你是否会目中无人或心不在焉?	1 2 3 4 5
7.你是否会注视说话者?	1 2 3 4 5
8.你是否忽略了足以使你分心的事物?	1 2 3 4 5
9.你是否会微笑、点头以及使用其他不同的方法鼓励他人说话?	1 2 3 4 5
10.你是否会深入考虑说话者所说的话?	1 2 3 4 5
11.你是否试着指出说话者所说的意思?	1 2 3 4 5
12.你是否试着指出说话者为何说那些话?	1 2 3 4 5
13.你是否会让说话者说完他的话?	1 2 3 4 5
14.当说话者在犹豫时，你是否会鼓励他继续说下去?	1 2 3 4 5
15.你是否会重述说话者的话，弄清楚后再发问?	1 2 3 4 5
16.在说话者说完之前，你是否会避免批评他?	1 2 3 4 5
17.无论说话者的态度与用词如何，你都注意听吗?	1 2 3 4 5

测试题目	分 值
18.若你预先知道说话者要说什么，你也注意听吗？	1 2 3 4 5
19.你是否会询问说话者有关他所用字词的意思？	1 2 3 4 5
20.为了请说话者更完整地解释他的意见，你是否会询问他?	1 2 3 4 5
合计得分	

分值说明：5——几乎总是、4——常常、3——偶尔、2——很少、1——几乎从不。

评分标准

90～100 分：你是一个优秀的倾听者。

80～89 分：你是一个很好的倾听者。

65～79 分：你是一个勇于改进、尚算良好的倾听者。

50～64 分：在有效倾听方面，你确实需要再多多训练。

50 分以下：也许你根本就没有在听。

第 3 章 人际沟通的形式与技巧

第4章　大学校园人际关系与沟通

本章要点

- ◆ 大学师生关系的特点与现状
- ◆ 加强师生沟通的途径和技巧
- ◆ 大学同学关系的特点及大学同学之间的交往存在的问题
- ◆ 改善大学同学之间交往状况的策略
- ◆ 舍友关系的特征、意义、现状和影响因素
- ◆ 建立良好的舍友关系的建议
- ◆ 大学生的恋爱心理特征与正确面对恋爱引发的困惑
- ◆ 培养健康的恋爱心理和行为习惯
- ◆ 亲情的价值及亲情关系中存在的问题
- ◆ 与父母沟通的技巧

在大学阶段，我们的交往对象主要是同学、教师和父母，因此，校园人际关系基本包括师生关系、同学关系、舍友关系、恋爱关系、亲情关系等。和谐的校园人际关系既是我们保持心理健康的重要动力，也是我们顺利完成学业和成才、成长的基本保障。学校给我们提供了一个进行人际交往的良好氛围。那么，在大学校园里应以什么样的方式与教师、同学、舍友、恋人以及家人进行交往和沟通，怎样正确对待与处理这些关系呢？这正是本章所要探讨的问题。

4.1　师生关系

4.1.1　大学师生关系的特点

大学是学生的世界观、人生观、价值观逐渐形成并完善和专业知识技能得以培养的重要时期，如何进行师生交流是大学生应认真考虑的重要问题。大学生的学习生活，一方面是指充分利用学校的各种教育资源，从中获得某领域的学科知识与专业技能；另一方面是指身心全面发展，完成从学生到社会独立责任人的智力与心理的转变，是将来在社会上承担各种工作所需基本素质形成的最重要阶段。大学的教育资源很多，其中最重要的就是师资力量，这影响着学生的专业素质，决定了大学的办学水平。从师生关系角度来看，学生的学习过程实际上就是师生

拓展视频

"网红"主播谈自己在大学生活中最后悔的5件事

交流互动的过程，包括师生间的学科知识传递、专业技能培训、心理认知沟通、思想情感交流等诸多方面。

一般来说，大学师生关系应具备以下几个特点。

1. 尊师爱生

"尊师爱生"是师生交往与沟通的情感基础、道德基础，其目的主要是让师生相互配合，从而顺利地开展教育活动。"尊师"就是尊重教师，尊重教师的劳动和教师的人格与尊严，对教师要有礼貌，了解和认识教师工作的意义，理解教师的意愿和心情，主动支持和协助教师工作，虚心接受教师的指导；"爱生"就是爱护学生，它是教师热爱教育事业的重要体现，是教师对学生进行教育的情感基础，也是对教师的基本道德要求。

拓展视频

老师的肺腑之言让学生认识到了师生关系的真谛

"尊师"与"爱生"是相互促进的两个方面：教师通过对学生的尊重和关爱换取学生发自内心的尊敬和信赖，而学生对教师的尊敬和信赖，又可激励教师更加努力地工作，为学生营造良好的学习气氛和学习条件。

2. 民主平等

"民主平等"不仅是现代社会民主化趋势的需要，也是教学活动人文性的直接要求和现代人格的具体体现。它要求教师理解学生，发挥非权力性影响，并一视同仁地与所有学生交往，善于倾听不同意见；也要求学生正确地表达自己的思想并规范自己的行为，学会合作和共同学习。

从大学精神的角度讲，大学更需要民主平等的师生关系。大学不仅要培养学生，还要出学术成果，进行"生命精神交往"；大学不仅要传承人类的精神文明成果，还要创新，包括思想创新、知识创新、技术创新、方法创新，这就需要教师和学生具有批判思维，敢于挑战权威，敢于站在巨人的肩膀上去开拓创新。没有民主平等的师生关系，没有自由、宽松、宽容的人文环境，怎么能做到"思想自由、兼容并包"呢？

3. 教学相长

"教学相长"的教学思想来源于《礼记》中的《学记》篇，原文是这样表述的："是故学然后知不足，教然后知困。知不足，然后能自反也；知困，然后能自强也。故曰：教学相长也。"通俗地讲，这是说"通过学习才能知道自己的不足，通过教人才能感到困惑。知道自己学业的不足，才能反过来严格要求自己；感到困惑，才能不倦地钻研。所以说，教与学是互相促进的。"

现代教育的情景同古代相比，一方面由于学生的观念比古代开明，学生的自我意识增强，并且在互联网时代学生获取知识的来源大大增多，那种学生"不知"而教师"知"的"信息不对称"的教育格局正在逐渐被打破，教师更需要也更有条件向学生学习；另一方面，现代教学的内容更为丰富，教师更需要虚心向学生学习，同学生交往，只有进行成功的"师生交往"才能取得教学的主动权，才能获得教学的成功。所以，现代的大学师生关系中比以往更需要提倡"教学相长"，同时，又更难以达到"教学相长"的境界。

4. 心理相容

"心理相容"指的是教师与学生之间在心理上协调一致，在教学实施过程中表现为师生关系密切、情感融洽、平等合作。在教学过程中，师生总是伴随着认识、态度、情绪、言行等的相互体验而形成亲密或排斥的心理状态，教师不同的情绪反应对学生的课堂参与积极性和学习效率有着重大的影响。在日常的教学过程中，学生对所学的各门课程具有不同的情感，它影响着学生对注意力和时间的分配，造成了各门课程学习情况的不平衡。

4.1.2 大学师生关系的现状

目前我国大学师生关系中有好的一面，表现为教师和学生能够和睦相处，关系融洽。但也存在一些不和谐的方面，存在师生情感淡化、师生关系功利化、师生关系自由化，师生间的平等、尊重、沟通、理解、宽容、信任的关系有待改善和加强等问题，具体表现如下。

（1）师生情感淡化。这一点主要表现为师生交往时间少，交往频率低，师生交往的主动性和情感互动缺失，如学生经常见不到教师、教师叫不出学生的名字等。学生整日里处理得最多的是同学关系，师生关系只表现为上课时的点名与碰面时的脸熟。而多媒体教学手段的普遍应用，也在一定程度上导致师生间更多地表现为人机对话，这人为地割裂了教书与育人两大功能。师生之间缺乏交流与互动的主动性，这不仅表现在课堂教学上，还表现在课外生活交往上。据调查，对于个人思想或生活上的问题，学生很少找教师交流，主要是向同学倾诉或者上网聊天；而大学教师既有教学工作，又有一定的科研任务，很少有时间和精力与学生交流，教师对学生的了解也只局限于其对本门课的学习情况。师生关系的淡漠与走过场，首先妨碍的是学生的学习与进步。学生失去了与教师的交流和互动，就失去了与学者、智者的思想进行碰撞的机会，学习效果将大打折扣，这对学生而言无疑是个巨大的不可挽回的损失。而教师没能与学生充分交流，对学生的专业需求、思想动态缺了解，必然导致专业知识讲授与技能训练指导的偏失。

（2）师生关系功利化。由于受社会上功利主义和市场经济中的不良风气的影响，一些人忽视教育功能的特殊性，把师生关系等同于一种商业服务关系，认为学生上学交学费，教师讲课拿工资，师生关系就像是交易关系，即教师贩卖知识，学生交学费取得学分和文凭，结课后大家再也没有关系了。有些学生甚至把师生交往当作交易，仅仅为了取得好成绩、获得奖学金而接近教师。

（3）师生关系自由化。不少大学教师对于学生的管理处于一种相对松散的状态：教师对学生缺乏严格的管理和要求，教师对课后布置的作业难以有效检查，学生缺乏教师的及时指导。宽松的学习环境、远离父母、缺乏教师和父母的教导和管理，使得学生对学习采取自由的态度，对教师也采取相对超脱的态度，师生之间缺乏制度性的沟通交流行为。大学相对中学、小学而言，更强调学生的自我管理、自我教育，这样一方面有利于增强学生的自主意识，另一方面会造成学生与教师"各自为政"，教师与学生之间缺乏认同与尊重。教师教自己的，学生学自己的，双方互不干涉。

师生关系在大学是一个十分敏感的问题，师生关系的发展直接影响到教育质量，也直接影响到学校能否培养出符合社会主义现代化建设要求的人才。面对上述问题和现象，很多大学采取了积极的举措，不断强化"立德树人"的教育宗旨，把思想政治工作引入课堂，构建优化师生关系的制度环境和文化氛围，并取得了良好的效果。但我们应认识到，构建和谐相融、教学相长、民主平等、共享共创的新型大学师生关系还需要大学师生共同努力。

4.1.3 加强师生沟通的途径和技巧

1. 珍惜师生交流机会，重视非正式层面的沟通

大学师生的交流可分成正式与非正式两个层面。正式层面指在学校规范的教学科研管理体系下的课堂学习、学术讲座、专题座谈、专业辅导、就业指导等教育教学活动。非正式层面则

包括各种非正式场合下的师生单独约谈、心理疏导、信息咨询等，也包括诸多体育运动、休闲聚会等交流形式。

课堂是学生学习的主要场所，也是师生交流的主阵地。对于学生而言，其第一要务就是要充分利用和把握课堂这一主阵地。但在正式层面之外，学生还要认真把握好非正式层面的师生交流，这可以极大地补充课堂教学的不足，全方面获取大学优质师资力量带来的种种裨益。具体来说，学生应做好以下几点：第一，尽可就学业、考研、就业等方面的困惑与问题和教师进行交流，要敢于约谈并相信教师会对相关问题进行充分解答；第二，认真思考学业问题，能够提出重要而尖锐的问题，并勇于和教师进行激烈的思想碰撞；第三，节假日要主动问候教师。

2. 建立信心，主动沟通

学生与教师沟通交流时千万不要自卑，一定要积极并且充满自信。事实上，大多数教师也期待与学生交流。当然，学生需学习、掌握一些基本的人际沟通技巧，提高与教师沟通的效率，改善沟通效果。当前许多学生不愿意与教师进行交流，是因为他们对与教师交往缺乏自信，或者完全采取被动的方式。学生如果想要与教师建立和谐良好的师生关系，需要变被动为主动，用自己的诚心和积极的态度去感动教师，因为教师也同样想结识各具特点的学生。

3. 尊重教师，积极表现

教师为了上好每节课，课前、课中、课后都必须付出很大的努力。在教师教课的过程中，学生应该认真听课，认真记笔记，认真完成作业，这些行为就是对教师的最大尊重。反之，学生的不良行为很可能会给教师带来心理上的伤害，教师上课的积极性就会大打折扣，最终受损的还是学生自己。

学生应主动协助教师做一些力所能及的事情。比如，上课前主动帮教师开启多媒体设备，帮教师擦黑板、分发作业本。教师会从内心感激学生，并给予学生力所能及的支持。在课堂外，学生还可以主动与教师交流，收集、反映同学们关于教师上课的想法和建议；遇到自己想不明白的问题，可以主动向教师请教；对自己取得的成绩，也可以第一时间与教师分享。

4. 换位思考，理解教师

在与教师相处的过程中，当教师的做法难以让人理解的时候，或者因为教师的批评而不开心的时候，学生不要先责怪和抱怨教师，而应抱有同理心，多分析自己存在的问题，多站在教师的角度进行思考。

4.2 同学关系

4.2.1 大学同学关系的特点

建立良好的大学同学关系，能为一个人的事业提供帮助。随着时代的发展和社会环境的变迁，当代大学同学关系发生了较大变化，主要呈现出以下几方面的特点。

1. 交往的迫切性和主观性

由于生理和心理渐趋成熟，大学生交友的愿望强烈，学习及生活环境的改变使他们迫切需要结识新朋友和适应新环境，自主择业也使他们迫切想与人沟通，多方面获取信息。随着自我意识的增强，他们对周围事物的评判带有较强的主观色彩，这在择友和交际中表现为他们常常以自我为中心来处理新环境中的人际关系，在认识和评价他人时有主观、极端、简单化的倾向。

2. 情感性和弱功利性

社会心理学研究表明，人的行为具有某种互酬性，"酬"既包括物质内容，也包括精神、情感内容，互酬性表明交往双方都希望自己能够得大于失或至少得等于失。但大学生往往是出于性格、习惯、观念乃至语言等方面的相似性，因志趣相投而结为朋友，没有特定的目的，相互之间注重的是情感上的价值，注重彼此思想上、情感上的交流，较少带有功利性。

3. 理想性和现实性

大学生正处于求知阶段，思想较单纯，与人交往时崇尚高雅、真诚，鄙视庸俗，特别渴望真诚纯洁的友谊。大学生往往希望彼此之间的交往不带任何杂质，常常以理想的标准要求对方，一旦发现对方某些不好的品质就深感失望，趋于理想化。但是面对就业的压力，迫于社会现实，为了毕业后找工作或有利于将来的事业发展，他们也会进行一些功利性的交往，从而表现出交往的现实性。

4. 开放性和时代性

大学同学关系随着社会生产和经济生活的变化，也发生了改变，开放性越来越明显，表现在以下方面：交往对象由只有同性同学变为包含异性同学；交往范围由本班、本宿舍扩大到其他班、系、院校；有不同的交际圈，交往内容也随之变得丰富多样。随着计算机网络技术的飞速发展，网络交往成为人们交际过程中的一种新型人际互动方式。统计资料显示，目前中国的网络用户中，学生占21%，是占比最大的一个群体，其中高校学生达90%。大学生在网络上进行聊天、交友等人际交往活动，反映出大学同学关系的时代性。

5. 不平衡性

受家庭环境的影响，一部分农村大学生在社交状况上整体比来自城镇的同学差一些。这部分大学生较敏感、自尊心强，容易出现自卑、自闭等心理问题，表现出交往被动，不敢与人交往、不敢加入学生社团组织等状况。

4.2.2　大学同学之间的交往存在的问题

1. 持有不当的交友观

总体上，大学同学之间的交往具有理想性、情感性和弱功利性等特点，但社会上形成的一些不良习气和不当的观念或多或少地会对大学生的交友观产生影响。大学生如果过早地接触这些不良习气和不当的观念，就容易形成不当的交友观，而这非常不利于大学同学之间的健康交往。有的大学生在为人处世时充斥着浓厚的功利性，"精致的利己主义"便是典型的不当交友观，这类大学生在择友时更多地考虑对方能否为自己带来利益。有的大学生将同学之间的人际交往仅仅当作拓展人际关系的工具。比起同学之间真挚的友谊，他们更愿意与那些能给他们带来利益的同学交往，如刻意地接近"富二代""官二代"等。若任由这种功利性色彩浓厚的同学关系发展下去，大学生之间真挚的同学关系的发展就会受到限制，不利于培养大学生树立正确的价值观。此外，还有一些大学生在交往过程中"讲义气"，但他们并没有真正理解其含义，而因对"义气"的片面理解交了一堆"酒肉朋友"。此种大学同学关系看起来轻松融洽，但也是不可靠的。

大学生中"精致的利己主义者"

"精致的利己主义者"的说法来自北大中文系教授钱理群的一段话:"我们的一些大学,正在培养一些'精致的利己主义者'。他们智商高、世故、老到,善于表演,懂得配合,更善于利用体制达到自己的目的。这种人一旦掌握权力,比贪官污吏危害更大。"钱教授的这一观点引发了社会对"利己主义"的热议。"精致的利己主义"批评的并非是"利己主义",而是"精致的绝对利己"。"精致"是指利己者运用自己的高智商、高情商与高能力,通过精细的谋划、巧妙的伪装和妥帖的铺垫来实现自己早已明确而不为外人知晓的目标,用看似顺理成章的结果包裹其自私自利的内核。"绝对"是指此类"利己主义者"将一己私利作为包装自己言行的唯一动因,为达目的而不择手段,漠视一切规则和道德良俗的约束。

受社会不良思潮和不良现象的影响,大学生中不乏"精致的利己主义者",他们既是人际关系的破坏者,也是人际关系的受害者。一方面,"精致的利己主义者"打破了大学生人际关系的平衡。这些一心求"进步"的大学生作为人际关系的破坏者,他们"精致的绝对利己"的行为起到了不良的示范效应,扭曲了大学生之间原本公平公正的竞争关系,动摇了大学生对规则的坚持。但是,这些"投机取巧"的大学生也必将成为人际关系的受害者,尝到人际关系受损的苦果。此前媒体披露的某大学生造假保研事件也证明了这一结论,该大学生被取消推荐免试攻读硕士研究生资格。当"精致的利己主义者"为了一己私利而藐视规则、破坏公平、损害他人利益的丑陋嘴脸被揭露时,旧的人际关系会瞬间分崩离析,新的人际关系的建立也必将举步维艰。钱理群教授还谈到了一点:"精致的利己主义者也许用高智商使自己眼前的短暂的生活变得'精致'了,却没有让身边人的生活中出现任何精彩的点缀,也没有使自己的精神世界变得'精致'。"

2. 缺乏必要的交友方法和技巧

大学同学之间的交往不仅需要双方树立正确的交友观,还需要掌握正确的方法,而当前大学生大多忙于学业,对交友方法的学习不太重视,而把这些方法运用到实际生活中更是无从谈起。因此大学生与其他同学的人际交往困难重重,大学同学关系常常出现危机:有的大学生在与其他同学交谈的过程中不够尊重对方,没有用心倾听,常常心不在焉,还时不时打断对方讲话;有的大学生在交往中只注重自己的感受,并对同学要求得非常苛刻,同学犯的小错也不愿宽容等。所有这些行为都会影响大学同学关系的健康发展。

3. 自我保护意识过强

一部分大学生在成长过程中受家庭环境及教育方式的影响,很容易产生较低的人际交往亲密度,不敢表露自己心声,不敢主动与人交往,不敢尝试参加集体活动,遇到问题也不知道找谁倾诉和沟通。有的学生在课堂上不敢回答问题;在新的环境中与陌生人交往时,不敢开口说话;参加校园活动时不积极,甚至在校园招聘会上,也胆怯、不自信,从而错失很多机会。还有的学生由于自我封闭情感及不自信,自我保护意识过强,习惯于把自己包装起来,表面给人热情合群的印象,其实内心深处孤独冷漠。这些都会给大学生的人际交往带来很多阻碍。

4. 网络成瘾,减弱人际交往能力

随着信息社会的发展和网络设备技术的进步,网络沟通已经成为大学生必不可少的沟通工具之一,如聊天、娱乐、购物等。但虚拟世界中的网络交往会使现实中人与人之间的心理距离

越来越远,长此以往,容易导致心理、行为等出现异常。部分大学生甚至会出现心理障碍,不能正常面对现实人际交往,沉迷于网络,逃避现实人际交往,陷入人际交往能力不断减弱的恶性循环中。网络的便捷性使大学生认为网络人际交往的效率更高,可以随时进行人际互动,不需要太多的掩饰,也无需看到对方的表情,实际上这种网络交往是缺乏积极性的,不利于个人成长,容易把个人孤立、封闭起来,使个人形成逃避退缩心理。长此以往,他们越发觉得现实生活空虚、压抑,力求维持脆弱而又盲目的网络交往,从而使他们的人际交往能力减弱,形成"无意识"的网络依赖。

5. 人格不完善导致人际交往困难

大学生正处于人生中关键的转折点,也处于人生的黄金时期。大学阶段是完善人格和性格的关键时期,人格和性格的完善需要在人际交往中体现,人格和性格的好坏也会影响人际交往,两者是相互影响的。有的大学生因为胆小懦弱、自卑、封闭自己,在人际交往中会显得被动、无助;有的大学生因为个性张扬、直来直去、莽撞冲动,会做出一些让自己后悔莫及的事情;有的大学生比较自私自利,凡事以自我为中心,不顾及他人的感受,容易被孤立;还有的大学生争强好胜、嫉妒心强,见不得别人比自己好,对他人的成就心怀不满,甚至会采取报复行为,从而也不能建立正确的人际交往关系。

4.2.3 改善大学同学之间交往状况的策略

1. 塑造良好的个人形象,增强自身的人际魅力

应该说,每个人都有其人际关系,个体的内在魅力体现在一个人的社会生活中,这就需要大学生充实自己的内心世界,从仪表到言谈,从形象到学识,从能力到品德,多方位提升自己。心理学相关研究结果表明,初次交往中,良好的仪表形象会给对方留下深刻的印象,而随着社会交往的深入,学识和品德占据主导地位。塑造良好的个人形象应该从点滴开始做起,"勿以善小而不为,勿以恶小而为之",以使个人形象得到优化。

2. 增强自信心,提升自己的心理素质

在人与人的交往过程中,思想、能力、知识及心理一起发挥着作用,任何一方面的欠缺都会影响人际关系的质量。有些大学生患有社交恐惧症,在人际交往中存在胆小、羞怯、自卑、冷漠、孤独、封闭、猜疑、骄傲或嫉妒等不良心理,这样是不容易建立良好的人际关系的。因此,大学生应加强自信心训练,提高自身的心理素质,以积极的态度进行人际交往。大学生只有树立自信心,才能在精神上有所放松,让自己在面对他人时镇定自若,展现出自己的人格魅力。刚开始迈出人际交往的第一步时,有的大学生可能会紧张、会害怕,这时要不断提醒自己,这正是向别人展现自己的机会,相信自己一定可以,从而帮助自己逐渐增强自信。

3. 树立正确的交友观

珍惜大学时光,在志趣相投、心灵相通的基础上与更多的同学建立友谊。人与人之间的相处是相互的,当你对别人敞开心扉时,别人也会真心待你。大学生要突破自我、提升自我,主动走向身边的同学,怀着真诚之心与同学相处。要坚持真诚的原则,大学生必须做到热情关心、真心帮助他人而不求回报,对朋友的不足和缺陷能诚恳批评和适当包容;实事求是,对不同的观点能直陈己见而不口是心非,既不当面奉承人,也不在背后诽谤人,做到肝胆相照、赤诚待人、胸怀坦荡。大学生还要坚持互助互利的原则,破除极端个人主义,与人为善,乐于帮助别人。同时,又要善于求助别人。别人帮助你克服了困难,他也会感到愉快,这也可以进一步加深双方的情感沟通。

4. 学会理解并尊重他人

每个人都是独立的个体，性格不同，成长环境也不同。所以大学生在与同学交往的过程中应学会理解并尊重他人，这样同学之间的人际交往会更和谐。虽然绝大多数大学生已经是成年人了，但还处于学习知识、充实自己的时期，在一些问题的处理上仍会有很多不恰当的地方。同学之间就某一问题的看法出现分歧时，大学生要尽量理解并尊重对方的看法，学会换位思考。大学生还要坚持尊重的原则，必须注意在态度上和人格上尊重同学，平等待人，讲究语言文明、礼貌待人，不开恶作剧式的玩笑，不乱给同学取绰号，尊重同学的生活习惯。

5. 学会谅解和宽容

拓展视频
专家讲座：在大学，如何处理好同学关系？

人际交往中往往会产生误解和矛盾。大学生个性较强，同学间接触密切，不可避免地会产生矛盾。这就要求大学生在人际交往中不要斤斤计较，而要谦让大度、克制忍让，不过分计较对方的态度和言辞，并勇于承担自己的责任，做到"宰相肚里能撑船"。他吵，你不吵；他凶，你不凶；他骂，你不骂。只要我们胸怀宽广，发火的人一定也会自觉无趣。宽容克制并不是软弱、怯懦的表现。相反，它是有度量的表现，是建立良好的人际关系的润滑剂，能"化干戈为玉帛"，赢得更多的朋友。

6. 积极参与社团活动

在不影响正常学业的情况下，积极参与社团活动是有利于大学生成长的。大学校园里，形式多样的社团活动在增进同学之间友谊的同时，也可以锻炼大学生自我组织、表达、处事的能力，帮助大学生挖掘自我潜能，有效地促进自我成长。社团活动可以有效地促进社团内部形成平等、轻松的交流氛围，加强社团成员间的深度交往，满足大学生的社交和自我实现等心理需求，把大学生自身的知识、技能、情商、价值观、能力、特长、个性等全面开发出来，提升综合素质并增强能力。通过各类社团活动，大学生可以扩展自己的知识面，发挥特长，增强自信心，丰富个人经历和社会体验，还可以更加清晰地认识和了解自己，学会如何与人相处共事，同时能更好地接触社会、了解社会、服务社会。

4.3 舍友关系

4.3.1 舍友关系的特征和意义

在大学校园里，宿舍作为大学生活的基本单位，不仅是大学生住宿的场所，也是其学习、娱乐、交流交往的重要场所。有调查显示，近 72% 的大学生在大学校园内活动时间最长的场所是宿舍，大学生平均每天待在宿舍的时间为 12~16 小时，除去睡觉、吃饭的时间外，大学生一天有 5~6 个小时会在宿舍度过。舍友关系对大学生的学习生活、择业交友、人格塑造等各方面的发展都有着重要的影响。具体来说，舍友关系主要有以下特征和意义。

（1）生活空间的共同性和年龄的相似性使得宿舍文化具有互感性。同一宿舍的成员往往会在某些方面达成共识，形成该宿舍的特殊文化。比如，同一宿舍中，如果有人喜欢某个歌手，其他人就会不同程度地对这个歌手有所关注；如果有人学习刻苦、成绩优异，可能很快就会感染和带动其他人，使宿舍整体学风浓厚。

（2）舍友的良好交流和互动会让大学生产生如同"家"一样的认同感、归属感。大学生在一天紧张的学习之后，回到一个整洁的宿舍，或畅谈自己的生活趣事，或倾吐心中的苦闷，或在生活学习上互帮互助，会真正从中感受到"家"一样的温暖，使大学生对其所在宿舍产生"家"一样的感觉。舍友之间还可以进行理想、世界观、人生观、价值观等更高层面的思想交流，填补精神空虚，满足情感需要。

（3）舍友关系对大学生的身心能否健康成长有深远影响。和谐友好的舍友关系无疑可以促进学生身心健康成长。但上下牙齿尚有不对应的时候，何况生活在同一个屋檐下的几个人呢？朝夕相处的舍友之间产生冲突是在所难免的，小矛盾如果得到及时处理，并不会真正影响舍友之间的关系。但是，如果这些小矛盾得不到及时解决，积累起来就会导致舍友之间形成长时间的误会且不和睦，直至爆发激烈的冲突，严重的还会诱发心理疾病。据某校心理健康辅导中心介绍，近 50% 的大学生的心理疾病以及大学校园里的一些极端暴力案件都是由舍友关系不和谐导致的。大学生宿舍人际冲突的处理是否及时妥当，对其学习生活能否顺利进行和心理能否健康发展有着深远的影响。

（4）舍友关系的处理可以锻炼大学生未来的社交能力。大学生活是大学生由家庭走向社会的过渡阶段，如果说校园之外的世界是一个大社会，大学宿舍则像一个微型社会。在这个微型社会里，成员相对固定、成员之间接触频繁，舍友关系的妥善处理有利于大学生将来处理更为复杂的社会人际关系，掌握舍友关系的处理技巧对于大学生将来灵活地处理各种社会人际关系、在竞争和合作中处于优势地位具有重要意义。

4.3.2　舍友关系的现状和影响因素

舍友关系看似简单，其实不然，它是大学生最重要而又最脆弱的人际关系。大学生在性格、生活习惯、价值观念、成长环境、经济状况等方面存在的差异及大学生之间存在的利益竞争，是导致大学生宿舍人际冲突的主要原因。根据相关调查与研究结果，大学生的舍友关系的现状及影响因素主要有以下几方面。

1. 生活习惯的差异

调查发现，宿舍人际冲突的产生有各种各样的原因，而排在第一位的是生活习惯的不同，排在第二位的是价值观念的不同，排在第三位的是意见不合，排在第四位的是宿舍的公共卫生问题。可见，生活习惯等的差异是影响舍友关系和谐程度的主要因素。生活习惯好的人容易受人欢迎，反之则容易引起他人的反感或不满。例如，有的学生特别讲卫生，注意维护个人和宿舍的公共卫生，而有的学生总是把脏衣服、脏袜子堆在一起；有的学生喜欢在宿舍里安安静静地读书，而有的学生则喜欢在宿舍里聊天、听音乐。大学生反感某个舍友的原因其实往往源于一些生活细节，如有的学生在宿舍里外放音乐打扰到别人、乱用他人财物、喜欢将异性朋友带到宿舍、不喜欢值日等。

在生活中，作息问题是学生关注度比较高的一个话题。例如，有的学生属于猫头鹰型，喜欢晚睡，这样宿舍里的灯光、声响就可能会影响到早睡的舍友。如果长时间如此，早睡的舍友可能会就此提出意见。若解决得好，彼此相安无事，互相受益；反之，则可能造成矛盾的累积。充足的睡眠对每个人而言都很重要，而且睡眠质量的好坏也会影响到人的情绪。因此，为了构建良好的舍友关系，大学生必须从细节抓起，对日常生活中的点滴小事引起足够的重视。

无奈的"煲电话粥"现象

这是一篇调查报告描述的情景。每天晚上9点钟以后，各女生宿舍都呈现出一致的"风景"。女生们姿势各异，站着、坐着、蹲着、斜靠着墙的同时，做着同一件事情：打电话。由于对爱情、亲情、友情等的需要，"煲电话粥"已成为不少女生的习惯，少则一个小时，多则两三个小时，有的甚至"煲"到凌晨。对其他舍友来说，这是一种折磨。有的舍友想休息，睡着了却被"温柔"的声音吵醒，生了满肚子怨气。喜欢"煲电话粥"的人也觉得很无奈：没办法啊，其他时间有其他事要忙，只能睡觉前打。有些受气的舍友为了顾及他人的面子，即使有很大意见也不愿说出口，而只能使用叹气、踢被子、打床板等方式以示抗议，时间一长，舍友关系变得越来越紧张。

2. 个性和价值观的差异

调查发现，除生活习惯要保持一致以外，大家都喜欢与志趣相投、志同道合的同学成为舍友。这表示，在影响舍友关系的各个因素中，个性和价值观的差异也不容忽视，兴趣爱好较相似的宿舍成员之间，其行动的步调往往是一致的，彼此产生摩擦的概率会大大减少。正如世界上不存在两片完全相同的树叶一样，每个人都是独一无二的，具有独特的个性。一般而言，性格外向的人，往往热情、活泼、开朗，容易与他人相处；而性格内向的人，往往做事谨慎、沉静孤僻，交际面比较狭窄。

个性的差异往往与成长背景相关。一位女生在调查中反馈："我们宿舍住5个人，有4个人来自城市，只有我一个人来自农村。不是她们对我不好，只是我觉得跟她们确实没有什么共同语言，也没办法融入她们的生活。她们在一起通常是讲时尚，而我所关心的是学习成绩，在外面做兼职能挣多少钱。就算是说上几句话，她们讲的很多事情，我都没有经历过，也没有听说过，不一会儿就插不上话了，后来我就渐渐很少参与她们的谈话了。"由于无法融入舍友的圈子，学校里的老乡又不多，这位女生只能选择独来独往，跟宿舍里其他人的关系就越来越冷淡，而她自己也感觉越来越孤独。

也有不少的大学生从小就一直局限在家庭和学校这些单纯的生活环境中，埋头于学业，没有闲暇和精力顾及人际交往，心理上不成熟、不健全。还有一部分独生子女，在家里娇生惯养，养成了以自我为中心的意识，不会替别人着想，他们对人际交往的艺术和技巧、人际冲突和矛盾的应对知之甚少，往往凭直觉、情绪、经验来处理各种人际问题，以至于弄巧成拙，导致各种人际冲突的发生。

3. 经济状况的差异

大学生个人经济状况的差异也会带来不少问题。一名贫困生就曾表示，过生日或宿舍集体消费时，家庭经济条件较好的同学对花多少钱不在乎，而他则要精打细算，即使碍于情面服从大家，心里也会有些不乐意；有些家里经济条件好的同学经常聚餐、出去买东西，对品牌和时尚有共同的理解，对待学业和情感则比较随便。该贫困生家里经济条件较差，只能躲在自习室"啃书本"，而舍友们见他整天拼命学习也难免冷嘲热讽，更让他难以承受，这样他感到越来越压抑。有一次，就因为一件很小的事情，一向默不作声的他跟一个舍友大吵了一架，结果大家的关系更加紧张了。

但我们在调查时也发现，并不是只有贫困生觉得舍友关系难以处理，不少家庭经济条件优越的大学生同样感到困惑："宿舍里有贫困生，我都会很注意自己的言行举止，不炫耀、不张扬。我越小心翼翼，越觉得相互之间的距离越来越远。"

4. 竞争关系导致宿舍人际冲突

大学生之间激烈的竞争关系也是导致宿舍人际冲突的重要原因之一。大学生都有辉煌的过去，或是当过学生干部，或是学习上的佼佼者；在一个宿舍、一个班级里，往往是强手如林、人才济济，大家面对任何事情都不甘示弱，竞争随之而来，有时为了评三好学生、优秀团员、奖学金等，大学生难免因切身利益而发生冲突。

4.3.3 建立良好的舍友关系的建议

良好的舍友关系会紧紧地把同一宿舍的大学生凝聚在一起，使他们彼此亲如一家人，以至于很多大学生都亲切地把宿舍叫作"家"。比如，一起上完晚自习的时候，有人会说："走吧，回家了。"即使毕业以后，舍友之间的关系也很牢固。因此，我们应该有意识地建立良好的舍友关系。

需要说明的是，舍友之间的沟通交往策略和前一节讲到的改善大学同学之间交往状况的策略是相通的，此处不赘述，仅就一些具体操作提出几点建议，以供借鉴。

1. 统一作息，在日常生活中给予宽容和理解

一个宿舍有三四个或五六个甚至更多的人在一起生活，宜用统一的作息时间加以调整。只有大家协调一致、共同行动，才能减少争执，消除摩擦，维持正常的生活秩序。如果你是"夜猫子"，晚上睡得很迟，就必须自律，改变这种不良的生活习惯。实在有事早起或者晚睡的成员也应尽量减少声响和灯光对舍友的影响。

拓展视频
北大女生谈舍友
相处之道

宿舍成员对日常生活中可能出现的一些小矛盾、小摩擦应给予宽容和理解，如舍友忘了值日，回来晚了且关门声音大了点，偶尔用了一次你的洗发水等，你也不要过于计较。

2. 不组建"小团体"

在宿舍里，每个宿舍成员都应当以平等的态度对待其他人，不要厚此薄彼，和一部分人打得火热，而对另一部分人却疏远不理。有些人喜欢同宿舍之中的某一个人走得十分亲近，平时总是同一个人说悄悄话，无论干什么事，进进出出都和一个人在一起。这样就容易引起宿舍内其他成员的不悦，认为你是不屑与之交往。结果，你和另一个人的关系也许搞好了，但你却疏远了其他人。这就不利于建立和谐的舍友关系，因此是得不偿失的。我们不反对大学生同个别舍友建立深度的友谊，但这绝不能以牺牲友谊的宽度和广度为代价。

3. 不触犯舍友的隐私

每个人都有自己的秘密，也有足够的好奇心。对于舍友的隐私，我们不要想方设法去探求。对方把一个领域划为隐私，这个领域对他而言就有特殊的敏感性，任何试图闯入这个领域的行为都是不受欢迎的。尤为需要注意的是，未经舍友同意，切不可擅自乱翻其衣物。我们要格外注意这个问题，千万不要因为彼此是熟人就忽略了细节。另外，同住一个宿舍，我们有时难免知道舍友的某些隐私，但我们要守口如瓶，擅自告诉他人不仅是对舍友的不尊重，也是不道德的。我们要切实做到不侵犯舍友的隐私。

4. 积极参加集体活动

宿舍的集体活动不单纯是一个活动，更是舍友之间联络感情的重要形式，我们应该积极参

与配合。千万不要幼稚地把集体活动当作纯粹费财费力的无聊之举，表现出一副不屑与之为伍的样子，其实，这都是感情投资，也是我们不可缺少的人生经历。舍友们决定一起去干什么，我们要尊重集体的选择。确实不能参加，我们就把自己的想法和意见提出来，不要勉强参与，这会让舍友觉得你在应付了事，更不要一口回绝而伤了舍友们的兴致。可以说，集体活动的有无和多少，也从一个侧面反映了这个宿舍的团结程度。倘若你总是不参加宿舍的集体活动，多多少少会显得你不合群。

5. 学会交流和分享

好的人际关系都是通过交流建立的，只有通过交流才能了解对方，才会有和对方成为朋友的可能。交流从心开始，大学生不妨对舍友敞开心扉，交流一些爱好、兴趣、日常生活、学习、感情等方面的琐事。建议舍友利用熄灯后的时间"卧谈"，聊彼此都感兴趣的话题，聊学校最近发生的事情，聊自己的困惑和感情，勇于发表一下自己的意见，而不要把一些话闷在心里。

大学生应学会同舍友分享食物、分享开心的事或不开心的事。在集体中与他人相处时，如果你以个人的利益为重点，那么很容易被集体抛弃。找机会跟舍友出去吃顿饭、聊聊天，你会有不一样的体会。

6. 赞美舍友

你应学会发自内心地赞美舍友。学会欣赏、赞美舍友，每天至少说一句让人感觉舒服的话，如"你太棒了！""你这个发型很好看！"这种赞美的话语会给被赞扬者带来快乐，引起其积极的情绪反应。情绪具有传染性，即会传染给周围的人，给周围的人带来快乐。快乐会破解人际关系的僵局，使舍友关系变得融洽。

4.4 恋爱关系

爱情是永恒的话题，是大学校园里的热门话题，为此结合的情侣也是校园里一道亮丽的风景线。当前，大学生谈恋爱是一个很普遍的现象。因为年龄相近，而且都住校，彼此了解更多，大学生之间产生感情也是特别自然的一件事情。大学里的恋爱确实与社会上的恋爱不同，它是在特定的时间、特定的阶段，彼此在一起学习、生活时产生的。这种感情很单纯，大多不带有功利色彩。但是，大学生恋爱又普遍没有结果，这是大学生恋爱的一个特点。恋爱是难以驾驭的人生艺术，渴望谈恋爱是一回事，会不会谈恋爱则是另一回事。许多人疯狂投入，却惨败而出。

4.4.1 大学生的恋爱心理特征

对于文化水平较高、情感体验较为丰富的大学生来说，校园爱情是他们在大学生活中重要的一课。大学生的恋爱心理特征是什么，有哪些恋爱心理困境，经调查并查阅相关材料，我们发现大学生通常反映出的恋爱心理特征主要有以下几种。

（1）性爱的浪漫、好奇心理。这是由生理发育成熟导致的性冲动与性亲近要求的产生而形成的。大学生对未来充满希望和追求，对爱情充满憧憬和幻想。很多大学生根据从文艺作品中抽象出来的理想爱情，去勾画自己理想的伴侣。他们看重理想、志趣、品质、性格等精神层面和气质、容貌等外在条件，而对克服实际生活困难、勇于承担责任等现实条件则不够重视。这是当代大学生的恋情难以经受考验，容易失败的主要原因。

（2）易变心理。当代大学生社会阅历较浅，加上正处于青春期，因此他们的恋爱大多属于冲动型，双方往往经过短暂的交往就确定恋爱关系。恋爱的浪漫性使大多数人不善于处理恋爱中的纠葛，往往把任何矛盾、摩擦都与感情联系起来考虑，不顾及许多客观条件的制约，从而情感波动较大，分分合合，变化无常。为了谈恋爱而谈恋爱的心理使这种易变性更加突出。

（3）急于求成的占有心理。这与高校聚集着集才华、风度、美貌于一身的特殊人群氛围直接相关。有些男大学生固执地认为，毕业后还没有男朋友的女孩都是别人"挑剩下"的。

（4）依赖心理。这由作为独生子女的孤独感和习惯了他人的呵护与关爱所致，属于"情感寄托型"的恋爱动机，有这种心理的大学生缺乏独立意识和自理能力，易受挫。

（5）游戏人生心理。有这种心理的大学生的恋爱动机是满足与异性交往的欲望，寻求刺激、填补精神上的空虚，他们甚至发生了婚前性行为，见一个"爱"一个，完全沉迷于一种游离于婚姻之外的感官享受。大学生这个特殊社会群体今后的生活变化很大，恋爱双方毕业后也有可能天各一方。因此，大学生存在"不求天长地久，只在乎曾经拥有"等恋爱心态也是很自然的事。

以上恋爱心理特征，引发并形成了当前大学生中普遍存在的恋爱低龄化、公开化、高速进展化和多元化的现象。具体而言，因为他们年纪尚轻、涉世太浅，缺乏深入了解和正确判断与评价一个人的经验；因为他们过于情感外露、行为外向，盲目地摒弃传统的以含蓄、深沉为美的恋爱方式；因为他们年轻、冲动，其恋情发展极易受生理与心理发育状况的影响；因为他们本身面临的就是一个人生观、价值观多元化的现实社会；所以，恋爱心理困惑的产生便顺理成章了。许多大学生在恋爱问题上感到有很多说不明白的心理困惑，如总感到自己缺乏吸引力，难以找到理想的恋人等。

4.4.2 正确面对恋爱引发的困惑

爱情的神圣与庄严、神秘与美好，吸引着无数青年男女为之折腰。但是，大学校园里并非只存在完满的恋爱，并非每个恋爱中的人都能收获甜美的爱情。恋爱在给人带来光明与幸福的同时，也可能会给人带来烦恼和痛苦。龙璇等学者从单恋、多角恋和失恋3个角度分析了大学生恋爱中的困惑，并提出了应对办法。

1. 单恋

单恋也就是我们经常说的单相思，是指一方对另一方一厢情愿地倾慕与热爱。单恋较多地出现在性格内向、敏感、富于幻想、自卑感较强的人身上。具体表现就是一方爱上了对方，于是也希望得到对方的爱，在投射心理效应的作用下，误解对方的言行、情感，误把友情当爱情，误把对方的亲切和蔼、热情大方当作爱的表示并坚信不已，从而陷入单恋、不能自拔。单恋者因为无法正常地向自己爱慕的异性倾诉柔情，所以体验到的多是压抑的情感。

那么，大学生如何才能不陷入单恋的境地呢？一方面，大学生要避免"恋爱错觉"，学会准确地观察和分析对方的表情，用心明辨，同时不要在内心自我强化一见钟情式的浪漫爱情；另一方面，大学生向对方表白而遭到拒绝时，要用理智克制自己的情感，要明白感情不能勉强，美好的爱情一定是两情相悦的。所以，真正爱一个人，不是要让他背负你的爱，而是要懂得放手给他自由；既然他明确表示不爱你，你就不要再和他纠缠，否则只能两败俱伤。

2. 多角恋

所谓多角恋，是指一个人同时被两个或两个以上的异性所追求或自己同时追求两个或两个以上的异性并建立了恋爱关系。导致多角恋的原因主要有择偶标准不明确、择偶动机不良、虚荣心强、盲目崇拜等。由于爱情具有排他性、冲动性，因此任何一场多角恋都有极大的危害，一旦有人理智失控，就会给自己、他人及社会带来恶果。大学生要理智地克制感情，谨慎行事，选择属于自己的唯一，忠于恋人，善始善终。

3. 失恋

失恋是指恋爱受挫失败。恋爱的过程是两个人相互了解和选择的过程，当一方拒绝接受爱意或提出中断恋爱关系的时候，另一方就会失恋。失恋引起的主要情绪反应是困惑、痛苦和烦恼，具体表现为负面情绪无法排解，偏激轻生，实施报复，消极度日，自甘沉沦。要摆脱失恋的痛苦，就需要外界的帮助，但更重要的是要增强自己的心理承受力，增强心理适应性，学会自我心理调节，从而达到新的心理平衡。面对失恋，大学生可通过以下方法进行自我调节。

（1）价值补偿法。失恋后，要努力摒弃爱情至上的观念。爱情固然重要，但毕竟不是生活的全部，生活中还有比爱情更重要的东西，那就是对理想和事业的追求；要自觉摆脱失恋的阴影，把精力投入学习之中，把失恋的痛苦转化为一种奋发向上的动力。

（2）多维思考法。心理学认为，当一个人受到外界刺激、情绪不能自控时，排遣这种不良情绪的关键是冷静和理智。失恋后，不妨静下心来回忆一下整个恋爱过程，冷静、客观地分析一下失恋的原因，认真地总结经验教训。可考虑如下问题：自己的恋爱是否存在盲目性？对方感情的变化有无道理？这样的恋爱值不值得留恋？

（3）转移注意力法。因失恋而悲痛欲绝的大学生，可以通过参加有意义的活动，如文体活动、学习班等，将自己的注意力转移到其他事情上，使消极的情绪得到控制。这样置身于忙碌之中，用新的乐趣来冲淡心中的郁闷，就能使自己很快忘掉痛苦和烦恼。

（4）自我安慰法。此法是指当人产生悲观失望的情绪时，通过自我调节，使心理得到某些满足，以促进心理平衡。恋爱与做其他事情一样，既有可能成功，也有可能失败，因此，我们要学会正视失败。更何况，第一次闯入我们心中的异性并不见得是最合适的，第一次做出的择偶选择也未必是最佳选择，正所谓"天涯何处无芳草"，每个人都值得拥有更好的选择。

（5）积极认知法。任何事物都有其正反两面，失恋同样有其独特的积极意义。比如，失恋能有效避免以后的婚姻失败，失恋能增长阅历和增强受挫能力，失恋能澄清自己的爱情观，失恋能让人学会珍惜、尊重和宽容等。多从积极的角度认识失恋，能有效地减弱痛苦感，将失恋的负面影响降至最低。

4.4.3 培养健康的恋爱心理和行为习惯

恋爱的过程时常伴随着各种矛盾和冲突，这些矛盾和冲突的解决依赖于成熟的人格、健全的心理，又会促进人格的发展和心理的健全。大学生在恋爱交往中应该如何培养健康的恋爱心理和行为习惯呢？龙璇、彭贤等学者提出的思路和观念值得我们学习借鉴。

1. 培养健康的恋爱心理

（1）树立正确的恋爱观。一方面，大学生要积极上进，有责任感，在恋爱中做到自尊、自重、自爱，摒弃空想和享乐等思想；要了解对方，知晓对方的人品和性格，不盲目进入恋爱的角色。另一方面，大学生要懂得什么是真正的爱情。在恋爱的过程中，大学生要以纯洁的动机和文明的行为对待爱情，使得双方相信爱情，相信未来的生活。

拓展视频
复旦教授开授的恋爱课火爆，金句频出

（2）确定恰当的择偶标准。恋爱不是一种纯粹的精神活动，它出于个人生理、心理发展的需要，更是一种社会行为。心理学家曾经调查过大量幸福美满的家庭，得出这样一个结论：要想获得美好的婚姻和爱情，至少需要双方相互了解、地位和背景相配、气质类型相投。在恋人的选择上，首先大学生应该选择志同道合，在思想品德、事业理想和生活情趣等方面与自己大体一致的，其次大学生应该选择与自己的心理特点相适应的。

（3）正确对待爱情。爱情在人生中占有重要地位，没有爱情的人生是不完美的，但爱情不是人生的全部，我们不能只为爱情而活。当爱情被视为生命中的唯一时，它就会成为一株温室中的花朵，娇弱美丽却经不起任何打击；当爱情成为唯一的存在价值时，它就会使你失去人格的独立性和魅力，进而失去被爱的理由。在大学生活中，学业是第一位的，今天的学习与未来的事业息息相关，这也是爱情美满的基础。大学生那种抛开学业谈恋爱的做法，不仅不能成就事业，也难以让人收获真正的爱情；不仅是愚蠢的，也是可悲的。

（4）坚持爱的权利和责任的统一。爱不仅是一种权利，更是一种责任和义务，谈恋爱的双方必须以高度负责的态度去对待它。爱的权利和义务是不可分割的，只强调爱的义务，而无视爱的权利，就是对人性的奴役，我们必须对这种做法予以否定。但是只强调爱的权利，而不承担爱的责任，我们就会陷入非理性主义的泥潭。理解意味着为双方营造一种轻松和快乐的氛围，没有人追逐爱情只是为了被约束，相互信任也是一种自信的表现；责任和奉献则意味着个人的道德修养，这种爱的权利和责任的统一，是我们获得崇高爱情的基础。

拓展视频

为了讨好自己的恋人，典当全新电脑，值得吗？

2．培养爱的能力与责任

（1）迎接爱的能力。一个人心中有了爱，经过理智分析，敢于表达、善于表达，这是爱的能力；一个人面对别人的示爱，经过及时准确的判断，能做出接受、谢绝或再观察的选择，这也是爱的能力。大学生要具有迎接爱的能力，就应懂得什么是爱，要有健康的恋爱价值观，知道自己喜欢什么、需要什么、适合什么。

（2）拒绝爱的能力。大学生对自己不愿或不值得接受的爱应有勇气加以拒绝。拒绝爱时要注意两个方面：一是要果断、勇敢地说"不"，如果优柔寡断或屈服于对方的穷追不舍而接受爱，这种恋情发展下去对双方都是不利的；二是要使用恰当的拒绝方式，虽然每个人都有拒绝爱的权力，但是珍惜每一份真挚的感情既是对他人的尊重，也是对自己的尊重，还是对一个人的道德情操的检验。所以，我们既要尊重、感谢对方对自己的感情，又要采取明确的态度予以拒绝，绝不能含糊其词。如果

拓展视频

学会在爱情中成长

我们在语言上已经拒绝了对方，在行动上就不要与对方有较亲密的接触，以免使对方产生误解。

（3）发展爱情的保鲜能力。心理学博士张怡筠在《半边天》节目中介绍了一种"3×3"爱情保鲜计划，就是每天3次、每次花3分钟做一些事，该计划也被称为"3A"计划。其一，"Attention"——全神贯注，就是一方非常专心地倾听对方说话，走进对方的内心世界，以对方的快乐为自己的快乐；其二，"Affection"——浓情蜜意，就是双方保持肢体上的亲密感，以尽可能地表达自己心中的爱意；其三，"Appreciation"——欣赏、感激，就是把握机会，告诉对方自己对他的欣赏和感激。因此，我们要想保持爱情的长久，就需要两个人真正关心对方，需要智慧、耐心、坚持并付出心血。这就要求我们既需要学习新的东西，善于交流，懂得欣赏对方，又要有自己的个性、追求和发展，让爱情拥有活力。

3. 塑造健康的恋爱行为习惯

（1）语言文明。大学生在谈恋爱时，言语要诚恳、坦率、自然，既不要为了显示自己而装腔作势、矫揉造作，也不要出言不逊、举止粗鲁。恋爱双方相互了解是必要的，但不要无休止地盘问对方，以免使对方的自尊心受损，伤害彼此的感情。

（2）行为文雅，避免粗俗。一般来说，男女在恋爱初期会感到羞涩与紧张，而随着交往的增加会逐渐变得自然与大方。在这个时期，双方要注意行为举止的检点，文雅的亲昵动作可使对方产生愉悦感和积极的心理效应，而粗俗的亲昵动作则往往会使对方反感并引起情感分离和消极的心理反应，有损于爱情的纯洁，影响感情的正常发展。

（3）平等相待。大学生在谈恋爱时，既不要以己之长度人之短，借此来炫耀抬高自己，戏弄贬低对方，也不要想方设法考验对方或摆架子，给爱情增加负担。否则都可能挫伤对方的自尊心，影响双方的感情。

（4）善于控制感情，理智行事。大学生对恋爱中的性冲动，一方面要注意克制和调节，保持清醒的头脑；另一方面要注意将其转移和升华，与恋人一起多参加学习与文娱活动，使爱情沿着健康的方向发展。

4.5　亲情关系

亲情是有血缘关系或姻亲关系的家庭成员间感情的总称，是人们朝夕相处、割舍不断的情感，它包括祖孙、父母子女、兄弟姐妹之间的亲情，夫妻之间的姻情以及夫妻双方的父母、兄弟姐妹间的亲情的拓展和延伸。在一定意义上亲情还包括由于收养、同患难而形成的恩情或交情等。

亲情关系通常包括亲子关系、兄弟姐妹关系、夫妻关系、婆媳关系等，其中，亲子关系在亲情关系中占核心地位。中国传统文化中的"亲"指的就是父母，即双亲。限于篇幅限制，本节所阐述的亲情关系也仅限于亲子关系。

4.5.1　亲情的价值

1. 注重亲情是中华民族的传统美德和现代和谐人际关系的价值渊源

亲情是中国传统文化中的精髓，中国传统文化是一种伦理型文化，其最重要的社会根基是以血缘关系为纽带的家国同构的宗法制度，即"天下之本在国，国之本在家"（出自《孟子·离娄章句上》）。儒家伦理道德之首当属"孝道"，它反映的是亲子关系以及相互之间的权利与义务关系，是几千年来为中国社会普遍宣扬的道德观念、伦理规范和行为准则。比如，《礼记》中说："何谓人义？父慈，子孝，兄良，弟悌，夫义，长惠，幼顺，君仁，臣忠……谓之人义"，其中大多数都是有关亲情的。这些孝亲敬长的伦理思想多以《孝经》《弟子规》《女儿经》等童蒙与家训之书的形式予以流传，从而长期影响着中国人的家庭生活礼仪与社会交往方式，形成了倡孝敬长的传统美德。

亲情是中华民族几千年来一贯坚持的传统美德，也是维系家庭情感的纽带和家庭幸福的源泉。处理好家庭人际关系，对于发挥家庭职能，保障家庭成员的心理健康，维护社会安定，都具有重要意义。而且，中国传统文化要求人们在做到对自己父母敬爱的同时，推己及人，把这种敬爱之心延伸到其他老年人身上。比如，孟子的"老吾老以及人之老，幼吾幼以及人之幼"；

《礼记·礼运》中所描述的"故人不独亲其亲，不独子其子，使老有所终，壮有所用，幼有所长，鳏、寡、孤、独、废疾者皆有所养"的"大同社会"，充分表达了这种思想。这种思想可以被称为某种意义上的博爱，带有社会公益道德的性质，有助于家庭和社会中人际关系的和谐。所以，这种养亲敬老的亲情观不仅是中华民族传统文化的精髓，也是当今社会现代文明的重要内容，在保障社会秩序的安定、构建社会主义和谐社会的进程中起着重要的作用。

2. 基于亲情的家庭环境是子女健康成长的保障

家庭是社会的细胞，也是子女的第一个课堂。国内外的一些研究表明，家庭因素在青少年成长过程中的影响远远大于学校、社会，以及同龄交际群体。家庭中父母与子女的沟通水平、情感反应及行为控制水平，对子女的智力发展与成长起着非常重要的作用。因为社会和时代的要求通常是通过家庭环境、家庭成员的言行以及由此形成的家庭氛围环境传达给子女的，对子女的成长起着耳濡目染、潜移默化的作用。所以家庭环境以及家人关系是否和谐和睦，对子女的身心能否健康发展有着重要的影响。幸福的家庭是子女健康成长的摇篮，也是子女温馨的港湾。家庭的贫富并不会左右子女是否幸福，但缺乏温馨和睦的家庭是子女成长的一大障碍。

此外，对于家庭成员来说，亲情关系既是物质上的供养关系，又是精神上的互动成长关系。因此，家庭中的父母不仅是子女的心灵导师，需要引导子女健康成长，而且在抚养子女的过程中，在言传身教的过程中，父母通过在实践中不断摸索、总结和反思，也会不断提高自身的养育智慧和能力，促使自己不断完善。

3. 亲情关系状况是影响子女社会化和个性发展的重要因素

家庭的重要功能之一是将生物人转化为社会人。家庭是子女实现社会化的主要场所。因为子女个性的形成、社会行为的获得，其最关键的几年都是在家中度过的。原生家庭中亲情关系的好坏、和谐与否，既对子女的语言、情感、角色、经验、知识、技能与规范方面等社会化环节能否正确形成起着潜移默化的作用，也对子女以后个性能否健康发展有着重要的意义。有关调查显示，家庭中子女行为异常程度与亲情关系成反比。亲情关系越好，家庭氛围越民主平等，子女就越容易形成热情、

拓展视频

过度溺爱孩子究竟有多恐怖？看看这位家长就知道了

诚实、友爱、善于交往等人格特征，行为异常程度就越低，就越有利于实现正常的社会化。亲情关系越差，子女行为异常程度就越高，就越不利于实现正常的社会化。大量案例也表明，子女的社会化与其家庭环境和亲情关系有着密切关系，那些家庭教育方式粗暴、缺乏亲情滋养的子女，在其成长过程中通常会出现各种问题。当然，也有一些原生家庭中的父母走向另一个极端，就是过度溺爱自己的子女，其子女也同样很难成为社会需要的人才。

拓展阅读

原生家庭

原生家庭是指子女还未成婚，仍与父母生活在一起的家庭。原生家庭的气氛、家人的习惯、家人间的互动关系等，都会影响子女日后在新家庭中的表现。人要认识到原生家庭的影响，才不致将原生家庭中一些负面的元素带到新家庭中。人的一生与家庭始终联系在一起，家庭赋予了个人太多的东西，有希望、鼓励、幸福、平和……也有失望、打击、不幸、暴躁……家庭的环境氛围，直接影响着我们的一生，甚至会让我们陷入家族命运的轮回。

阿德勒在《儿童的人格教育》一书中说：幸运的人一生都被童年治愈，不幸的人却要用一生去治愈童年。

4.5.2　亲情关系中存在的问题

据有关大学生亲情观的调查研究结果，当前大学生在处理亲情关系方面主要存在着以下4类问题。

1. 亲情价值取向上趋向功利，缺乏感恩心

受实用主义思想的影响，大学生亲情价值取向上的功利性日益明显，大学生的物质需求日趋强烈，超过了精神需求，且大学生对家庭、集体和国家的责任感淡化了，对父母的感恩之心也有所淡化。部分大学生平时很少与父母联系，只有要生活费时才联系。而且一旦生活费给得不够及时，子女还会对父母大发脾气。

有些大学生不顾家庭生活困难，盲目攀比，超前消费，买最新款手机、买高档电脑、下饭馆，荒废学业，不求上进。有部分大学生对父母的养育非但不抱感激之情，还常常抱怨父母没本事，不能给其创造更好的条件。据报道，南京大学逸夫楼曾张贴过一封"辛酸父亲给读大学的儿子的信"，在社会上引起了广泛关注。"一位辛酸的父亲"控诉儿子对父母除了索取还是索取，从不体谅父母，为了多要钱甚至不惜"偷改入学收费通知，虚报学费"。他质问自己正在读大学的儿子："在大学里，你除了增加文化知识和社交阅历之外，还能否长一丁点善良的心？"这封信读来实在令人心酸。

缺乏感恩心这种倾向在不少大学生身上都可以看到，如有些大学生对待教师缺乏起码的尊重，见到教师擦肩而过不打招呼，如同陌路人；有的大学生对教师的辅导帮助，连句"谢谢"都不会说。

2. 与父母缺乏真正的交流，沟通趋于表面化

不少人认为自己与父母之间存在着代沟，父母不可能真正理解自己的想法，与其跟他们沟通而挨骂，不如什么也不告诉他们。很多大学生与父母的交流内容大部分局限于"吃好点""穿暖和点"之类的话题，沟通停留在生活层面，双方缺乏深度交流，而关于学习、工作、情感以及价值观方面的话题，或避而不谈，或以冲突结束。更有甚者，认为自己任性、不顾及家人的感受，是追求个性的表现。这样，子女与父母之间的代沟越来越大，以致双方互不理解，越来越疏远，最后只剩下血缘在维系亲情。

3. 没有表达情感的意识或缺乏表达技巧

在表达情感方面，一些大学生认为亲情植根于血缘，无需表达。这就导致亲人之间彼此牵挂却不知情，久而久之，亲情在无言中淡漠。也有很多大学生知道应该主动与父母沟通，但不知如何沟通，不知跟父母说些什么，这是缺乏表达技巧的表现。

4. 对亲情的回馈说得多、做得少

有调查显示，约有63%的大学生不知道父母的生日，近43%的大学生不知道父母的年龄，约有76%的大学生从未给父母祝贺过生日，而与之形成鲜明对比的是给子女过生日的父母却高达93%。此外，如何在现实生活中回馈亲情，有的大学生想得很少，有的大学生想到了一些，如勤俭节约、关怀亲人等，但也往往说得多、做得少，难以落到实处。而有的大学生则认为，自己现在没有经济能力，等事业有成时再好好孝顺父母也不晚，可往往事与愿违。

第 4 章　大学校园人际关系与沟通

97

4.5.3 与父母沟通的技巧

建立并维持良好的亲情关系，必须从良好的沟通开始。掌握良好的沟通技巧，父母可以及时地了解子女的状况，能够更好地来帮助子女，子女也能更深入地了解自己的父母，从而实现父母与子女之间的和睦相处。那么，亲人之间如何正确沟通、充分表露对彼此的真情呢？

1. 大胆表露真情

要让对方了解自己的真情，只有将它表露出来。很多人有个错觉：认为自己对亲人的爱，即使不说，亲人也一定会明白。一位母亲得了重病，因此花了儿子家很多钱，她心里很愧疚。儿子打电话给母亲："只要有妈在，我们花多少钱都可以，多少钱能换来一个妈呀？"母亲在电话那头停顿了一会儿，然后感慨地说："你能这么说，我心里很舒服。"儿子没想到母亲会说出这么一句话，就告诉母亲："我就是不说，也是这个想法，您还不了解我吗？"儿子说完这句话，心里滑过一个念头，原来爱真的要说出口，如果自己不说这句话，母亲也许真的不会了解自己对她的爱。东方文化里的人对感情的表达向来非常含蓄，对身边朝夕相处的亲人也较少用口语直白地表达关爱，即便有时话到嘴边也因受某种因素的影响而咽了下去。可等到亲人不在时，即使想说也无人可说了。

拓展阅读

爱要说出口

母亲去世后，我把老爸接来同住。年逾古稀的老爸总想方设法帮我做家务，让我很感动。我很想向老爸表达我的感受，但往往话到嘴边而羞于出口。有一次，我受凉肚痛，老爸在旁问长问短，又找药，又冲热水袋，关切之情全写在脸上，我心里暖暖的，于是鼓足勇气对老爸说："爸，您真好。我这么大了还能得到您的关心，真是幸福！""你再大在我面前也是孩子啊。"老爸满脸灿烂。不一会儿，厨房里传出久违的京腔，唱京剧可是母亲去世后老爸丢掉的爱好之一啊！

我的婆婆因与大儿媳妇有过矛盾，因此对我这个小儿媳妇也心里设防，不肯和我多说一句话。我觉得，婆婆辛苦了一辈子，晚年应该快乐。于是我亲切地叫她"妈"，有空就带她去逛公园、逛街。我对她说："妈，您把8个子女培养成人，真是太了不起了！换作是我，我可真不敢想。"见婆婆施舍路上的乞丐，我便说："妈，您心肠真好！"渐渐地，婆婆心中的防线倒塌了，她有什么知心话都对我说，我们就像亲母女一样。

"爱要说出口"在我儿子身上体现得最多，他特别会给家人"灌迷汤"。看到我写的文章，他一律叫道："妈妈，您太棒了！"激励我笔耕不辍地写下去。吃饭时，他会说："这菜太好吃了！爸爸，您真是伟大的厨师。"于是，他爸爸疲劳顿消，沉醉于儿子给予的殊荣中。他与外公的感情最深，"您是世界上最好的外公""您是我最最喜欢的外公"之类的语言不断，像阵阵春风吹得外公心花怒放。

资料来源：刘春台.爱要说出口[N/OL].大众阅读报，2012-04-30[2022-01-25].

---

2. 学会倾听亲人的话

在如今的家庭关系中，一方面，有些父母认识不到倾听子女诉说的重要性。子女一旦有问题，这些父母总爱以自己的思维方式去评判子女所做的一切，把自己的意愿强加给子女，不给子女解释的机会，轻则呵斥，重则打骂。子女因失去说话的权利或者自己的想法得不到父母的重视，只好将委屈和不满埋藏在心里，长此以往，父母就很难知道子女的所思所想了，这样父母对子女的教育就会无所适从。久而久之，子女也会对父母产生对抗情绪，以致双方相互不信任，产生沟通困难的问题，甚至还会使子女形成不良心理。

另一方面，子女长大了，父母希望子女常回家看看，更希望子女能跟父母说说话，年迈的父母更需要倾诉，需要被人关注。而很多人借口工作忙，不愿跟父母说话，或者在跟父母说话时缺乏耐心，心不在焉，父母的自尊心就会受到伤害。

拓展阅读

有一种爱，名字叫"啰嗦"

晓晓实在受不了老妈的啰嗦了，老妈三天两头地给她打电话，一打就是老半天，也没什么大事，通常就是啰啰嗦嗦地说一堆家庭琐事，晓晓简直快烦死了。

有一天，晓晓终于受不了老妈的啰嗦，对她抱怨道："我知道您老人家是为我好、关心我，我心领了。我平时很忙，您没有重要的事情少打电话给我，我的手机是双向收费，话费很多的。"然后挂断了电话，心想：我也老大不小了，还得老妈每天提醒着穿多少衣服，吃多少饭吗？

第二天一早，晓晓正睡得迷糊，手机又玩命地响起来。晓晓抓过手机一看号码，又是老妈。

"喂，什么事啊？"晓晓没好气地问。

"没什么事啊，我听人说吃油条对身体不好，油条含好多铝和铅，过量摄入对身体不好，你早餐可千万别吃油条了。"晓晓简直无话可说，就为了这么一点小事，她也打个电话过来，还这么早就打过来。

"哦，知道了，你下次别这么早打电话，我还没起床呢。"晓晓准备挂电话了。

"我就是想早点打电话给你，怕你起床去买油条吃啊，能早通知你当然早通知你啊，少吃一顿油条就是少吃一点铅和铝啊。"老妈又啰嗦起来。

"嗯，我记住了。"晓晓再次准备挂电话。

"好，那我们就放心了。我知道你接电话要钱，也知道话费很多，我让你爸给你寄了点儿钱，你拿去交话费吧。我不想和孩子打电话还要想着省那几毛钱，我就想和你多说几句话。"妈妈带着哭腔这样说。那一刻，晓晓突然觉得鼻子好酸，狠狠地给了自己一记耳光，骂自己怎么这么不懂事呢？！娘肚子里十个儿，儿肚子里却没有娘。

"妈，你不要给我寄钱，接老妈几个电话的钱我还是有的，以后我会常常打电话给你们的，我爱你们。"晓晓大声地哭起来，为了世界上无处不在的最平凡又最伟大的母爱而哭。

后来晓晓习惯了和母亲在电话里聊天，晓晓喜欢听她啰嗦，因为晓晓明白了世界上有一种爱叫"啰嗦"。

资料来源：佚名.有一种爱，名字叫"啰嗦"[N].青岛晚报，2012-05-13（13）.

3.给予亲人真诚的赞美

亲人之间的相互赞美要多于相互指责，这非常有利于亲情关系健康地发展。真心真意、适时适度地表达对对方的赞扬，是亲人之间实现良好沟通的有效方式，当然赞美时应具体，不论事大事小，只要对方做得好，就要不断给予其肯定。这样做可使对方感到你真的很在意他，并会促使对方做得更好。

家庭成员不仅需要暖意盈怀的呵护，还需要爱的语言。后者像家庭生活乐章中优美的音符，能使生活充满温馨，亲情地久天长。

4.选择恰当的时机

良好的语言沟通需要有较为合适的时间安排。在对方情绪比较好的时候谈一些棘手的问题，可能有助于减少冲突。在亲人正处于比较紧张焦虑的工作或生活状态时，尽量与亲人谈一些愉快的话题，这其实也在传达着对对方的尊重、体贴和理解。由此可见，在恰当的时间谈论恰当的话题有利于实现亲人之间的良好沟通。

5. 表达尊重

表达尊重是指尊重亲人的个性及能力，而不是凭自己的感情用事；接纳亲人的信念和所做出的选择或决定，而不是评论或试图代替其做决定；善意地理解对方的观点及行为，而不是简单地采取排斥的态度。

社会心理学领域的大量研究发现，人们对于关系亲密的亲人，所涉及的亲密话题和非亲密话题都很广泛。但是必须注意的是，对于任何人，无论双方的关系多么亲密，人们都有不愿意暴露的领域。因此，在生活中，没有理由因为关系亲密或者是夫妻、亲子关系而要求对方完全敞开心扉，更不能任意侵犯对方所不愿暴露的领域；否则，对方会产生强烈的排斥情绪，从而导致对你的接纳度大大降低。

6. 换位思考，学会主动分享

调查反馈，很多大学生和父母之间的交流多为简单问答式，大学生常常处于被动回答状态。这种状态具有非持续性、被动性，不利于有效沟通氛围的形成。大学生应学会站在父母的角度思考问题，学会理解父母、接纳父母，主动分享自己的大学生活，与父母分享你在生活、学习、恋爱中的喜怒哀乐。父母不希望大学把你培养成一个对他们而言的陌生人，你在他们眼里永远是一个孩子。

大学生学习新知识的能力很强，当某些事物超出父母的认知储备时，大学生可以针对父母较为感兴趣的部分，用通俗易懂的方式对父母进行讲解和普及，带动父母一起成长，减少沟通断层情况的发生。例如，大学生可以多和父母谈论与专业相关的有趣见闻，教父母使用智能手机、体验新的软件，带父母认识新的事物、去新的地方等。

7. 注重亲人间的互动，多向父母表达感恩之情

（1）关注父母的身体状况，询问他们有没有什么病痛。当你感觉自己越来越强壮的时候，你也应该意识到父母的身体也许已经不是那么健康了。这个时候你应该明白，父母需要你的关心和照顾。

（2）倾听他们说的话，不要觉得厌烦，更不要和父母大吵大闹。父母的人生经历通常是比你丰富的，他们只是在担心你才会对你啰嗦。

（3）不要忘记父母的生日和其他重要日子，你或许不需要买什么礼物，但可以给他们寄一张贺卡，写上让他们宽慰的话语，让他们知道你是爱他们的。

（4）放假时能回家就尽量回家。如果回家，一定要安排时间陪父母，和他们一起吃饭，陪他们逛街，而不要只是和朋友一起活动。

（5）绝对不要为了让消费上档次而向父母索要更多的生活费；相反，你应该合理地计划自己的开支，因为你已经逐渐长大了。尽量好好学习，拿出优异的成绩，即使学得不是很好，也要让父母知道你很努力。

 复习思考题

1. 大学师生关系具备哪些特点？
2. 造成大学师生关系冷淡的原因是什么？你有什么改善办法？

3. 如何建立和谐的大学师生关系？作为大学生，你可以做什么？

4. 结合实际谈谈大学同学之间的交往存在的问题，并提出解决方法。

5. 为什么舍友之间会出现矛盾？有了矛盾，应如何化解？

6. 面对失恋时，大学生有哪些方法可以进行自我调节？

7. 如何培养健康的恋爱心理和行为习惯？

8. 如何应对你的异性朋友不恰当的性要求？

9. 结合实际谈谈亲情的价值是什么。

10. 如何理解亲情表露的重要性？

模拟实训题

组织一次主题班会

1. 实训目标：掌握沟通的基本技巧，增进师生及同学之间的了解。

2. 实训学时：1 学时。

3. 实训地点：教室。

4. 实训方法：由班干部或学生组织一次由全班学生和系领导、任课教师代表参加的主题班会，针对当前教师与学生、班干部与同学、同学与同学之间存在的实际问题进行现场沟通；在沟通过程中，要求学生讲究沟通技巧和语言艺术，注意倾听、提问、应答、说服等环节，并留心从教师与学生的沟通中体会沟通技巧。

5. 班会参考议题

（1）大学教师上课该不该点名？

（2）大学生做兼职工作会影响学习吗？

（3）你所在宿舍的舍友关系有何特色或问题？

（4）你如何看待校园恋情？

案例分析题

【案例 4-1】

辅导员张老师下午刚进办公室，就遇到学生李某气冲冲地来找她，反映她与另一学生孙某争吵一事。张老师引导她尽量先平静下来，然后了解二人发生冲突的经过。

经过一番调查，张老师了解事情的经过是这样的。李某性格较为内向，心思细腻；孙某性格外向，为人直爽，不拘小节。二人系同宿舍舍友。当日早晨起床时，孙某用手机外放听歌时的声音很大，影响到宿舍其他同学休息，李某后来就在微信朋友圈中抱怨了几句。中午孙某对李某说："有本事当面说，背后瞎说算什么？"后来孙某将李某放在书桌上的瓶装化妆品碰到地上摔碎了。李某认为孙某做事太过分了，两人发生了争吵，在其他同学的劝解下，孙某外出取快递，两人的争吵暂时平息。事后李某不能平复情绪，来找辅导员，希望辅导员尽快处理此事。

张老师单独找孙某了解情况，孙某坦言承认早晨起床时并不是故意要吵醒大家，而是定的手机闹钟响了，被李某误解，但由于头天晚上自己和男朋友吵架，心情不好而懒得解释，打碎李某的化妆品也是无心之失。

问题：

如果你是辅导员张老师，你会如何化解此矛盾？

【案例 4-2】

小悦该怎么办？

小悦在上大学之前，对大学生活充满了憧憬。可是现实和她的想象天差地别，这让她觉得大学生活真的没有什么意思。

小悦所在的宿舍一共住了 4 个女生，只有她来自外地。其他 3 个人中，有两个是同一个高中毕业的。她们 3 个人聊天时总有共同话题，不管是当地的小吃还是高中时的趣闻，都能说上三天三夜，于是她们在开学之初就打成了一片。

小悦性格内向腼腆，所以很多时候都不知道该怎么去主动融入她们。但是为了和舍友搞好关系，她也主动融入过她们很多次，如尝试着参与她们的话题、去吃饭的时候会问舍友要不要带饭、买了好吃的会分给舍友等。可是这样做效果甚微，她们似乎都不欢迎她的加入。有一次她生病了，整整一天都躺在床上，宿舍里的其他人依然各做各的事，没有一个人过来关心一下她。而平时其他 3 个舍友相处融洽，但出去吃饭时连问都不会问她。在同一个屋檐下生活，她却变成了一个"隐形人"。她已经尽量把注意力放到了学习上，但是每次看到舍友的冷漠表现，她都觉得很难过。

她也尝试着多认识一些班上的其他同学或者社团里的小伙伴，可是班上的同学并不经常在一起上课，如果选课不同，彼此可能三四天都见不到一面，根本没有机会联络感情，加之没有平时的相处，大家也缺少共同语言；而社团里的小伙伴就更不用说了，只是有任务的时候大家才会聚到一块，平时几乎也没有什么联系。最主要的是，别人好像都和舍友关系亲密，而且都已经有自己的小圈子了，没有人像她一样这么迫切地想发展别的朋友关系。

有人提议她换个宿舍，但是在大学换宿舍真的很麻烦，没有特别极端的情况，辅导员一般是不会同意的，而且谁又能保证换一个宿舍情况就会变好呢？

资料来源：龙璇.人际关系与沟通技巧[M].2 版.北京：人民邮电出版社，2020.

问题：

对小悦这样的情况，你有什么好的建议吗？

【案例 4-3】

青春热线编辑：

你好！

或许是家庭教育的原因吧，我的性格比较内向，寡言少语，这令我和家人的交流非常少。平时在家，我大多只能在饭桌上和父母聊天，其他时间就很少和他们说话了。我的父亲是个深沉的人，平时很少和我说话，他的爱更多地表现在行动上；而母亲的爱体现在语言上，有时甚至让我觉得她很啰嗦，却也能体会到温馨。这些我都可以感觉得到，所以初中的时候我就想，将来一定得好好报答父母。

但我现在感到很惭愧也感到很悲哀，因为我不知道该怎么表达对父母的爱。我现在读着一所普通高校，离家比较远，与父母的联系比读中学的时候少了很多，与他们的沟通就更少了。很多时候都是母亲打电话给我，一阵嘘寒问暖之后，我就不知道该说些什么了，打电话的时间就是那么几分钟。反而是和同学、朋友打电话，双方有时候聊一个小时都不止。或许是因为我与同学、朋友没有代沟，和他们有更多的共同语言吧？

其实我很羡慕那些每周都和家人联系的同学，而我，想打电话回家却不知道要说些什么。所以我想请您教教我，要怎么改变才能和家人有更多的话题沟通。

D-fly

问题：

1. 案例中的"我"在生活中遇到了什么困惑？其原因是什么？

2. 为了帮助"我"消除烦恼，请你向他提几条好的建议。

【案例4-4】

父亲很晚才下班回家，他的工作压力很大，心里也有点烦，他想休息一下，而这时他发现女儿在门口等他。

"爸爸，我可以问你一个问题吗？"

"什么问题？"

"爸爸，你一个小时可以赚多少钱？"

"你为什么问这个问题？"

"我只是想知道，请告诉我，你一个小时能赚多少钱？"女儿固执地再一次追问。

"我一个小时可以赚20美元，有时还多一点，这有什么问题吗？"父亲没好气地说。

"哦！"女儿低下了头，接着说，"爸爸，您可以借我10美元吗？"

父亲有些生气了："别想拿钱去买那些毫无意义的玩具，给我回到你的房间并上床。"

女儿安静地回到了自己的房间并关上了门，父亲生气地坐在客厅里。过了一会儿，他平静了下来，觉得刚才对女儿太凶了——或许她真的想买什么东西，再说她平时很少要过钱。

父亲走进女儿的房间，发现女儿正躺在床上，他悄悄地问道："你睡了吗，孩子？"

"还没，我还醒着。"女儿回答。

"对不起，我刚才对你太凶了，"父亲边说边将钱递给女儿，"这是你要的10美元。"

"爸爸，谢谢你。"女儿欢呼着从枕头下面拿出一些被弄皱的钞票，慢慢地数着。

"你已经有钱了，为什么还要？"父亲又有些生气，他不知道女儿今天是怎么了。

"因为在这之前不够，但我现在够了。"女儿回答，"爸爸，我现在有20美元了，我可以向你买一个小时的时间吗？明天请早一点回家——我想和你一起吃晚餐。这是我盼望已久的事情，可以吗？"

父亲听完热泪盈眶。

资料来源：左振坤.智慧语林[M].长春：吉林文史出版社，2004.

问题：

1. 从字面上看，女儿要用20美元购买父亲的一个小时，实际上，女儿需要的是什么？

2. 听了女儿的话，父亲为什么会热泪盈眶？

 自我测试题

【测试1】

针对同学的沟通能力自测

（1）你跟新同学打成一片一般需要多少天？（ ）

A.一天　　　　　　B.一个星期　　　　　　C.10 天甚至更久

（2）当你发言时有些人起哄或者干扰，你会怎么做？（　　）

A.礼貌地要求他们不要这样做　　B.置之不理　　C.气愤地走下台

（3）有同学想借你的作业去抄袭，但你不想借，你会怎么做？（　　）

A.向该同学提示作业抄袭的害处，并表示如果他有不会做的题，你可以帮助他

B.尽管不想借作业给该同学，但碍于面子还是借给他了，并提示你的作业只能作为"参考"

C.直接拒绝

（4）放学了，你有急事要快点走，而值日的同学想让你帮忙打扫教室，你会怎么做？（　　）

A.很抱歉地说："对不起，我有急事，下次一定帮你。"

B.看也不看地说："不行，我有急事呢！"

C.故意听不见，跑出教室

（5）开学不久你就被同学选为班长，你会怎么做？（　　）

A.感谢同学们的信任和支持，并表示一定把工作做好

B.觉得没什么大不了的，只是要求自己默默地把工作做好

C.觉得别人选自己是别有用心，一个劲儿地推托

（6）有同学跟你说："我告诉你一件事儿，你可不要跟别人说哦。"这时你会怎么说？（　　）

A."哦！谢谢你对我的信任。我不是知道这件事的第二个人吧？"

B."你都能告诉我了，我怎能不告诉别人呢？"

C."那你就别说好了。"

（7）老师安排你和另一位同学一起完成一项任务，而这位同学恰恰和你相处得不怎么友好，你会怎么做？（　　）

A.大方地跟他握手，说："今后我们可是同一条船上的人哦！"

B.勉强接受，但工作中绝不配合

C.坚决向老师抗议，宁可不做这项任务

（8）你和别人因为一个问题而争论，眼看就要闹僵了，这时你该怎么做？（　　）

A.立即说："好了好了，我们大家都要静一静，也许是你错了，当然，也有可能是我的错。"

B.坚持下去，不赢不休

C.愤然退场，双方不欢而散

计分方法

选 A 得 3 分，选 B 得 2 分，选 C 得 1 分。

结果解析

8～12 分表明你的沟通能力较差。由于你对沟通能力的重视不够而且没有足够的自信心，你在成长的道路上常常与一些机遇擦肩而过。你应该以轻松、热情的态度与同学进行交流，把自己看作集体中的一员。同时，对任何同学不可存在任何偏见。经常与人交流，取长补短，改变自己拘谨封闭的状态。记住：沟通能力是成功的保证和进步的阶梯。

13～19 分表明你的沟通能力较强，在大多数集体活动中表现出色，只是有时还缺乏自信心。你还需加强沟通能力方面的学习与锻炼。

20～24 分表明你的沟通能力很好。无论你是学生干部还是普通学生，你都表现得非常好，

在各种社交场合你都表现得大方得体。你待人真诚友善，不狂妄虚伪。在原则问题上，你既能善于坚持并推销自己的主张，还能争取和团结各种力量。你自信心强，同学们都信任你，你可以使班级充满团结和谐的气氛。

【测试2】

亲情测试

下面是一份大学生如何看待亲情的调查问卷，请你根据自己的实际情况进行回答。

（1）你是否会经常从家人的角度去思考问题？（　　）

  A. 经常会   B. 偶尔   C. 从不

（2）离开家后，你一般多久与家里联系一次？（　　）

  A. 一个星期以内 B. 两个星期以内 C. 两个星期以上

（3）是你主动联系家人还是家人主动联系你？（　　）

  A. 我主动   B. 双方都主动   C. 家人主动

（4）你是否会在家人生日那天与家人取得联系并送上你的祝福？（　　）

  A. 会   B. 以前没有但以后会 C. 不会

（5）回家后，你一般花多长时间与家人在一起？（　　）

  A. 大部分时间 B. 一部分时间 C. 小部分时间

（6）有机会时，你是否会与家人谈心？（　　）

  A. 经常   B. 偶尔会   C. 不想

（7）你是否对父母表示过感谢或开展过这方面的实际行动？（　　）

  A. 有过   B. 以前没有但将来会 C. 从来没有

（8）对家人的关心，你是怎样看的？（　　）

  A. 很感激   B. 天经地义   C. 没什么感觉

（9）当你认为你的想法不被父母理解时，你会采取什么样的做法？（　　）

  A. 寻找机会，再次沟通 B. 据理力争 C. 保持沉默

（10）父母年纪大了，免不了啰嗦，遇到这种情况，你会怎样？（　　）

  A. 很理解，乐意当他们的听众 B. 视心情而定 C. 很不耐烦，马上打断

计分方法

选A得2分，选B得1分，选C得0分。

结果解释

以上10题满分为20分，用于测试你与亲人之间的关系状况。如果你的得分在17分及以上，那么说明你与亲人相处得很好，而且，你能从与亲人的相处中，得到许多乐趣；如果得分为12~16分，说明你与亲人相处得一般；如果得分在11分及以下，说明你与亲人的相处存在较大的问题，你必须注意与亲人的沟通。

第5章 职场人际关系与沟通

本章要点

- 大学与职场中人际关系的差异性
- 职场人际关系的特点与适应方式
- 与上级沟通的障碍、原则和技巧
- 与下级沟通的障碍、原则和技巧
- 与同事沟通的障碍、原则和技巧
- 与客户沟通的原则
- 销售谈判的过程和策略
- 处理客户的异议的方法和技巧

从学生到职场人士这个身份的转变是每一位大学毕业生都无法避免的，提前认识这个问题，并且运用一些措施和方法来规避和解决这些问题，你就能轻松完成角色转换，拥有积极、和谐的职场生活。本章在分析大学毕业生初入职场的人际关系的基础上，系统阐述了职场中与上级领导、下级部属、平级同事以及客户进行有效沟通的障碍、原则、策略和技巧等，为大学生未来拥有美好的职业前景打下坚实的基础。

5.1　初入职场的人际关系

5.1.1　大学与职场中人际关系的差异性

职场不同于大学，很多刚出校门的大学毕业生无法适应职场环境，主要是因为没有意识到大学和职场的区别，没有及时调整好心态，内心所想和职场现实有落差。未走进职场时，同学们在看待职场时往往带有理想化色彩，期待自己可以大展拳脚、一举独立。可真正到了职场，大家才发现这是与大学完全不同的世界。

1. 角色身份和社会责任发生转变

相信每位大学毕业生在走进职场之前都对职场生涯充满着期待，总会幻想自己在工作岗位上大展身手，被领导肯定，被同事拥戴，尽快地升职加薪。可理想是丰满的，现实是骨感的，大学毕业生要成为职场赢家，首先要清楚学生和职场人士之间社会责任的转变。大学生在学校的主要任务就是学习，由于学校性质的特殊性，大学生在学校一直处于被服务的一方，教学楼、图书馆、实验室、食堂、宿舍等，每一个机构从某种程度上来说都需要尽可能地为大学生提供良好的学习环境和优质的服务。然而，当大学毕业生走进职场时，大学毕业生就已经失去了被服务的资格，反而变成了提供服务的一方。领导的施压、客户的刁难等可能是职场人士经常面临的问题，为客户通宵做文案，根据客户要求一遍又一遍地改进策划方案……这些可能才是职场人士的实际处境。从被服务者到服务的提供者的转变，需要大学毕业生一步步地体会和适应。当然，职场人士仍然可以享受到公司提供的人性化服务，但是从工作性质来说，职场人士是公司的一分子，与公司荣辱与共，应为公司谋利益、求发展。所以，当下大学毕业生要意识到自己走进职场时已经不属于被服务的一方，而是需要承担相应的责任和义务的职场人士。

2. 交往对象和交往方式变得复杂

大学期间，与大学生打交道的除了父母、老师，就是同学和其他同龄人，人际关系相对简单，与他人没有很强的竞争和利益冲突，与同学等互相学习、互相帮助占人际关系的主流。但在职场中，新入职的大学生要和不同年龄、不同背景、不同观点的人一起工作，需要处理和上级、下级、同事以及客户之间的多重关系，要顾虑多方面因素，关系的复杂性有时甚至超过了要做的事情本身，大学生虽然不需要八面玲珑，但也要用心维系这些关系，因为这关乎自身的职业发展。对于刚入职的大学毕业生而言，与上级、下级、同事、客户沟通的方式、节奏、态度、场合、时间以及禁忌等，是一门新的必修课，大学毕业生需要学习摸索，甚至试错、犯错等。

3. 心理压力和焦虑感增强

在职场和学校，个体是靠完全不同的方式来获得认可的，大学毕业生从学校到职场，如果不能及时转换思维方式，势必要受点打击。大学期间，大学生每天按时上课，规律作息，顺利地完成学业即可。大学生注重学习的过程，而且有不懂的地方就可以问老师和同学，不会受人嘲笑。而在新的岗位和环境中，上级和同事最看重的是工作结果，不会有人一直在背后催促新入职的员工，一切全靠自觉。而有些大学毕业生在学校的时候极少参与社会实践，主动担当、快速学习和独立解决问题的能力都有所欠缺，离开了老师的指点和督促，就不知道如何将自己所学的知识应用在工作中，从而表现出以下状况：不知该怎么做，也不知该怎么学，完成不了工作任务，业绩上不来，自己感到焦虑甚至郁闷。

4. 激励方式和评价标准不同

在学校，教师对学生一般以鼓励、表扬等正面激励为主，即使学生做错了，教师顶多批评教育一下，实质性的惩罚比较少。而在职场，大学毕业生发生了从学生到职场人士的身份转变，会受到比较严格的要求，职场中更多的是讲效率和结果，加上新人对工作熟悉度不高，被批评的次数可能较多，甚至会受到斥责、罚款、扣工资和奖金等处罚，他们的内心更迫切渴望来自上级、下级、同事或客户的认可与肯定。当熟悉组织中的人和事之后，他们会开始评估自己是否为组织创造了绩效，这是能否让他们找到职场存在感的重要方式。新入职者会因为自己创造了被认可的成绩而坚定留下来的信念；反之，则会感到挫败并考虑离开。除了考虑薪酬、工作环境、制度等硬件工作条件，初入职场的大学毕业生如果没有感受到被重视、被理解，没有看到自己的进步并被肯定，就会产生挫折感，甚至考虑离职。

5.1.2 职场人际关系的特点与适应方式

1. 职场人际关系的特点

职场人际关系是在职工作人员之间各类关系的汇总。一群性格、年龄、阅历、认知都可能存在差异的人为了共同的目标而聚集在同一职场中，以利益作为纽带联结在一起，这样的职场人际关系必然带有复杂性和功利性。所以了解职场人际关系的特点，是我们正确认识职场人际关系的基础。

（1）被动性

一个人初到某个单位，对上级、同事和下级一无所知，既不可能为自己选择上级和同事，也不可能改变公司内部的权责结构和制度流程。也就是说，我们对职场人际关系的架构缺乏决定权，对职场人际关系的构成成员缺乏选择权，对职场人际关系的变化缺乏控制权。所以说，职场人际关系具有被动性。

（2）等级性

职场是一个等级分明的地方。职场结构如同社会结构一般，呈金字塔状，因而有着"地位决定关系"的特点。这种等级性讲的是人有权责大小之分。但不论处于什么等级，都要讲究规矩。讲究规矩，指人的言行是受限制的。职场人士必须按照等级和规矩来规范自己的行为，不能为所欲为、逾越规矩。

（3）职业性

一家单位可能有十几、几十、几百甚至上千个性格迥异、年龄参差、阅历不一的员工，其中自然就存在职场距离远近和关系亲疏，甚至关系好坏的问题。职场距离近的人是指那些经常活动在自己身边的人，彼此之间的了解可能多一些。职场距离较远的人，彼此之间大多保持点头之交。而职场距离过远的人，双方可能一起共事多年，彼此之间却一无所知。无论职场距离远近、关系亲疏或好坏，为了工作需要，员工必须和同事产生工作上的交往。大多数职场交往都更具礼节性和职业性，很少有达成深层次交往关系者。

（4）复杂性

由于职场人际关系建立在利益的基础上，人际交往一般多以利益为导向，从而使得大多数职场交往都具有复杂性。在这种情况下，你和同事做朋友就要有"距离"意识，你可以适当谈一些一般性的私事，以加深彼此间的了解，但不要涉及太深层次的个人隐私，更不可说交浅言深的话。在职场友谊中，只有把握好职场距离，才能保持和谐的同事关系并确保工作顺利进行。

2. 职场人际关系的适应

职场新人在了解、熟悉单位及其环境，做好自己本职工作的同时，还应尽快度过与上级、同事、下级的人际磨合期，以便尽早被接纳而融入团队，完成从"校园人"向"社会人"的转变。

（1）尽快从个人导向向团队导向转变。单位更多强调的是团队精神、严谨的工作纪律和统一的标准、流程和规范，个人意愿则要通过集体来发挥作用。如果我们想和其他同事在今后的工作中融洽相处，就要充分认识到集体合作、团队精神的重要性，并将"小我"融入"大我"。

（2）尽快从情感导向向职业导向转变。单位对员工的首要要求是对单位具有认同感和归属感。我们在进入工作单位后就必须尽快养成职业化的思维、意识和习惯，这一点很重要。

（3）尽快从成长导向向责任导向转变。从学校进入职场，意味着大学毕业生需要承担新使命、新责任，必须树立一种"与单位共命运"的意识，在履行岗位责任的前提下实现自我提升、成长。

（4）尽快从思维导向向行为导向转变。在职场中衡量一个人的工作能力，最重要的是看他如何处理问题及能否处理好问题，看他碰到问题时能否懂得权衡利弊，从而做出可行的决定，而不仅仅是看他如何思考。所以在工作中，我们不能像学生时代一样，凡事等完全争论清楚了才去做，而要有更强的思考力和行动力。

3.尽快进入职业角色

大学毕业生在了解和熟悉单位与工作环境的同时，要着手了解和熟悉自己的本职工作，注意不懂就问，以便尽快上手。作为职场新人，我们还要严格按照角色规范行事，严守职位的责任分工，即在什么职位做什么事、说什么话，既要尽心尽力地做好本职工作，又要做到出力而不越位。

（1）了解工作岗位及其职责权限。我们要了解自己工作岗位的名称、内容、意义和工作范围，以及胜任这个工作岗位需要掌握的业务知识、基本技能和方法。另外，还要明确该工作岗位具备的职权有哪些、自己应该履行哪些职责，只有这样才能按角色规范行事。

（2）遵守角色规范，出力而不越位。我们要遵守职业的角色规范，摆正自己的位置，切忌轻易越位、侵权，要做到不越位决策、不越位表态、不越位答复问题、不越级请示汇报等。

（3）了解单位和上级对我们工作的期待。我们要尽快了解、明确单位和上级对我们的工作的期待是什么，如工作态度、工作要求、工作标准、价值观、行为方式等。这样就能使我们自觉地让行为与单位的期待保持一致，从而快速得到上级、同事、下级的认可，尽快融入单位。

拓展视频

初入职场的各种不适应症：不要放弃！

5.1.3　转变学生身份，开启职场大门

从大学到职场，从学生到职员，如何快速转变自己的身份，适应身份的变化，是每位大学毕业生都应该重视的问题。

1.心理暗示，进行身份认同

我们现实生活中经常会碰到学生被特别优待的情况，在购买各大景区的门票时，学生可以购买半价的学生票，在乘坐公共交通工具时，学生也可以使用学生票获得折扣，甚至餐馆、电影院都有针对学生的优惠、折扣活动。我们即使犯了一些错误，当我们提起自己是学生时，通常也能够换得他人的一些体谅和宽容，可大学毕业生一旦离开校园，摘掉学生的帽子后，职场便不会将你当成学生对待，那些因学生的身份而得到的优待也不复存在。工作没有按时完成而遭到上级的训斥，拖同事的后腿而被抱怨和非议，因提供的服务质量不佳而被客户投诉等，是职场人士经常遇到的事情。

"在其位，谋其政"，一旦进入工作岗位，大学毕业生就要承担相应的任务和职责，再也不会有人把你当作学生来看待，而是单位的一分子。如此巨大的身份落差可能让刚进入职场的新人难以接受，轻者产生消极对抗情绪，严重者可能影响身心健康。所以当下大学毕业生一定要不断地给自己心理暗示，尽快完成身份的转变，要明确认识到自己已不再是学生，而是进入职场的社会人。只有认同了自己的身份，大学毕业生才能在行为方式上有所改变，快速进入工作状态。

2.与人为善，打造和谐的人际关系

良好的人际关系是个人工作和生活的润滑剂，处理好人际关系也是个人人际交往能力的体现。学生在学校里的主要任务是学习，虽说学校是个小社会，但是学生与老师、学生与学生之间的关系相对而言较为单纯，很少有利益冲突。职场是一个全新的环境，俗话说"有人的地方就有江湖"，这一点在职场中体现得尤为突出，利益相互交织，人物形形色色，大学毕业生一不小心可能就会掉进困局。再者，现在的大学毕业生多是独生子女，个性突出、较真张扬，通常并不擅长处理人际关系，这样的脾气加上毫无社会经验，使他们在职场中很容易与上级、同事、下级发生不愉快的事情，进而影响个人工作和生活以及单位的和谐氛围。当下，大学毕业生应多学习职场规则，学会处理人际关系，尽快融入单位的大集体之中。以诚相待，与人为善，是中华民族的传统美德，也是人与人交往的有效方法，以诚心待人通常也能收获真心，这有利于个人打造良好的人际关系氛围。

3. 千里之行，始于足下

现代单位讲究的是个人价值创造单位价值，单位聘请任何一位员工都是从自身的利益出发的，要求员工承担相应的责任和义务，为单位的发展做出贡献。大学生平时在学校里的主要任务便是学习，其很多行为都是为了满足学校或者老师的硬性要求，真正本着对自己负责而去努力学习的比较少，从整体上看，大学生可能普遍会存在一些行为懒散、缺乏工作主动性和积极性、责任意识不强、眼高手低等问题。而单位是以营利为目的，运用各种生产要素向市场提供商品和服务，实现自主经营、自负盈亏、独立核算的法人或社会组织，具有严密的组织性和纪律

性，因此，大学生身上存在的这些问题正是单位所忌讳的。千里之行，始于足下。当下，大学毕业生应从点滴小事做起，加强责任意识，改变平时懒散的生活习惯；在平时的工作中，积极主动为公司做事，有疑问就要向老员工虚心请教，切忌因自身大学生的身份而眼高手低，发生不尊重上级、同事和下级的行为。大学生应立足于平凡的岗位，埋头苦干，无私奉献，为未来拥有美好的职业前景打下坚实的基础。

4. 心如止水，保持良好心态

一个人在职场上可以暂时不成功，但一定要成长。成长的来源就是不断历练，而能让你真正成长的前提是良好的心态和抗压能力，这样你才能快乐阳光地工作。从小到大，陪伴大学生的多是学习和单纯的校园生活，大学生就像温室里的花朵没有经过风吹雨打。而社会往往是残酷的，职场的竞争压力大，为了在复杂的竞争环境中适应、生存，大学毕业生首先要做的就是保持良好的心态，建立强大的心理素质。大学毕业生要理智对待挫折，将其看成给自己的考验，切忌抱怨，必要时找合理的方式将负面情绪发泄出来。

大学毕业生走上工作岗位后可能会面对日复一日重复的工作，这时可能会产生厌倦和烦躁的情绪。面对这种情况，大学毕业生要保持快乐工作的阳光心态，积极进行自我调节，并在自我调节的过程中，制造快乐，"发酵"快乐，传播快乐。大学毕业生也可以尝试以自己的本职工作为中心扩展自己的知识面，涉猎更多的业务，这样既能避免面对同一工作而产生枯燥感，又能每天拥有新的收获，不断提高自己的业务水平并增强工作能力。

5.2　与上级的沟通

按照信息的流向，组织内部的沟通可以分为上行沟通（与上级领导沟通）、下行沟通（与下级部属沟通）、平行沟通（与同事沟通）。每一类组织内部的沟通都有其特殊的障碍和处理方法。处理好组织内部的沟通，我们才能凝聚团队力量，从而协调有效地工作。

上行沟通是下级参与管理、发表意见或建议、表达利益诉求以获得上级领导支持、实现下情上达的重要方式，也是上级实时了解与掌握下级部署对工作、对组织的总的看法和期待的重要方式。不论是初入职场经验不足的新人，还是在职场摸爬滚打了多年的经验丰富的老手，都

必须面对上行沟通。从某种程度上可以说，上行沟通的效果有时甚至会影响一个人的晋升机会与发展空间。因此，上行沟通是组织内每个人都必须掌握的一门必修课。

5.2.1 与上级沟通的障碍

尽管上行沟通对下级、上级乃至整个组织都非常重要，但在实际沟通过程中，上行沟通并非预想的那般顺利、畅通、有效。一般而言，上行沟通主要存在以下障碍。

1. 沟通焦虑

上行沟通中的沟通焦虑，主要是指下级在与上级进行真实或预想的沟通时产生的恐惧和焦虑感。除个性因素外，由于上级和下级的地位不对等，下级对上级心存畏惧，常囿于上级的威严而回避与上级的沟通，即没有胆量与上级沟通。沟通焦虑使下级不敢与上级进行交流，从而导致信息无法在上、下级之间顺利流通。另外，有研究表明，一个人一旦对进行某种沟通感到焦虑，则在以后的工作和生活中，这种焦虑感不仅不会消失，反而会更为严重，甚至会对其他方面造成影响，这显然不利于工作的开展与下级自身的成长。

2. 期望不同

上级和下级因其职位不同，两者被赋予的责任与权力肯定也不同，那么思考问题的出发点同样不同：上级关心的是工作完成了没有，注重目标，希望下级的汇报简明扼要；下级在汇报的时候则希望上级多给点时间，多听听自己是如何完成任务的，遇到了什么困难，自己如何克服困难，希望上级能够体谅自己，表扬自己。

沟通的出发点不同，导致双方对沟通的期望不同：上级在听取下级的汇报时，期望听到工作的结果和进度，从而给予下级工作指示；下级向上级汇报时，期望向上级描述自己的工作进度和结果，以得到上级的指导和建议，或向上级展示自己和部门工作的高效，以得到上级积极的工作评价。

拓展视频

员工最重要的是配合
上级完成工作

所以，在上行沟通中，上级倾向于发现下级在工作中的不足，一般情况下，只关注结果，而很少关注过程；下级则希望从上级那里得到公正的评价，希望上级对自己的工作态度和努力给予正面激励。

3. 选择性认知

选择性认知是指人们不会对所面对的大量信息给予同等的关注，而只会重点注意其中一部分信息的选择性倾向。面对海量的信息，人们往往会根据自己的经历、经验、背景、兴趣、爱好、态度、习惯、需求等做出选择或判断。选择性认知容易造成以偏概全、"只见树木不见森林"的后果，从而影响人们对事物的整体性判断。这一现象在上行沟通中也比较常见。比如，由于能力较低、经验不足、视野狭小等，下级缺乏对问题的整体认知与把握，因此，其向上级反映的问题往往是不全面的。又如，下级可能完全依据自己的动机、经验、需要、兴趣、理想、信念、世界观等个体倾向性特征，有选择地向上级汇报与之有关的信息，而忽略对其他重要的信息的汇报。

4. 信息过滤

信息过滤是指在沟通中只传递对方需要或期待的信息，而将不符合对方需要或超出对方预期的信息予以过滤的情形。生活中常被人谈及的"报喜不报忧"、对取得的成绩过度宣扬、对存在的问题极力粉饰等做法，就是信息过滤的典型表现。在上行沟通过程中，基于自身利益的考量，或出于对某种结果的极度担忧，下级有时会故意隐瞒或歪曲部分关键信息，上级接收到的往往只是下级希望上级接收的信息，从而使上级对于信息的全面性与真实性不能及时掌握，进而无法做出正确的决策，特别是在危机事件中，信息过滤造成的后果会更加严重。

5.2.2 与上级沟通的原则

1. 遵守管理规律和组织制度

通常来说，下级与上级的沟通应根据组织的正式等级链进行，逐级沟通，不可越级。下级注意组织制度中对权限和流程的各项规定，严格遵守。比如，下级向上级请示或汇报工作时，要按照下级服从上级的原则，逐级请示、报告；要避免多头请示、报告，坚持谁交办向谁请示、报告，以减少不必要的矛盾，提高办事质量和工作效率；等等。

2. 了解上级

对上级的了解程度决定着下级的沟通方式和沟通效果，决定着下级和上级合作的默契程度。对上级的了解内容，包括上级的价值观、性格特点、思维方式、个人好恶、情绪变化规律、工作目标、对下级的期待等。了解了这些，下级就可以主动适应上级，以更好地辅助上级做好各项工作。

3. 解决问题但不展示自我

在上行沟通中，下级应该明确彼此沟通的目的不是展示自我，而是寻求解决问题的方案，以保障组织发展的高效顺畅。在向上级汇报情况时，不是任何诉求均可纳入其中，下级只能以实现组织目标和解决问题为前提，围绕工作而展开汇报，注意就事论事，不涉及任何私人利益，不对周围其他人进行人身攻击或是打小报告。

在正式组织里，下级与上级之间的信任感通常不是建立在私人感情交流基础上的，而是建立在上级对下级的专业能力、负责态度、切实业绩的认可基础上的。下级越能专注于工作，就越能赢得上级的赞誉和青睐，也越能获得上级的尊重和信赖；相反，下级在工作时间内过多地说闲话、讲废话、牢骚满腹、抱怨不断，则只会加剧上级对其的厌烦感。

4. 理解尊重但不盲目吹捧

吹捧是夸大其词的奉承，是言过其实的赞扬，是别有用心的谄媚；吹捧与尊重截然不同。在任何场合，下级要充分尊重上级并维护上级的权威，积极支持、配合上级的工作。下级理解尊重上级，应重点把握以下两点。

其一，沟通态度谦逊、低调。下级对上级不能直呼其名，而要称呼其职位；说话语气要温和，表达方式要委婉；善于请示，勤于汇报；提建议要适时适度。下级还应认识到，上下级亲密、信任关系的维系建立于自己遵守基本礼节的基础上，否则只会引致上级反感。

其二，下级与上级意见相左时不可当面顶撞。上下级对话地位的平等并非意味着下级可以毫无顾忌、口无遮拦，下级要在保持遵从态度、尊重行为的基础上进行如实陈述、充分表达，展露个人的理性想法、严谨观点，以助力上级进行更全面、更科学的认知和判断。这就要求下级在交流过程中不能直接和上级顶撞，否则不仅有违尊重态度，更有违组织纪律。当上下级对某一事务或问题出现较大的分歧时，为确保自我认知和判断的理性，下级应学会换位思考，以实现对个人的有限立场、局部视野的主动突破而更积极地理解上级的意图。

拓展视频

下属是否应该主动汇报工作？

5. 请示但不依赖

在工作上，下级不能超越自己的权限做事，不能越俎代庖。对超出自己权限的事情，下级必须请示汇报,请示的时候必须有自己的建议和方案,这样才能让上级认识到你的作用和能力。但对于在自己权限之内的事,下级要大胆负责,敢于决策,而不能事事请示,遇事没有主张。

拓展视频
小北与小熙的差距到底在哪里?

6. 主动但不越位

下级对工作要积极主动,敢于直言,善于提出自己的意见,不能唯唯诺诺。当然,下级的积极主动、大胆负责是有条件的,不能擅自超越自身权限。现实中越位常常表现为决策越位、表态越位、干工作越位、答复问题越位等。

5.2.3 与上级沟通的技巧

上行沟通的主要形式是请示和汇报。请示是下级向上级请求决断、指示或批示的行为,汇报是下级向上级报告情况、提出建议的行为。二者都是职场人士经常需要做的工作。

1. 明确程序

请示和汇报工作通常有以下几个步骤。

一是明确指令。在明确了一项工作的方向和目标后,上级通常会指定专人负责此项工作。如果上级明确指示我们去完成这项工作,我们就一定要迅速准确地把握上级的意图和工作的重点。此时我们可遵循5W2H原则,即谁传达的指令(Who)、做什么(What)、什么时间(When)、什么地点(Where)、为什么(Why),以及怎么做(How)、工作量多大(How much)。对其中

拓展视频
对上级反馈的技巧

拓展视频
3个习惯让你和上级的交流没有障碍

任何一点不明白,我们都要主动询问上级,并将上级的回答及时记录下来。最后,我们还要简明扼要地复述一遍上级的指令,以确认是否有遗漏之处或领会有误的地方。当对上级的指令理解模糊时,我们绝不能"想当然";在执行任务的过程中,遇到困难或疑惑之处,我们也要及时跟上级沟通,以避免走弯路,贻误工作。

二是拟订计划。在明确工作目标之后,我们应尽快拟订工作计划,交与上级审批。在拟订工作计划时,我们应详细阐述自己的行动方案和步骤,尤其是展示工作进度时要有明确的时间划分,以便上级进行监控。以制订月销售计划为例:首先,我们要明确下个月要达成的销售目标;其次,要说明销售目标的达成有多少源于老客户、多少源于新客户;最后,要说明打算通过哪些渠道,采用什么促销方案来实现这一目标等。这样的月销售计划既具体可行,也方便上级纠正。

三是适时请教。我们在工作进行过程中,要及时向上级汇报和请教,让上级了解我们的工作进度和取得的阶段性成绩,并及时听取上级的意见和建议。切不可等工作全部结束后,才交待工作情况。

四是总结汇报。工作任务完成以后,我们应及时向上级总结汇报,总结成功的经验和不足之处,以便在今后的工作中改进。向上级汇报我们的工作,既能显示出对上级的尊重,也有利于展示自己的才干,为赢得上级的赏识和器重奠定基础。

2. 充分准备

很多时候,下级之所以出现沟通焦虑,是因为对沟通的准备不足,克服的办法就是以有准

备的行动增强自信心。实际上，上级最喜欢的交流方式是与下级在彼此互动的基础上积极探讨。这就要求下级在与上级进行交流前要做好充分的准备工作。

拓展视频

与领导沟通的6个技巧

首先，面对需要解决的问题，下级最好有相对成熟的方案供上级参考，这既可让上级觉得下级确实做了很多工作，也可让上级在充分了解情况中加快决策进度。如果是就某个特殊问题请求上级批示，下级心中至少要有两套以上的解决方案，并对其利弊了然于胸，必要时向上级阐述明白，并提出自己的主张，争取上级的理解和支持。如果是就某项工作进行汇报，下级要在明确上级意图的基础上，确定汇报主题，把握汇报重点，组织汇报材料，合理安排汇报内容的顺序与层次。对汇报中可能出现的情况、上级可能提出的问题，下级要做到心中有数，绝不能仓促上阵。

实　例

哪种请示和汇报方式更好

下面哪种请示和汇报方式更好？

"领导，我感觉最近员工的士气总是不高，您能不能给我些建议？"

"领导，我感觉最近员工的士气不高，业绩也受到了影响。这两天，我跟大家沟通了一下，感觉主要是临近春节，很多客户都忙着拜年和要账，没有精力跟我们谈广告业务，而我们的业务员也都想着回家过年，所以整个团队士气不高。我感觉春节前这段时间还是很宝贵的，我们必须提高团队的士气，我有两个方案，想请您看看。一是我们在团队内部开展竞赛，业绩排名前6的，公司帮助购买回家的火车票；二是开展激励活动，对表现良好的，公司准备一个春节大礼包。这两个方案，花费都不会超过6000元，而增加的收入可能是60万元，您看选择哪个方案比较好？"

启示：上级只做"选择题"而不做"问答题"。对于下级而言，把"问答题"抛给上级是不明智的做法，甚至会导致上级做出错误的判断或决定。所以在请示上级和向上级汇报时，下级一定要掌握请示和汇报的技巧。

其次，下级在进行具体工作汇报时，有必要做好相关数据资料的收集，这样既可确保个人阐述时有理有据、科学严谨，还可保障上级决策的务实性、高效性。下级要确保自己所用的数据与材料都源于客观实际，一定要用事实说话，千万不能仅凭自己的感觉，说"我想""我认为"之类的话，这些话都很主观，没有说服力。下级在列举事实、数据时一定要准确无误，尽量避免使用"大概""估计""可能"之类的模糊词语。

最后，针对上级对事务、问题的关注焦点，下级要有侧重性地进行必要的创新性尝试，借由行动结果增强自己观点的合理性、科学性和新颖性，以严谨、务实的态度赢得上级的认可与信任。

3. 选择时机

除了紧急事件需及时请示、汇报外，下级还应注意选择以下时机：当本人分管领导或上级交办的工作告一段落时；工作中遇到较大困难，想求得上级帮助支持时；上级决策需要某方面的信息时；上级主动询问有关情况时；上级有空余时间时；等等。

请示、汇报不仅要注意时机，还要注意场合，可以通过会议形式正式汇报的，尽量不要不分场合地临时汇报；当上级公务繁忙或工作中出现困难而心情烦躁时，一般不宜贸然开口汇报。下级应选择上级乐意听取汇报的时机进行汇报，以取得预期的效果。

4. 因人而异

在请示和汇报时，下级应采取不同的方式，以适应不同上级的风格特点。例如，面对严谨细致的上级，下级要解释得详细点，最好列举必要的事例和数据；面对干练果断的上级，下级要注意言简意赅，提纲挈领；面对务实沉稳的上级，下级要注意语言朴实，少加修饰；面对活泼开朗的上级，下级的用语可以轻松幽默一些。总之，下级要针对上级的个性和特点，有针对性地做好请示和汇报。

5. 遵守礼仪

一是准时赴约。下级要按照事先约定的时间到达。过早到达或迟迟不到，都是严重失礼的行为。二是举止得体。下级要做到站有站相，坐有坐相，文雅大方，彬彬有礼。三是控制好时间。一般情况下，上级总是想先了解事情的结果，所以下级在汇报工作时要先说结果，再谈过程和程序。这样，汇报工作时就能做到简明扼要，有效节省时间。四是注意场合。下级切忌在路上、餐桌上、家里汇报工作，更不能在公开场合用耳语的方式向上级汇报工作。

6. 积极反馈

下级与上级沟通时，应对上级的言语做出积极有效的反馈。一要专注地聆听。下级不仅要听懂上级所说的全部信息，在倾听时还应该非常专注。在聆听过程中，下级要眼耳并用，眼睛应注视着上级，除非不得已，千万不要随意打断上级的谈话。二要以反应知会。下级聆听的状态要让上级察觉到，不能给上级造成下级已经进入神游状态的错觉。此外，下级还可以适当地与上级进行目光接触，这也是自信的体现；在上级谈话的精彩处，下级还可以心领神会地点头、微笑，时不时地在本子上写上上级的讲话内容等，这些都是比较好的让上级知道自己在认真聆听的方式。三要适时询问互动，即在恰当的时机向上级提问，通过双方一问一答的方式，促进双方的深入沟通。当然，这主要适用于下级单独和上级沟通或在场人数较少的情况。四要时刻注意观察上级的情绪变化。下级在沟通中要做到察言观色，每时每刻都要留意上级的非语言信息，如表情、动作、语气语调、姿态的变化等，以此推测上级的心理状态。如果感觉到上级的注意力已经转移，下级就应该适时结束谈话。

5.3　与下级的沟通

下行沟通是实现上情下达的有效途径，下行沟通可以将上级的意见、建议、想法等让下级知晓并理解，从而使其能依照组织的规划设计开展有序且有效的工作，最终实现组织愿景。但是，由于上、下级自身等级观念的存在，上级和下级的地位是不对等的。下行沟通中，上级往往处于强势沟通地位，具有主动性、操纵性；下级则多半处于弱势沟通地位，具有被动性、从属性。破解下行沟通障碍、掌握下行沟通技巧，是上级必须重视的功课。

5.3.1　与下级沟通的障碍

1. 位差效应

与下级沟通的最大障碍来自"位差效应"。"位差"主要指权力地位等方面的差距，"位差"可以使高端的信息流向低端，而低端的信息却难以流向高端，正如正常情况下水不会从低处流向高处一样。因此，上级在下级面前会有优越感，从而没有耐心认真地倾听下级的心声、意见或建议，上、下级的对话就变成了单向沟通。

我们常常看到有些上级会有这样的表现：下级汇报工作时，上级还没听完就认为明白了他的想法，便打断下级的话，滔滔不绝地发表自己的观点，然后以某些指令结束谈话；当下级提建议时，上级觉得他的建议很幼稚而一笑了之；当下级的工作出了问题时，上级并没有耐心帮他分析；当下级向上级咨询时，上级觉得制度、任务都很清楚，下级理解能力差；等等。这样的沟通，显然不能赢得下级的信任，更无法调动下级工作的积极性和主观能动性。

因此，上级与下级沟通的关键是要用心，用平等的态度去倾听他们的呼声，尊重他们的想法，让他们参与决策，求同存异，从而达成共识，实现下级真正与上级交心。

2. 沟通漏斗效应

沟通漏斗效应描述的是沟通效率逐步下降、沟通信息逐渐衰减的现象。大量调查发现，一个人心里想的是100%，但嘴上说的仅有80%，而对方可能只接收到了60%的信息，真正领会的只有40%，每个环节都会有20%的信息被漏掉，这样经过几个层级的传递，能被最终接收者领悟且能使其付诸行动的信息量较最初的信息量会少之又少，该信息传递过程整体看上去和漏斗比较类似，因而被称为漏斗效应或沟通漏斗效应，如图5-1所示。沟通漏斗效应在下行沟通特别是多层级的下行沟通中非常普遍。毕竟，每个人都是基于一定的知识水平、认知能力来理解与看待问题的。上级会根据下级的知识背景、文化水平等进行沟通，如果上级认为下级已经完全知晓了某一知识，那么他就会对其少讲甚至不讲，但下级可能对此一无所知；下级又会根据自己的经历、偏好、习惯等而只关注上级谈话中的部分内容，即进行选择性认知。在这一过程中，原本的一些关键性信息就会不知不觉地被逐级漏掉。

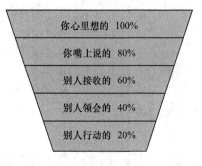

图5-1　沟通漏斗效应

3. 个人偏见

在与下级进行沟通交流时，上级对下级的个人偏见会对沟通效果产生非常不利的影响。个人偏见在沟通中有多种表现。其一，刻板印象。在下行沟通中，一旦上级对某位下级产生不好的印象，就会将这种坏印象推及这位下级所在的部门或与其关系比较密切的其他下级，在与这部分人进行沟通时，上级就会缺乏应有的态度与耐心，实际上是将这部分下级边缘化了。其二，对比效应。人们总是在进行着各种比较，且这些比较受到近期遇到的人的影响。基于比较的结果，在潜意识中，上级就不可避免地将下级分为亲疏远近等不同类别。此外，以点带面、以偏概全的晕轮效应，以及以己度人的投射效应等不以事实为依据的偏见，也都会使上级戴上"有色眼镜"，这显然会使沟通无法顺利进行，进而阻碍下行沟通效果的达成。

5.3.2　与下级沟通的原则

1. 平等尊重

上级和下级之间仅仅存在职务上的区别，职务的高低意味着责任和权力的大小，但是权力是用来安排工作的，绝非是用来决定人格等级的。上、下级在人格上是平等的。在"位差"难免存在的情况下，职位高的一方要放下架子、平等待人、尊重下级，切不可自高自大、盛气凌人。即使在对话中有不同看法，也要以理服人，而不能自以为是、仗势欺人、以权压人；如果确实是自己错了，要勇于面对、敢于承认、胸怀大度。

总之，上级只有充分尊重下级，只有表现出对下级足够的重视，下级才会乐于并心甘情愿地与上级沟通，否则，下级很难主动与上级沟通，甚至对上级避而远之。

2. 少说多听

这一原则有两层含义。其一，在与下级沟通时，上级应尽可能自己少说，鼓励下级多说。上级应充分了解下级对某一事件的所思所想，汇集下级的意见与建议，从而做出正确的决策；同时，上级应该扮演"出题人"的角色，要多问，让下级成为"答题人"，将更多发言的机会留给下级。另外，术业有专攻，上级更关注战略，下级更擅长技术，在涉及下级的专长时，上级更应该多听而不是随意发表自己的看法，因为言多必失，错误的言论有时比正确的论断带来的影响更广泛、更深远。

其二，上级应少说批评下级之言，多说表扬下级之语。人非圣贤，孰能无过。只要下级所犯的错误在可控范围之内，并且下级能从错误中吸取相应的教训，这就不是一件坏事，上级就不应该紧抓不放甚至恶语攻击，因为下级只是执行者，上级才是决策者，很多错误的产生不是执行有误，而是决策有误，在此种情况下对下级过分批评，不仅不能从根本上解决问题，还会带来其他不良影响。下级有错，批评不可少，但要适度适时适地，做到既能让其认识到错误，又能解决问题。

总之，倾听是有效交流的一种方法，它需要包容、理解、尊重、信任。上级不要无情地打断下级的表达和诉说，不要把自己的看法强加于下级，不要不等下级把话说完就主观臆断。高水平的管理者往往多听少说、先听后说、"三思而后说"。

3. 信任理解

"用人不疑，疑人不用"，上级的信任是对下级最有力的支持。上级要相信下级对事业的忠诚度，不要束缚他们的手脚，要让他们创造性地开展工作；要相信下级的工作能力，给他们充分的权力，使他们遇事不推诿、大胆工作、勇于负责；要理解下级，当他们在工作中遇到困难，甚至走弯路时，上级要帮助他们克服困难、总结经验，鼓励他们继续前进；在管理中要尊重和关心下级，以下级为本，多点"人情味"，尽力帮助下级解决在工作和生活中的实际困难。例如，当下级情绪低落时，上级要设身处地地理解下级的感受；当下级抱怨时，上级要仔细调查了解原因等。好的上级须做到能让下级真正感觉到温暖，从而激发其工作积极性。

4. 集思广益

在与下级沟通中，如果上级提出的意见或表达的观点遭到了下级的质疑，出现了异议，这时候上级一定不要感到有失尊严，有异议其实是一件好事，一是上级需要有广阔的思维，但"金无足赤，人无完人"，下级的观点也不可能时时处处都正确，下级对一些信息不懂、不知、不会也是合情合理的；二是下级表现出质疑，实质上也表明他们对这一问题感兴趣，他们想从上级那里获得更多的信息；三是下级有异议在一定程度上也说明下级对这一问题已经进行了深入的思考，这正是让下级充分建言献策的大好时机。对于这样的情形，上级一定要沉着冷静，让有异议的下级充分表达自己的意见，但是暂时不要评价，因为上级的评价很可能会对其他下级的思考产生干扰。同时，上级也应鼓励暂时没有异议的下级勇于表达自己的看法，因为暂时不说并不代表其没有想法，他们可能只是不愿或不敢表达而已。

需要注意的是，上级要具有善于思考的品质以及独立决断的能力，对于下级的异议，在集思广益的基础上做好甄别与判断，防止人云亦云。另外，如果出现毫无异议、全部赞成的情况，上级一定要自我反思，是自己真的很英明，还是自己的"一言堂""话语霸权"行为限制和阻碍了下级的沟通意愿。

5. 多鼓励、少批评

"多鼓励、少批评"原则实际上是对前文所讲的皮格马利翁效应的应用。上级对下级的良好表现及时给予表扬，会向下级传递一种积极的信号——你表现得很优秀——让下级增强对自己的信心，自动自发地达成更佳的表现。上级对下级要以表扬为主，批评为辅，这样才有可能打造出强大的号召力、向心力、凝聚力，取得"上下同心，其利断金"的效果。

5.3.3　与下级沟通的技巧

1. 下达指令的技巧

上级下达指令时一定要明确指令的内容和意图，把握"5W2H1L"原则，即 Who（执行者）、What（做什么）、When（时间）、Where（地点）、Why（意义和重要性）、How（怎么做）、How much（工作量）、Love（好态度）。

例如，某上级将一项任务安排给下级，指令如下："小赵，请你整理出 11 月份的质量月报，在明天下班前将其以邮件的形式发给李总，注意质量数据的准确性，这是李总在即将召开的 11 月份质量例会中要用的资料。"

这个指令的下达就体现了"5W2H1L"原则：Who（执行者）——小赵；What（做什么）——整理质量月报；How（怎么做）——注意数据准确；When（时间）——明天下班前；Where（地点）——李总邮箱；How much（工作量）——11 月份的质量月报；Why（为什么）——质量例会要用的资料；Love（好态度）——"请你"。

需要强调的是，上级布置工作任务要及时准确。许多上级错误地认为，在工作过程中，只要自己提出要求或者发出指令，下级就能够准确理解。因此，他们很少仔细考虑怎样才能准确地传递信息。所以，往往从一开始，下级对上级提出的要求或者发出的指令在理解上就有偏差，下级与上级之间对结果界定的标准不一致，必然会导致下级工作做得很辛苦，却没有准确地完成工作任务。有效的沟通是指令的发出者和接收者对信息的理解程度完全一致。因此，上级在给下级布置一项任务后，要确认下级对任务已充分理解，以免出现理解偏差，从而保证下级可以准确地完成工作任务。

2. 表扬的技巧

一般来说，员工都乐意接受领导和同事们的表扬。恰如其分、恰到好处的表扬，能充分激发员工的工作热情。那么，表扬的技巧有哪些呢？

（1）情真意切

虽然人人都喜欢接受表扬，但并非任何表扬都能使对方高兴。能引起对方好感的只能是那些基于事实、发自内心的表扬。相反，你若无根无据、虚情假意地表扬别人，他不仅会感到莫名其妙，更会觉得你油嘴滑舌、浮夸虚伪。例如，当你见到一位其貌不扬的女士时，却偏要对她说："你真是美极了。"对方立刻就会认定你所说的是虚伪的违心之言。但如果你着眼于她的服饰、谈吐、举止，发现她这些方面的出众之处并真诚地表扬，她一定会高兴地接受你的赞美。真诚的表扬不但会使被表扬者产生心理上的愉悦，还可以使你经常发现别人的优点，从而对人生持有乐观、欣赏的态度。

（2）翔实具体

在日常工作生活中，人们取得非常显著的成绩的时候并不多见。因此，在人际交往中，你应从具体的事件入手，善于发现别人哪怕是最微小的长处，并不失时机地予以表扬。表扬用语越翔实具体，就说明你对对方越了解，对他的长处和成绩越看重。让对方感到你的真挚、亲切和可信，你们之间的人际距离就会越来越近。如果你只是含糊其词地表扬对方，说一些"你工作得非常出色"或者"你是一位能干的员工"等空泛飘浮的话语，可能会引起对方的猜度，甚至产生不必要的误解和信任危机。

（3）合乎时宜

表扬的效果在于相机行事、适可而止。当别人计划做一件有意义的事时，开头的赞扬能激励他下决心做出成绩，中间的赞扬有益于对方再接再厉，结尾的赞扬则可以肯定其成绩，指出他进一步的努力方向，从而达到"赞扬一个，激励一批"的效果。

特别要注意表扬的及时性。一旦发现了员工的闪光点，上级就要趁热打铁，及时给予表扬。不要等到下级的进取心冷了，上进心耗尽了，再去表扬，这样作用就不明显了。

（4）雪中送炭

俗话说："患难见真情。"最需要表扬的不是那些早已功成名就的人，而是那些因被埋没而产生自卑感或身处逆境的人。他们平时很难受到表扬，一旦被人当众真诚地表扬，便有可能振作精神，大展宏图。因此，最有实效的表扬不是"锦上添花"，而是"雪中送炭"。

（5）因人而异

人的素质有高低之分，年龄有长幼之别，有特点的表扬比一般化的表扬能取得更好的效果。老年人总希望别人不忘记他"当年"的业绩与雄风，同其交谈时，你可多称赞他引以为豪的过去；对年轻人，你不妨语气稍微夸张地赞扬他的创造才能和开拓精神，并举出几点实例证明他的确能够前程似锦；对于经商的人，你可称赞他头脑灵活、生财有道；对于有地位的干部，你可称赞他为国为民、廉洁清正；对于知识分子，你可称赞他知识渊博、宁静淡泊……当然，这一切要依据事实，切不可虚夸。

3.批评的技巧

当下级工作出问题时，上级难免要给予批评，但批评别人是一门学问。不讲方法的批评不仅不起作用，甚至会起反作用。把批评当成解决问题、谋求进步的阶梯，才能进而寻求恰当有效的批评方法。那么该如何委婉、不得罪人地批评别人呢？下面总结了几个技巧。

（1）注意场合

一般情况下，尽量不要在人多的地方或者公共场合批评自己的下级或者同事，这样的做法很容易伤到对方的自尊心，引起对方的反感，让对方下不了台阶，那样会让对方觉得很丢脸，不仅起不到教育的作用，还可能激起他的逆反心理。上级还是尽量应私下单独与下级进行沟通，不要让对方太过难堪。一方面是给对方面子，另一方面是不容易被记恨。

当然，如果下级犯了较严重的错误，或者错误行为具有一定的典型性，上级为了警醒他人、达到以做效尤的目的，也可以采取当众批评的方式。但事前要有充分调查，事后还应有单独沟通。

（2）语言诚恳

不可借批评来发泄情绪，批评要具体，简明扼要地指出问题就可以了，你的委婉给对方保留了面子，也会促进对方积极地改正问题。你应尽可能具体地提出问题环节，避免下级过于模糊地理解问题，让对方清晰地知道自己在哪里做错了、原因是什么，有助于下次的改正。不要以过于情绪化的方式处理事情。注意在批评下级时不要说有侮辱意味的话，如"这么没用"等。

（3）对事不对人

批评要就事论事，把关注点放在事情上，强调如何改进。你可以先肯定他做得好的地方或对他的做法表示理解，再进行批评。批评的时候，要注意避免从批评对方的过失变成批评对方的人格，进而变成人身攻击。正确的做法是批评错误的行为，而不是批评对方这个人。

（4）不要抓着缺点不放

批评的目的是要给出建设性的意见，不要抓着对方的缺点不放。给出正确的引导，让下级不要再犯同样的错误，促进对方把事情做得更好。进行批评教育的时间不宜过长，过长难免啰嗦重复，切忌反复唠叨地批评，重复次数越多，批评效果就越差，就越容易引起对方的逆反心理。

（5）批评要及时

奖励要及时，批评亦然。因为很多时候，对于日常的小错误，只有在第一时间进行批评才有效果，过了这个时间点，再提起来显得小题大做，更容易引起被批评者的心理不适感。

（6）给予建设性反馈

上级在对下级批评时，可以通过建设性反馈的"五步法"来展开，即表达你的积极意图—描述你所观察到的不良情况—说明不良情况的恶劣影响—征求对方的答复，并倾听——起讨论解决方法，具体内容参看本书第3章。

5.4　与同事的沟通

平行沟通是指同层级的管理者或员工进行的部门内或跨部门的沟通，也就是发生在平级的同事之间的沟通。与同事沟通时，由于彼此的权力等级是一样的，谁都不能拿谁怎样，因此经常会僵持不下，难以正常沟通。但平行沟通很重要，很多工作需要各个部门之间、同事之间进行有效的合作。因此，我们必须了解平级沟通的障碍并掌握平级沟通的原则和技巧。

5.4.1　与同事沟通的障碍

1. 存在着目标和利益冲突

单位内部分工的不同会导致部门间、同事间的目标不一致。例如，财务部门看重成本控制，营销部门看重销售数据，生产部门看重生产计划的完成情况，各部门的目标可能相互矛盾。再如，一个项目总的完成时间确定了，而单位如何在各相关部门之间分配任务可能会产生冲突。同时，业绩考核系统也是造成部门本位主义和各部门相互竞争、相互猜忌、相互保密，甚至相互敌对的主要原因。

2. 缺乏对彼此工作难度的了解

很多人都过高地看重自己和自己部门的价值，而忽视其他同事和其他部门的价值。不能公正地看待其他同事和其他部门工作的价值，总把他人当作自己的配角，一出现问题，马上就把责任推给与自己不相关的同事或部门，很少设身处地地站在其他同事或部门的角度去思考问题，理解他们的难处。例如，销售部门为满足客户需求，答应提前交货，可是他们不了解生产部门的流程，交货在客观上需要一定的时间。

3. 同事之间性格有差异

一般来说，从事的工作和岗位不同，从业人员的性格会有些差异。例如，研发部门的人员比较理性，销售部门的人员比较灵活，财务部门的人员比较谨慎，同一部门内部不同岗位的员工也会存在一定的性格差异，这种性格差异会给沟通带来一定的障碍。

5.4.2　与同事沟通的原则

1. 职责分明，流程清晰

如果职责不清，部门、同事之间就会很自然地出现扯皮、推诿现象，甚至会出现"谁都管、谁都不管"和"谁都干、谁都不干"的奇怪现象，这不仅会影响工作，也会影响部门之间和同事之间的人际关系。所以，组织内部一定要分工明确、责任到人，使流程有章可循、责权利对等，员工做任何工作都要按照管理体系的要求，保存好工作过程的各种记录，让工作有可追溯性。

2. 大局为重，协作双赢

无可讳言，各部门间、同事间一定同时存在合作与竞争的关系。部门间、同事间若想进行建设性的沟通，一定要强调合作，淡化竞争。合作的关键在于拥有大局观念，强调共同目标。大局观念就是在工作中不仅做好自己的分内工作，还要努力使全局工作协调一致。不能只顾自己、只认职责，动不动就说："这个是某某负责的，不归我管。"而要主动配合，不推诿，在自己与他人就分管的工作发生矛盾时要先人后己，主动礼让，把方便让给别人，把困难留给自己，如此先敬人一尺，别人方可敬你一丈。团队合作的时候，相互拆台，嫉贤妒能，易事难为；而互相弥补不足，积极配合，难事可成。

3. 宽以待人，严于律己

有过错先找自己的问题。有一句话叫"一个巴掌拍不响"，任何错误都不是一个人的错，在与他人发生矛盾、冲突时，我们应首先找自己的问题。当部门之间出现沟通不畅的时候，先找找自己部门的问题，切忌出现问题就开始推诿责任，说"要不是你们部门……客人怎么会跑单？""要不是……这件事情怎么会失败？"这种话。

同级部门讲究合作，沟通时语气不能太强硬，应该用商量的语气说话。例如，"您看我们部门需要怎么配合你们部门的工作呢？""我的报表明天中午交来，会不会给你们的工作带来什么不便？"

4. 真诚待人，联络感情

你面对的是必须长期共事的同事，凡事应以诚实为上策，这样才能增强合作意愿，共同解决问题。平行沟通最忌欺骗、隐瞒事实，信任关系一旦破坏，将导致无法长期合作。频繁的互动有助于提高彼此的熟识度，让你更容易设身处地思考问题。因此，你可以时不时地跟本部门或其他部门的同事吃吃饭、聊聊天，以增进了解。

5.4.3　与同事沟通的技巧

1. 学会互谅互让

工作中，平级的部门或同事之间难免有权责交叉、分工不明的地方，如果只靠上级的指令推动沟通，效率是非常低下的。此时，平行沟通的双方具备互谅互让的沟通态度尤为重要。

第一，要注重平时合作关系、联络关系的积累。我们应主动开展平行沟通，不要消极被动地等到必须沟通的那一刻才开始沟通。在沟通过程中，保持谦让的态度，对待其他部门或同事的业绩提升，保持平常心，不嫉妒。对于其他部门或同事的工作多采取换位思考的方式，体谅他人，运用同理心，站在对方的角度考虑解决问题的方法。

第二，要关心、帮助、支持对方的工作。树立团结协作的团队精神和理念，关心其他部门和其他同事的需求，当他们遇到困难时，要想方设法地为他们排忧解难，竭尽全力地为他们提供支持和帮助。只有这样，当自身陷入困境的时候，才会得到其他部门和同事的支援和帮助。

2. 懂得相互欣赏

根据马斯洛的需要层次理论，个人都有追求被人尊重、被群体和社会承认的较高层次的心理需要。每个同事都有得到赞许的欲望，都希望自己的职业和工作受到别人的重视，得到恰如其分的评价和鼓励。懂得这些，我们就会在与同事长期共事的过程中，善于发现同事的优点、长处及工作中取得的成绩和进步，并给予其及时的肯定和赞美。欣赏是人际关系的润滑剂。一句由衷的赞美，既可以表达对同事的尊重，又会赢得对方的好感，进而使彼此之间的关系变得融洽。即使对同事有不同的意见，我们也应该采取委婉的方式，用建议代替直言，用提问代替批评。

拓展视频

同事相处：欣赏、赞美

3. 主动交流沟通

人际关系是在互动中建立和发生变化的。要加深人际关系，注重彼此的交往是前提。因此，在紧张的工作之余，我们不妨主动找同事谈谈心、聊聊天或请教一些问题等，以便加深彼此的印象、增进彼此的了解。我们在主动沟通中应把握以下几点：一是选择合适的时间、场合及易引起对方兴趣的话题；二是保持诚恳、谦虚的态度；三是善于体察对方的心理变化，因势利导，随机应变；四是多联络感情。比如，同事过生日时可以送个小礼物，同事生病时可以打电话问候或是到医院去看望一下，以表达你对同事的关怀之情。

4. 积极面对竞争

合作与竞争是同事关系中不可分割的两个方面，合作中包含竞争，竞争中又包含着合作，合作推动竞争，竞争有助于达成更好的合作。只讲合作而不讲竞争，最终将削弱自己的竞争力。作为单位的职工，任何人都不会心甘情愿在初级岗位上工作一辈子，都期望获得赏识、重用和晋升的机会。由于追求工作成绩、赢得上级的好感以及其他种种利害冲突，同事间天然地存在着一种竞争关系。对此，我们一方面应该自觉树立竞争意识，对同事既要热诚合作，又要敢于竞争；另一方面要用健康的态度和积极的方式去对待竞争。搬弄是非、诋毁诽谤、贬低别人抬高自己，这些方式有可能取得一时的效果，但从长远看绝对是损人不利己的。

5. 保持适当距离

"过密则狎，过疏则间。"同事之间保持适当距离，对人处事才可能客观、公正。每个人都有自己的私人空间，打理好职场人际关系并不等于同事之间无话不谈、亲密无间。有时同事之间摩擦不断、矛盾重重，恰恰是因为双方交往太过密切、随意，一方在不经意间侵犯了另一方的隐私。所以，当自己的个人生活出现危机时，我们不要在办公室随意倾诉；要尊重同事的权利和隐私，不打探同事的秘密，不私自翻阅同事的文件、信件，不查看对方的电脑；对同事不过多地品头论足，更不要在他人背后搬弄是非。另外，我们也不要因为趣味相投而建立小圈子，以个人的好恶划界限，在单位里面拉帮结派、排斥异己，那样会破坏同事间团结合作的关系，导致与个别同事的关系紧张。其他同事会对这种人敬而远之，单位领导也会对这种人十分痛恨，这种人最后也会被大家孤立。

拓展视频 职场新人：对待同事应该像对待朋友一样吗？

拓展视频 公司内拉帮结派现象严重，新人该怎么办？

拓展视频 与上级、同事相处的忌讳

实 例

焦先生的后悔之事

焦先生刚刚调入某局一个月，一个月来由于他处处小心做事，每每笑脸相迎，所以同事们对他的态度也颇为友善，竟不曾遇到他所担心的任何麻烦。一天，全科室的人决定一块儿去餐厅聚餐以度周末，也邀请了焦先生。席间大家有说有笑，无所不谈，其中有一名同事与焦先生最谈得来，几乎把局里的种种问题，以及局里每位同事的性格、缺点都尽诉无遗。焦先生一时受宠若惊，加之对局里的人事一无所知，很珍惜这样一位"知无不言，言无不尽"的同事，彼此显得相当投缘，于是开始放松自己的警惕，便将一个月来看到的不顺眼、不服气的人和事通通向这位同事倾诉而后快，甚至还批评了科里一两位同事的不是之处，借以发泄心中的闷气。

不料这位同事是个"翻云覆雨"之人，不出几日便将这些"恶言"转达给了其他同事，这令焦先生狼狈至极，几乎在局里没了立足之地。这时焦先生才如梦初醒，悔不该一时冲动没管好自己的嘴巴，忘记了"来说是非者，必是是非人"这样一个浅显的道理。

这个案例给人的启示是初到新环境，你必须学会与同事保持一定距离，凡事中道而行，适可而止。在大家面前不要轻易显露言行，学习做个静听者，"人不犯我，我不犯人"，公平对待每一位同事，避免建立任何小圈子，对谣言一笑置之，如此才能尽快适应新环境，打开新局面。

5.5 与客户的沟通

在企业中，与客户沟通最频繁、最深入的员工通常是销售人员或服务人员。为了做到与客户进行有效沟通，销售人员或服务人员需要在服务理念、推销模式、客户心理、谈判技巧等方面接受专门的训练，具备专业的技能。但企业中与客户沟通的人员不仅仅是销售人员或服务人员，企业所有的部门和人员都要面向市场，与客户产生直接或间接的交往。在激烈竞争的市场环境下，企业普遍推行"全员营销"理念，即全体员工以市场和营销部门为核心，研发、生产、财务、行政、物流等各部门统一以市场为中心，以客户为导向开展工作。各部门都要关注和支持企业的营销活动，尽量为客户创造最大的价值，使客户满意度最大化，从而使企业获得强大的市场竞争力，不断向前发展。也就是说，企业中的每一位员工都必须要处理好与客户的关系，掌握与客户沟通的方法和技巧。

本节主要就企业人员在与客户的沟通过程中呈现的一些核心问题，包括与客户沟通的原则、销售谈判的过程和策略、处理客户异议的方法和技巧等问题做简略阐述。

5.5.1　与客户沟通的原则

企业人员与客户交往和沟通时应遵循以下几个基本原则。

1. 以客为尊

企业作为服务方，要做到永远把对客户的尊重放在第一位。"客户优先"生动形象地体现了客户至上的服务原则。之所以要优先考虑客户，是因为客户是企业的生存之本、发展之源。也就是说，客户是企业的衣食父母，没有客户的支持，一切都将无从谈起。因此，只有为客户提供令人满意的服务，企业才有生存和发展的机会；也只有把最好的服务提供给客户，企业才能回报客户的眷顾。

由于客户的满意是至高无上的，因此，企业人员在服务过程中应充分尊重客户要求得到最好的服务的权利，尽最大的努力为客户提供最便利、最可靠、最优质的服务，始终把让客户满意作为工作原则。服务工作的好坏由客户说了算，客户对服务工作的评价有最终发言权。只有让客户感到满意的服务才是真正优质的服务。为此，企业人员应时刻准备着接受客户的挑剔，真诚地接受客户的意见，并把客户的意见作为改善服务的动力，对于客户的批评、指责绝不争辩。商界有一句名言："客户总是对的。"因为在服务工作中并不存在是非对错的问题，而只存在客户是否得到了满意的服务的问题。

客户是上帝并不意味着我们是奴仆。因为在现实生活中，我们每个人都是客户，因而从这个角度讲，我们也是上帝。客户是上帝也并不意味企业人员只有付出和牺牲。因为人的情感总是相互的。当你给予客户关心、理解和尊重时，往往也赢得了客户的关心、理解和尊重。"敬人者，人恒敬之；爱人者，人恒爱之。"如果你能让客户觉得你是一个和蔼可亲的、富于人情味的人，你将发现越来越多的客户也都是一些和蔼可亲的、富于人情味的人。

2. 满足客户需求

企业人员与客户沟通的实质是满足客户需求。市场经济是消费者主权经济，生产者、经营者的商业活动能否成功，关键取决于其提供的产品是否符合消费者的需求。市场营销的基本原理告诉我们，一切商业活动必须以更好地满足客户的需求为出发点，在满足客户需求的前提下，企业才能获取经营活动的合理利润。从根本上讲，企业销售的不是产品，而是产品的使用价值和使客户需求得到满足的服务。

满足客户需求，还要考虑客户需求的现实性，即客户是否急需产品，是否有能力购买它。所以企业人员在开展销售活动时，应该做到以

拓展视频

4个商贩的推销之道

人际关系与沟通（视频指导版）

下 3 点。

（1）寻找对产品的使用价值有急切需求的客户，并由此确定销售目标和计划。产品的使用价值是促使客户购买的首要因素，寻找有急切需求的客户是企业人员的重要任务。

（2）通过销售，满足客户的潜在需求。已经存在并已被客户认识的需求是销售机会，但还没有被客户认识的潜在需求更是销售的契机，因此企业人员要具有前瞻性。企业人员要善于发现客户的潜在需求，通过说服、刺激与引导，促成客户购买。

（3）尊重客户的意愿，不进行强制推销。销售活动要遵循现代营销的客户导向和市场导向原则，充分尊重客户的意愿，反对违背客户意愿的强制推销。强制推销是使客户感觉到某种压力而不得不接受推销的销售行为。强制推销的结果是使客户感到不悦或反感，影响客户满意度和客户忠诚度，不利于企业的持续发展，属于销售的"短期行为"，因为客户是聪明的、理智的。企业人员必须学会理解人的本性，学会尊重客户，设身处地为客户着想，照顾和体谅客户的感受，打理好与客户的人际关系，这对成功推销有非常大的帮助。

3. 树立企业形象

企业形象直接影响客户的购买行为。良好的企业形象可以使客户对企业的产品产生信心，有助于企业产品的顺利销售，并使客户成为企业产品的长期消费者。要想使企业在客户心中树立良好的形象，就必须使客户对企业有所了解。客户有多种渠道了解企业，但通过销售人员来了解企业是最直观的。为此，销售人员在向客户进行推销的同时，一定要注意在客户面前树立企业形象。

首先，销售人员要注重自己的个人形象。在客户面前，销售人员代表着企业，他给客户留下的第一印象代表着企业给客户留下的第一印象。如果销售人员留给客户的是一个良好的印象，不但能在销售过程中起很大的促进作用，能引起客户的注意，使客户感到愉悦和好感，愿意与之成交，而且有助于企业形象的树立。相反，如果销售人员缺乏礼仪，穿着粗俗不堪，或外表不整洁，客户很难对其产生信任，甚至会产生厌烦心理，这种心理也会波及企业，客户可能会对企业的用人机制及日常管理产生怀疑，进而对企业及其产品失去兴趣。

~~**拓展阅读**~~

推销产品之前首先要推销自己

"推销产品之前首先要推销自己"，这是很多销售行家的经验。很多时候，产品显得并不重要，销售人员才是至关重要的。因为人们往往首先接受销售人员，然后才会接受其推销的产品。推销者一旦与客户建立信任关系，成功推销产品就不是问题。推销自己，就是销售人员通过自身的个人形象和努力使自己被别人肯定、尊重、信任、接受的过程。

销售人员在拜访客户前，要十分注意自己的个人形象：外表一定要整洁，如头发保持干净，胡须修理得当，穿着得体，符合自己的身份特点，不能太个性化，使别人难以接近。此外，言行举止要体现出良好的个人修养，一旦让客户认为你是一个没有修养的销售人员，也就预示着推销的失败，更谈不上树立企业形象了。

其次，要有诚实的工作态度。诚实是为人的准则，也是销售人员获得客户认同并与之保持长期关系的前提，诚实守信也是优秀企业所具有的企业文化的精髓，销售人员如果在推销过程中，如实讲述产品的特点，不隐藏产品的缺点，不夸大其词，不追求短期效益，则更能为客户所接受。

最后，要为客户提供满意的服务，满足客户需求。让客户满意是现代企业的经营宗旨，销售人员如果按企业宗旨办事，在推销过程中，为客户提供让其满意的服务，既能维系长期的客户关系，又能在无形中树立了良好的企业形象。

4. 坚持诚实守信

诚信属于道德范畴，包括诚实和守信，主要体现在两个方面：一是实事求是，销售货真价实的产品，不夸大，不欺骗；二是信守承诺，提供客户急需的服务，不反悔，不敷衍。可以说，在现代销售活动中，诚信居于举足轻重的地位，双方是否有信用，是否诚实可靠，是决定销售成功与否的基础，而销售货真价实的产品是诚信销售的根本。诚信销售既是销售人员的素质与道德要求，也是职业规范的要求。

诚信的意义在于不欺诈，中国商业文化倡导的"生意不成仁义在"，正是诚信经营的写照。诚信经营往往会使人吃一些眼前亏，不诚信的商业行为往往会使人获得一些眼前的好处，因此就有一些道德水平低下的人通过投机获取短期利益。但从长远来讲，不道德的行为总会在客户面前败露而带来严重后果，其主体最终会受到市场的惩罚。其实，诚信是企业的一种美德，企业只有诚信经营才能赢得客户的信任，有效降低交易成本，从而有效留住老客户和吸引新客户，提高客户忠诚度。建立在诚信经营基础之上的企业声誉是一种稀缺资源，是企业重要的无形资产，是企业长久经营的原动力。

5. 追求互利共赢

与客户沟通的终极目标是实现互利共赢。互利共赢目标是指在销售过程中，企业人员要以交易能为双方都带来较大的利益或者能够为双方都减少损失为出发点，不能从事损害一方或给一方带来损失的销售活动。成功的销售应该能够照顾到双方的利益，任何有损于其中一方利益的销售行为都是不会长久的。企业人员在销售活动中要设法满足自己和客户双方所追求的目标，实现共赢，这是培养忠诚客户的要求，是客户重复购买的基础，也是取得客户良好口碑的条件。

追求互利共赢的关键在于要认识到客户的核心利益，找到双方利益的均衡点。这要求企业人员在商务谈判和销售之前，认真分析交易活动的结果能够给客户带来的各种利益，注意识别客户的核心利益，并与客户加强沟通。因为不同产品带给客户的利益会有差异，企业人员要在准确判断产品给客户带来的利益的基础上找到双方利益的均衡点，开展互利共赢的销售活动。

5.5.2 销售谈判的过程和策略

1. 销售谈判的一般过程

企业人员与客户沟通的正式形式主要体现在销售谈判活动上。由于销售谈判所涉及的范围十分广泛，它不会仅有一套固定不变的模式，但一切较为正式的销售谈判总有一个特定的过程，如图5-2所示。了解和熟悉销售谈判的一般过程是恰当地使用谈判策略和技巧的前提和基础。一般来说，销售谈判的过程可以划分为准备阶段、开局阶段、报价阶段、磋商阶段、成交阶段5个基本阶段。

图5-2 销售谈判的一般过程

（1）准备阶段

谈判的准备阶段是指谈判正式开始以前的阶段，其主要任务是进行环境调查、搜集相关情报、选择谈判对象、制订谈判方案与计划、组建谈判团队、做好谈判的物质条件准备、根据需要进行模拟谈判等。良好的谈判准备有助于增强谈判人员的信心和实力，为谈判的进行和成功创造良好的条件。

（2）开局阶段

谈判的开局阶段又称非实质性谈判阶段，是指从谈判人员见面到进入具体交易内容的磋商之前，相互介绍、寒暄以及就一些非实质性的问题进行讨论的阶段，是谈判的前奏和铺垫。它包括开局导入阶段、商议谈判议程、双方开场陈述。

开局导入阶段是指从步入会场到寒暄结束的阶段，主要是为了营造谈判气氛；商议谈判议程包括介绍人员、陈述谈判目标、讨论的议题和顺序、日程安排等；双方开场陈述是指双方就本次洽谈的内容、各自的立场及建议进行分别陈述，也是双方进行摸底的阶段。在此过程中，双方通过互相摸底，也在不断地调整自己的谈判期望与策略。

虽然谈判的开局阶段不长，但它在整个谈判过程中起着非常关键的作用。它为谈判奠定了整体的氛围和格局，影响和制约着此后的谈判。因为这是谈判双方的首次正式亮相和谈判实力的首次较量，直接关系到谈判的主动权。开局阶段的主要任务是建立良好的第一印象、创造合适的谈判气氛、谋求有利的谈判地位等。

（3）报价阶段

报价就是双方各自提出自己的交易条件，是各自立场和利益要求的具体体现。因此，报价是整个谈判过程中必不可少的核心环节，事关谈判双方的切身利益。报价分为狭义报价和广义报价。狭义报价是指一方向另一方提出己方的具体价格；广义报价是指一方向另一方提出具体的交易条件，包括商品的数量、价格、包装、支付方式、保险、装运、检验、索赔、仲裁等内容。报价既要考虑对己方最为有利，又要考虑谈判成功的可能性，因此，在报价时，双方通常会把谈判目标分为3个层次，即最低限度目标、可接受目标和最优期望目标。报价的目的是双方了解对方的具体立场和条件，了解双方存在的分歧和差距，为磋商阶段做好准备。

（4）磋商阶段

磋商阶段是指一方报价以后至成交之前的阶段，是整个谈判的核心阶段，也是整个谈判过程中最艰难的阶段，还是谈判策略与技巧运用的集中体现，直接决定着谈判的结果。它包括讨价、还价、抗争、异议处理、压力与反压力、僵局处理、让步等诸多活动和任务。

（5）成交阶段

成交阶段是指双方在主要交易条件基本达成一致以后，到协议签订完毕的阶段。成交阶段的开始，并不代表谈判双方的所有问题都已解决，而是指提出成交的时机已经到了。实际上，在这个阶段，双方往往需要对价格及主要交易条件进行最后的谈判和确认，但是此时双方的利益分歧已经不大，可以成交。成交阶段的主要任务是对前期谈判进行总结回顾，进行最后的报价和让步，促使成交，拟定合同条款及对合同进行审核与签订等内容。

2. 谈判中的让步策略

谈判本身是一个讨价还价的过程，也是一个理智取舍的过程。在任何一场销售谈判中，谈判双方都必须做出某些让步，可以说，没有让步，也就没有谈判的成功。从某种意义上讲，让步是作为谈判双方谋求一致的手段而存在的，服从于谈判者追求自身最大利益的需要。让步是难免的，在许多情况下，谈判双方常常要做出多次让步，才能逐步地趋于一致。

谈判中的让步是涉及谈判双方的行为。一方做出某种让步，常常源于对方的要求，迫于其压力，或者是对方给予了某种回报，也就是说，己方让步是对方付出了一定的努力后取得的结果。人们往往很珍惜那些来之不易的成果，而对轻易就可得到的东西则并不看重。因此，某种让步能否取得理想的结果，并不仅仅取决于让步的程度，还取决于己方是怎样做出让步的，或者对方是如何让己方让步的。

一般来说，谈判人员应避免轻易做出让步，更不能做出无谓的让步。在准备做出让步时，谈判人员要充分考虑到每次让步可能产生的影响，准确预见对方可能做出的反应，尽量使对方从中获得较大的满足。只有这样，己方才能坚守每个让步的阵地，并以此为契机，争取取得理想的效果。

3. 迫使对方让步的策略

谈判是一项互惠的合作事业，谈判中的让步也是相互的。但在现实的谈判活动中，谈判双方各有其追求的目标，在许多情况下，谈判双方并不会积极主动地做出退让，双方达成一致是在激烈的讨价还价中逐步达成的。精明的谈判人员往往善于运用诱导或施压等策略迫使对方做出让步，从而为己方争取尽可能多的利益。

（1）红白脸策略

红白脸策略也称软硬兼施策略，就是在谈判人员的角色搭配以及手段的运用上软硬相间，刚柔并济。在某一方的谈判团队中，有的人扮演"强硬者"，坚持本方的原则和条件，向对方进行施压；其他的人则以"调和者"的面孔出现，向对方表示友好或者予以抚慰。这种做法的效果就是，当"强硬者"寻找借口离开谈判现场之后，对方变得更愿意向"调和者"提供更多的材料。从某种意义上讲，这实际上是一种变相的对比效应。通常，这种策略在对付那些初涉谈判场合的对手时作用较大，而谈判老手对此则能应付自如。

（2）制造竞争策略

当谈判双方中的一方存在竞争对手时，另一方完全可以选择其他的合作伙伴而放弃与他的谈判，那么，他的谈判实力就将大大减弱。在销售谈判中，谈判人员应该有意识地制造和保持与对方的竞争局面，在筹划某场谈判时，可以同时邀请几方，分别与之进行洽谈，并在谈判过程中适当透露一些有关竞争对手的情况。在与其中一方最终达成协议之前，不要过早地结束与另外几方的谈判，以使对方始终处于与另外几方相互竞争的环境。

有的时候，对方实际上并不存在竞争对手，但谈判人员仍可巧妙地制造假象来迷惑对方，以借此向对方施加压力。

（3）欲擒故纵策略

该策略是指在谈判中的一方虽然想达成某笔交易，却装出满不在乎的样子，将自己的急切心情掩盖起来，似乎只是为了满足对方的需求而来谈判，使对方急于谈判，主动让步，从而实现先"纵"后"擒"的目的。这是对"谁对谈判急于求成，谁就会在谈判中先让步"原理的运用，主要通过煽动对方的谈判需要而淡漠己方的谈判需要，使自己的态度保持中立。比如，在日程安排上，若不是非常急迫，就可以迁就对方；在对方态度强硬时，让其表演，但己方不给对方回应，可让对方摸不着头脑，制造心理压力。

（4）吹毛求疵策略

吹毛求疵策略也称先苦后甜策略，指己方在谈判中刻意挑剔对方产品或交易方案的问题和瑕疵，先用苛刻的成交条件使对方产生疑虑、压抑、无望等心态，以大幅度降低对方的期望值，然后在实际谈判中逐步给予优惠或让步。由于双方的心理得到了满足，便会做出相应的让步。该策略由于用"苦"降低了对方的期望值，用"甜"满足了对方的心理需要，因而很容易实现谈判目标，使对方满意地签订合同，己方就能从中获取较大利益。

（5）积少成多策略

积少成多策略也称挤牙膏策略，就是一点一点地迫使对方妥协，使谈判朝有利于己方的方向发展。其基本做法是不向对方提出过分的条件，而是分多次、从不同的侧面向对方提出一些似乎微不足道的要求。随着时间的推移，对方可能会做出一系列小小的让步，到最后才发现，实际上他已做出了极大的让步。

运用这种策略，有时会使对方在不知不觉中就放弃了自己大量的利益。这也提醒我们，在讨价还价的过程中，任何急于求成或表现豪放的做法都是不明智的。

4. 阻止对方"进攻"的策略

在谈判中，任何一方都可能受到对方的攻击，承受各种直接或间接的压力，或者在对方的逼迫下，或者在无意识中做出某些让步。让步是必须的，没有适当的让步，谈判就难以继续下去。但是，一味地让步又会直接损害己方的利益。因此，在对方的进攻面前，谈判者应善于运用有关策略构筑起有效的防线，以保障自己的利益。

援引极限策略是一类常用的谈判策略，用来控制谈判的范围。从某种意义上讲，资源确实有其极限，但在大多数情况下，使用援引极限策略的目的是使对方处于不利的地位，限制对方采取行动的自由。典型的援引极限策略包括权力极限策略、政策极限策略、财政极限策略等，此外，阻止对方"进攻"的策略还有先例控制策略和借恻隐术等。

（1）权力极限策略

权力极限策略是利用控制己方谈判人员的权力来限制对方的自由，防止其进攻的一种策略。谈判人员的权力是在其职责范围内的支配力量。显然，谈判人员拥有的权力支配着他的行为，其权力的大小直接决定了谈判人员可能的决策范围与限度。在权力有限的情况下，对方的讨价还价只能局限在己方谈判人员权力所及的范围与限度之内，任何试图超出这一范围与限度去谋求更多利益的努力，都将是徒劳的。

如果你告诉对方："我没有权力批准这笔费用，只有我们的董事长能够批准，但目前他正在非洲进行为期两个月的旅行，我无法与他联系。"那么，对方立刻就会意识到，在这一事项上要求你做出让步将是绝无可能的了。

有些谈判人员对加于他们身上的种种限制多有微词。其实，对此感到烦恼的不该是己方而是对方。受到限制的权力，是用来阻挡对方"进攻"的坚固盾牌，权力有限恰恰意味着力量的无限。当然，这种策略只能在少数几个关键时刻运用，使用过多，对方会认为你缺乏诚意，或没有谈判的资格而拒绝与你进行进一步的磋商。

（2）政策极限策略

这是己方以企业在政策方面的有关规定作为无法退让的理由，阻止对方"进攻"的一种策略。这一策略与权力极限策略如出一辙，只不过用于限制对方行动自由的不是权力，而是己方所在企业的政策。通常，每一个企业都会制定一些基本的行为准则，这些政策性的规定对企业的生产经营活动具有直接的约束力，企业的谈判人员也必须以此来规范自己的行为。既然谈判人员不能偏离企业政策的要求来处理他所面临的问题，那么，对方就只能在本企业政策许可的范围内进行讨价还价，否则，其要求便无法得到满足。

~~~ 示 例 ~~~

应该同谁谈

你正在一家家具店选购沙发，结果看中了一个标价5999元的双人沙发。你要求售货员打折，但得到的回答是："这是刚刚降价之后确定的价格，根据店里的政策，价格是没有商量余地的。"在这种情况下，你应该怎么办？

（1）要求见经理。

（2）接受售货员的话。

（3）再向售货员施加压力以求降价。

~~~~~~

（3）财政极限策略

这是利用己方在财政方面所受的限制，向对方施加影响，达到防止其"进攻"的目的的一种策略。比如，对方可能会说："我们非常喜欢你们的产品，也很期待与你们合作，遗憾的是本公司的预算只有这么多。"己方则可以表示："我们成本就这么多，因此价格不能再低了。"

向对方说明你的困难甚至面临的窘境，往往能取得比较好的效果。在许多情况下，人们对弱者抱有怜悯与同情之心，并乐于提供帮助，使他们能够实现自己的愿望。当对方确信根据你目前的财政状况，已经难以做出更多让步时，他可能会放弃进一步发动攻势的想法，而立即与你达成一项皆大欢喜的协议。

（4）先例控制策略

所谓先例，是指过去已有的事例。引用先例来处理同类事件不仅可以为我们节省大量的时间和精力，缩短决策过程，还会在一定程度上给我们带来安全感。在销售谈判中，一方常常引用对他有利的先例来约束另一方，迫使其做出不利的让步。在这种情况下，谈判人员就必须采取一些控制措施，以遏止对方的"进攻"。

谈判中先例的引用一般采用两种形式。一是引用以前与同一个对手谈判时的例子，如"以前我们与你谈的都是3年租借协定，为什么现在要提出5年呢？"二是引用与他人谈判的例子，如"既然本行业的其他厂商都决定增加20%，你提出的增加10%就太低了"。

使用先例控制策略的目的在于消除对方欲强加给你的种种限制，从而保护己方的合理利益。当对方使用该策略时，己方应该向对方说明，他所引用的先例与目前的谈判无任何关系，因为环境或者某些条件的变化，该先例已变得不再适用。己方还可以告诉对方："如果答应了你的要求，对我们来说等于又开了一个先例，今后我方对其他客商就必须提供同样的优惠，这是我方所无法负担的。"至于"对其他客商提供同样的优惠"是真是假，对方是无从考证的。

（5）借恻隐术

借恻隐术是谈判一方装扮可怜相、为难状，唤起对方的同情心，从而达到阻止对方"进攻"的目的的策略。古人说："恻隐之心，人皆有之。"（出自《孟子·告子章句上》）在一般情况下，人们总是同情弱者，不愿落井下石，将其置于"死地"。有些谈判人员利用人性的这一特点，对对方示弱以求怜悯，把它作为一种谈判策略来使用。

常见情形是，当谈判人员被对方逼得招架不住时，采取"以坦白求得宽容"的姿态，干脆把己方对本次谈判的真实希望和要求和盘托出，以求得对方的理解和宽容，从而阻止对方"进攻"。甚至直接乞求对方，告知若按对方的要求去办，公司必将破产倒闭，或者他本人就会被公司解雇。

拓展视频

电视剧《大染坊》片段：
商人的借恻隐术

该策略是否有效，取决于对方谈判人员的个性以及对示弱者坦白内容的相信程度，因此具有较大的冒险性。需要注意的是，在使用这一策略请求对方合作时，己方一定不要丧失人格和尊严，即使直诉困难也要不卑不亢。

上文分析了一些常用的谈判策略。这些策略的分类是相对的，并没有固定不变的绝对标准。在运用这些策略时，谈判人员应该综合考虑企业的实力、环境、竞争对手等各种因素，在此基础上做出正确的选择。

5.5.3　处理客户的异议的方法和技巧

客户提出异议是销售谈判和推销过程中的常见现象。推销行业中有句名言："推销是从客户的拒绝开始的。"多数推销新手，对客户的异议都抱着负面的看法，对大多的异议感到挫折与恐惧。而有经验的销售人员则会认为客户的异议既是推销的障碍，也是成交的前奏与信号。那些对推销介绍不发表意见和看法，甚至是没有反应的客户，是真正对推销活动不感兴趣、无购买意向的客户。客户一旦提出异议，推销便进入销售人员与客户的双向沟通阶段。它表明，推销已向成交跨进了一步，有进一步发展的基础。因此，销售人员应正确看待客户的异议，选择恰当的方法和技巧来处理客户异议。下面就对几种常用的客户异议处理方法和技巧进行介绍。

1. 但是法

但是法又称间接反驳法，是指销售人员根据有关的事实与理由来间接否定客户异议的一种方法。这种方法并不直接反驳客户的异议，而是首先表示对客户异议的理解，或者仅仅是把客户异议简单地重复一遍，使客户心里有一种暂时的平衡，然后用类似"但是"的转折词把话锋一转，再对客户的异议进行反驳。其表现形式为"是的，但是……"、"是的，然而……"或"对，如果……"，这种表述的语气比较委婉，一般不会冒犯客户，容易被客户接受，能够缩短销售人员与客户的心理距离，保持良好的推销气氛；而重复客户异议并表示理解的过程，也会使客户感到被尊重、被承认、被理解，虽然客户的意见被否定了，但是客户在情感与思想上是可以接受的。

实　例

客户说："这个金额太大了，不是我马上能支付的。"

销售人员答："是的，我想大多数人都和您一样是不容易立刻支付的，我们可以配合您的收入状况收费，您可以在发年终奖金时，多支付一些，其余时间则根据您的月收入分期付款，这样您支付起来一点也不费力了。"

但是法在实际运用中也有一定的局限性。比如，这种方法可以说仍然是一种"热处理"法，即销售人员在客户表示异议之后，立即进行处理，销售人员与客户之间的回旋余地都不太大；销售人员对客户的异议先予以理解和同情，会带来一系列的问题，有可能会削弱推销的说服力，也可能会使客户在心理上增加坚持异议的信心，甚至会提出更多的异议。在运用但是法处理客户的异议时，销售人员应注意以下两个方面。

（1）注意选择好角度。成功运用但是法的关键在于：销售人员利用"但是"这个词避开客户异议之后，再从客户可能会接受的新的角度、新的思维方式、新的内容及重点重新进行推销，即选择好反驳的角度。

（2）注意转折词的选择。在但是法中，可以使用的转折词很多，如虽然、不过、然而、除非、诚然、如果等。由于"但是"二词听起来过于生硬，会让人觉得不太舒服，所以，在实际推销活动中，销售人员应针对不同的客户选用不同的转折词，尽量做到语气委婉，转折自然，从而更好地消除客户的不满情绪。

2. 反驳法

在实际推销活动中，销售人员有时可以根据较明显的事实与理由，对客户提出的异议进行直接否定，这种方法就是反驳法。正确、灵活地应用反驳法来处理客户的异议，可以增强推销的说服力，给客户简单明了、不容置疑的解答，从而有效地节省时间，提高推销效率。

实 例

客户说："这个房屋的公共设施占总面积的比率比一般的要高出不少。"

销售人员回答："您大概有所误解，这次推出的花园房，其公共设施占房屋总面积的18.2%，一般大厦公共设施占总面积的比率平均为19.0%，前者比后者低0.8%。"

由于销售人员会直接反驳客户的异议，如果反驳法运用不当，极易使客户的自尊心受到伤害，甚至会激怒客户，引起销售人员与客户的正面冲突，破坏双方的稳定情绪和推销的气氛，易使推销陷于困境，甚至导致推销失败。因此，销售人员应用反驳法处理客户的异议时应注意以下两点。

（1）反驳客户必须有理有据。销售人员可以用摆事实、讲道理的方法对客户的异议进行澄清和解释，注意推销说服的逻辑性，运用事实与逻辑的力量来说服客户，化解客户的异议。

（2）应当始终维持良好的推销气氛。在运用反驳法处理客户异议时，销售人员应该明白：反驳的只是客户的看法、意见，而绝不是客户的人格，更不是客户的所有方面。所以，在反驳客户异议的过程中，销售人员不仅要关心推销的结果，更要关心客户的情绪与心理承受能力，做到态度友好真挚，用词委婉，语气诚恳，既有效地反驳客户的异议，又不冒犯客户，使客户感到既消除了心中的疑虑，又增加了新的知识，创造良好的交易氛围。

3. 转化法

转化法又称太极法，是指销售人员对客户的异议进行转化进而处理客户异议的一种方法。例如，当客户提出某些不购买的异议时，销售人员应能立刻回复说："这正是我认为您要购买的理由！"即销售人员能立即将客户的反对意见，直接转换成他必须购买的理由。

实 例

经销店老板问："你们把太多的钱花在做广告上，为什么不把钱省下来，作为进货的折扣，让我们的利润高一些？"

销售人员回答："就是因为我们投入大量的广告费用，客户才会被吸引到指定地点购买指定品牌的产品，这不但能节省您销售的时间，还能促进其他产品的销售，增加了你们的利润。"

转化法是一种有效的客户异议处理方法。它不仅使销售人员正视客户的异议，不回避异议，有利于良好的合作关系的建立，而且可以调动客户的积极性，化客户异议中的消极因素为积极因素，化推销障碍为推销动力，取得较好的推销效果；另外，转化法讲究用客户之矛攻客户之盾，使客户在关键问题上转换看法，进而转换对推销的态度，并且可以使客户无法再提出新的异议，促使推销进入成交阶段。

转化法也有它的不足之处：销售人员直接利用客户的异议进行转化处理，会使客户感到有损自尊，可能会产生一种被人利用、愚弄的感觉，可能会引起客户的反感甚至恼怒，导致客户重新考虑是否购买产品。因此，销售人员采用这一方法处理客户异议时应注意以下3点。

（1）销售人员在肯定、赞美客户异议中的积极因素时，应做到态度诚恳热情，方式得当，以保持良好的推销气氛。

（2）销售人员必须认真分析与区别对待客户的异议。在转化法中，客户的异议是利用、转化的基础，销售人员肯定与赞美的是客户异议的实际性、合理性与积极性，其目的在于利用客户异议中的正确部分和积极因素。因此，销售人员不能不加分析地对客户异议的内容一概加以肯定与赞美，而应在分析与判断的基础上，只肯定与赞美客户异议中的正确部分与积极因素，利用客户异议本身的矛盾去处理客户异议。

拓展视频
一招化解客户异议

（3）向客户传递正确的信息。销售人员在运用转化法时，应该正确分析影响推销的各种环境因素，分析影响客户购买的各项因素，向客户传达客观的、真实的、预测准确的信息，而不能为了推销产品，不负责任地向客户传递虚假信息，误导客户，蒙骗客户。

4. 补偿法

补偿法是指销售人员针对客户异议通过强调产品的优势实行补偿，进而处理客户异议的方法。销售人员推销的产品不是十全十美的，客户与销售人员一样精明。因此，当客户理智地提出一些有效的、真实的购买异议时，销售人员应客观地对待客户异议，先肯定客户的异议，又通过摆事实、讲道理的推销方式使客户认识到购买产品能获得的利益，这样客户在理智上与情感上都获得平衡，因而客户既能看到产品的短处，又能看到产品的长处，也会相信其长处大于短处、优点多于缺点，客户就会很高兴地购买产品，这就是补偿法的实践依据。

实 例

客户说："你看，ABC公司的笔记本电脑重量只有2千克，你们的笔记本电脑重量却有2.6千克。"

销售人员说："工程师在外面工作时，笔记本电脑是他们的工作工具，非常重要。我能理解他们希望笔记本电脑的重量能够轻一些，尺寸小一些。您觉得除了重量之外还有什么指标比较重要呢？"

客户答："除了重量，还有可靠性和坚固性，当然还有配置，如CPU的线程数、内存和硬盘的容量。"

销售人员又问："您觉得哪一点最重要呢？"

客户答："当然最重要的是配置，其次是可靠性和坚固性，最后才是重量，但是重量确实是很重要的指标。"

销售人员说："每个公司在设计产品的时候都会平衡性能的各个方面。如果重量轻了，一些可靠性设计可能就要取消。例如，如果装笔记本电脑的皮包轻一些，皮包对笔记本电脑的保护性就会弱一些。根据我们对客户的研究，我们一直将可靠性和配置放在优先级较高的位置，这样不免牺牲了重量方面的指标。事实上，我们的笔记本电脑的外壳采用铝镁合金，虽然铝镁合金重一些，但是更牢固。而有的笔记本电脑为了轻薄，采用碳纤维外壳，但其坚固性就差一些。基于这种设计思路，我们的笔记本电脑的配置和坚固性一直在业内是名列前茅的。您对于这一点还有问题吗？"

补偿法立足于事物的双重性，使推销更具有辩证法的特征，表现了销售人员诚恳的工作态度及为客户着想的服务精神，能形成良好的人际关系与推销气氛；销售人员既肯定了客户的异议，又通过摆事实、讲道理的推销方式使客户认识到购买产品能获得的利益，这样客户在理智上与情感上都能获得平衡；销售人员努力与客户沟通，可以进一步突出产品的优点及推销活动能为客户带来的实际利益，可以增强推销的说服力，获得较好的推销效果。

但是，由于补偿法需要首先承认与肯定客户异议，可能会产生某种负面效应，可能会引发客户对推销产品的误会，助长客户对异议的坚持，对购买失去信心；如果销售人员滥用补偿法，不加分析地肯定客户异议，可能会使原来无效的异议变成有效的异议，甚至会使客户的异议增多，增加成交阻力。因此，销售人员在运用补偿法时应注意以下3点。

（1）销售人员只能承认客户提出的真实的有效异议。在决定运用补偿法前，销售人员必须对客户的异议进行分析，只有当客户属于理智购买型客户，并且提出的异议属于有效的、真实的异议时才可确定使用补偿法。

（2）销售人员必须及时提出产品与推销的有关优点及利益，对客户进行有效的劝说。对于已经承认与肯定的客户异议，销售人员应及时补偿，使客户切切实实地感受到产品会使客户获得的实际利益远远大于自己所受的损失。

拓展视频

处理客户异议的
6种方法

（3）销售人员应针对客户的主要购买动机进行补偿。销售人员应很好地研究客户的购买动机，了解客户对得与失的看法，对好与坏的衡量标准与界限，对购买决策的合理性与权益性的衡量尺度，根据客户的这些特点，销售人员再从产品的诸多优点及利益中挑选相应的优点与利益，针对客户的主要购买动机展开重点推销，说服客户接受补偿，以便达成交易。

 复习思考题

1. 从校园到职场，大学毕业生的人际关系会发生哪些变化？

2. 职场人际关系有哪些特点？你认为大学毕业生应如何适应职场人际关系？

3. 简述与上级沟通的障碍、原则和技巧。

4. 有人说下级在向上级请示和汇报工作时，应该多出"选择题"，少出"问答题"，你是如何理解的？

5. 简述与下级沟通的障碍、原则和技巧。

6. 举例说明对他人进行表扬和批评时应使用的技巧。

7. 简述与同事沟通的障碍、原则和技巧。

8. 你如何理解同事相处"过密则狎，过疏则间"的含义？

9. 与客户沟通时应遵循哪些原则？

10. 你如何理解"推销产品之前首先要推销自己"？

11. 列举销售谈判时可以用来迫使对方让步和阻止对方"进攻"的策略。

12. 处理客户的异议的方法和技巧有哪些？

模拟实训题

【实训 5-1】

交流职场沟通的经验

大学生应为走向社会做好准备。从你的假期打工经历或周围朋友那里收获一些工作中与上级、下级和同事之间沟通的经验，在课堂上进行分享。

【实训 5-2】

自我推销演练

1. 演练内容

（1）问候。

（2）我是谁：包括姓名、来自哪里、个人兴趣爱好、专长、家庭情况等。

（3）自我推销设计：可推销自己的性格、能力、愿望或一段难忘的经历。

2. 演练目的

国内外无数成功与失败的推销事例告诉我们，推销的成败主要不在于产品的魅力，而在于推销员本身的魅力。推销产品首先要推销自己，因此，该演练的首要目的就是锻炼学生在公共场合面向大众推销自己的胆量和能力。而且，自我推销演练可加深学生之间的相互了解，为学习生活中的协调行动和团队合作活动奠定良好的基础。

3. 演练步骤

首先学生应按授课教师的要求，精心撰写一份一分钟的自我推销演讲词，然后利用课余时间，反复演练，达到内容熟练、神情自然，教师再安排课堂时间让学生登上讲台进行一分钟自我推销演讲。

具体步骤如下。

第一步，上台问候。跑步上台，站稳后先对所有人问好。注意展现热情，面带微笑。

第二步，正式开始演练，即自我推销演讲。注意音量、站姿、演讲顺序、肢体动作等。

第三步，致谢回座。对所有人说"谢谢"后才能按教师示意回到座位上。

4. 评分标准

（1）上讲台自我推销演讲的神态、举止。（50 分）

其中，声音大小适宜、充满热情、面带微笑、站姿规范、服装得体。（各 10 分）

（2）自我推销演讲词内容新颖、独特，语言表达流畅自然。（40 分）

（3）时间掌控合理。（10 分）

5. 演练注意事项

（1）学生应精心准备一分钟的自我推销演讲词。教师应要求学生干部督促学生反复演练，以确保登上讲台时能达到内容熟练、神情自然的程度。

（2）注意掌控课堂纪律，确保自我推销演讲不受环境气氛影响，能自然顺利进行。

（3）上台演练必须指定顺序，一个接一个地进行。自我推销演讲者提前在旁边准备，上台前向教师举手示意："报告，某某号学生准备完毕，是否可以开始？"听到教师发出"开始"指令后，跑步上台。结束时，听到教师发出"时间到，停"指令后，向所有人说"谢谢"，再按教师的示意从讲台的另一侧回到座位上。

（4）教师应准备好计时工具，从演讲者上台问好后开始计时，达到 50 秒时，给予举牌提醒："还有 10 秒。"学生准备结束演讲，时间到，停止演讲，演讲不足一分钟者须站足一分钟。

（5）演练过程中教师可采用以下指令。

"请第一位到位，下一位准备！"

"停，未跑步上台，精神不充沛，重来一次！"

"停，表情太严肃，没有激情，重来一次！"

"停，时间到，掌声鼓励。"

【实训 5-3】

谈判策略模式的设计

由 3～5 人组成一个小组，针对下述购物情景，小组设计一套谈判策略模式。小吴的性格有点内向，在校外购物与人讨价还价时总感到难为情，往往被动地接受对方的高价，使得本来就空瘪的钱包更加空瘪。在学习了有关销售谈判的知识后，小吴开始对谈判活动有了信心。这一次，小吴需要购买一件过冬的羽绒服，考虑到价格因素，他决定到集市的服装摊上去购买。但他也知道这里的价格弹性很大，能否以合理的价格买到合适的羽绒服很难说，商贩们在市场上整天与人谈判做交易，相比较于他这个没有多少经验的学生来说，他们恐怕要精明得多。不过，小吴仍很自信，他想只要事先设计出一套谈判策略模式，到时就可以以不变应万变。

请你的小组为小吴设计出一套购物时的谈判策略模式。要求：按流程列出己方的关键行动或话术（如果某个行动或话术隐含了某个谈判策略，可以在其后括注）。

【实训 5-4】

对客户异议的自我测试

以下是客户对产品的异议，列出你对每一个异议的回答。

1. 对汽车："现在买不起，等降价后再说吧。"

2. 对人寿保险："我觉得自己相当健康。"

3. 对吸尘器："这个产品比你们的竞争对手的卖得贵。"

4. 对房屋："当我能自己卖出时，为什么我要付房产代理人佣金？"

5. 对销售人员："给我 10% 的折扣，我马上下订单。"

6. 对店主："这种鞋的设计太古板，颜色也不好看。"

 案例分析题

【案例 5-1】

害怕上司的职场新人

小王是一个大学刚毕业、参加工作不久的"新人"。她做事认真细致，和同事关系都很融洽，可是她不愿意和上司主动交流。其实她挺欣赏自己上司的，认为他敬业、有才华、关心下属，但她不知为什么一见到上司就底气不足，对于和上司沟通的事能躲就躲。有一次，因为没有听清楚上司交代的话，导致上司交给她的工作被耽搁了，上司事后问她："为什么你不过来再问我一声？"她说："怕您太忙。"上司很生气地说："我忙我的，你怕什么？"时间长了，小王一和上司沟通就紧张，会出现脸红、心跳、说话不利索的状态。大家都认为小王怕上司，她自己也这么认为。上司看见她这样，也就很少和她单独沟通。一次，晋升的机会来临了，小王很想把握住这个机会，但她又犹豫了，因为升职后的工作会面临比较复杂的关系，她需要经常和上司保持沟通。她觉得自己天生怕领导，因此就错失了良机。

问题：

1. 你认为小王出现这种情况的原因是什么？

2. 假设你是小王，你会采取怎样的措施挽回这种被动的局面？

【案例 5-2】

如何看待"闪辞"现象？

前不久，一位名叫李青青的大学毕业生在电话里向老师倾诉，今年以来，不开心成了她"闪辞"的主要原因，最后一次辞职的原因是无休止的加班。那段日子，她经常加班到晚上 10 点钟左右，有好几次她都吃过晚饭了，上司来一个电话，她就需要随叫随到。她做的数据报表似乎永远难以符合上司的要求，她忍着上司傲慢的训斥，把报表改了又改，她对工作的激情在重复修改报表的过程中逐渐消失殆尽。在又一个加完班的晚上，看见上司那张仍然不满意的"苦瓜脸"，李青青决定辞职，她才 24 岁，认为自己整天纠缠在细枝末节、毫无进展的工作中，简直就是在浪费生命。

如今，李青青已经 3 个多月没工作了，每天的生活相当颓废，她上午起床先玩手机再看电脑，午饭过后接着睡，晚上和朋友们出去玩，时间都在无聊、空虚中一天天浪费掉了。李青青最害怕看见朋友圈里同学们今天这个晒出差的城市的照片，明天那个感慨工作忙碌并快乐着，个个都跟打了鸡血似的，有用不完的热情。再看看自己，没完没了地折腾，辞了职又开始焦虑紧张，最近李青青想着考研，但她知道研究生毕业后还是需要参加工作的。她就像一只迷路的羔羊，看不清前面的路该怎么走，不知如何在职场中生存……

与李青青情况类似的还有陈丽，她大学毕业后在一场招聘会上应聘，招聘人员对前来应聘的她的外在形象很满意。但看完她的简历后，招聘人员摇了摇头，原因是陈丽跳槽频繁。招聘人员分析，餐饮、销售等企业用工需求旺盛，入职门槛低，在毕业季受到应届毕业生的青睐。但餐饮业的工作大多是重复性劳动，缺乏新鲜感和创造性；而销售业工作压力大，加班是常态，待遇和付出似乎不成比例，让许多像陈丽这种家境较好的独生子女难以忍受。"我们在面试新员工时，都会问对方对于跳槽的看法。"招聘人员说，他们对于频繁"闪辞"的求职者往往会一票否决。

频繁"闪辞"对求职者和用人单位而言都不是一件好事。对大学生来说，频繁跳槽既不利于个人职业发展，也会给用人单位留下不好的印象，还容易形成遇到困难就逃避的习惯。同时，频繁跳槽还会增加生活成本，甚至还需要父母救济。而对用人单位来说，这也会加大它们的培训成本，甚至让用人单位错过招聘窗口期。

问题：

你如何看待案例中的"闪辞"现象？你认为大学毕业生应该如何适应职场？

【案例 5-3】

失败的沟通

王岚是一个典型的北方姑娘，在她身上可以明显地感受到北方人的热情和直率。她为人坦诚，有什么说什么，总是愿意把自己的想法说出来和大家一起讨论，正是因为这个特点，她在上学期间很受老师和同学的欢迎。今年，王岚从西安某大学的人力资源管理专业毕业。她认为，经过 4 年的学习，自己不但掌握了扎实的人力资源管理专业知识，而且具备了较强的人际沟通能力，因此她对自己的未来期望很高。为了实现自己的梦想，她毅然只身去广州求职。

经过将近一个月的反复投简历和面试，在权衡了多种因素的情况下，王岚最终选定了东莞市的一家研究生产食品添加剂的公司。她之所以选择这家公司是因为该公司规模适中、发展速度很快，最重要的是该公司的人力资源管理工作还处于尝试阶段，如果王岚加入，她将是人力资源部门的第一个员工，因此她认为自己施展能力的空间很大。

但是到该公司实习了一个星期后，王岚就陷入了困境。

原来该公司是一个典型的中小型家族企业，企业中的关键职位基本上都由老板的亲属担任，其中充满了各种裙带关系。老板安排他的大儿子做王岚的临时上级，而这个人主要负责公司的研发工作，根本没有管理理念，更不用说人力资源管理理念，在他的眼里，只有技术最重要，公司只要能赚钱，其他的一切都无所谓。但是，王岚认为越是这样，就越有自己发挥能力的空间，因此在进公司的第五天，王岚拿着自己的建议书走向了上级的办公室。

"李经理，我到公司已经快一个星期了，我有一些想法想和您谈谈，您有时间吗？"王岚走到经理的办公桌前说。

"来来来，小王，本来我早就应该和你谈谈了，只是最近一直扎在实验室里就把这件事忘了。"

"李经理，对于一个企业尤其是处于上升阶段的企业来说，要持续发展，就必须加强管理。我来公司已经快一个星期了，据我目前对公司的了解，我认为公司主要的问题在于职责界定不清；雇员的自主权力太小致使员工觉得公司对他们缺乏信任；员工薪酬结构和水平的制定随意性较强，缺乏科学合理的基础，因此薪酬的公平性和激励性都较弱。"王岚按照自己事先所列的提纲开始逐条向李经理叙述。

李经理微微敛了一下眉头说："我们公司也确实存在你说的这些问题，但是你必须承认一个事实——我们公司在获利，这就说明我们公司目前实行的体制有它的合理性。"

"可是眼前的发展并不等于持续发展，许多家族企业都是败在管理上。"

"那好，你有具体方案吗？"

"目前还没有，这些还只是我的一点想法而已，但是如果得到您的支持，我想方案的推出只是时间问题。"

"那你先回去做方案，把你的材料放这儿，我再看看然后给你答复。"说完李经理的注意力又回到了研究报告上。

王岚此时真切地感受到了不被认可的失落，她似乎已经预测到了自己第一次提建议的结局。

果然，王岚的建议书石沉大海，李经理好像完全不记得建议书的事。王岚陷入了困惑之中，她不知道自己是应该继续和上级沟通还是干脆放弃这份工作，另寻他处。

问题：

分析王岚与上级沟通存在的问题。

【案例5-4】

"好心没得到好报"的秘书

"糟了！糟了！"王经理放下电话，就叫了起来，"这家公司提供的便宜货根本不合规格，还是原来林老板的货好。"他狠狠捶了一下桌子，"可是，我怎么那么糊涂，写信把林老板臭骂了一顿，还骂他是骗子，这下麻烦了！"

"是啊！"秘书张小姐转身站起来说："我那时候不是说吗？要您先冷静下来，再写信，您不听啊！""都怪我在气头上，想林老板过去一定骗了我，要不然别人的货怎么那样便宜。"王经理来回踱着步子，指了指电话说："把电话告诉我，我亲自打过去道歉！"

秘书一笑，走到王经理桌前说："不用了！告诉您，那封信我根本没寄。"

"没寄？"

"对！"张小姐笑吟吟地说。

"嗯……"王经理坐了下来，如释重负，停了半晌，又突然抬头，"可是我当时不是叫你立刻发出吗？"

"是啊！但我猜到您会后悔，所以压下了。"张小姐转过身，歪着头笑了笑。

"压了3个礼拜？"

"对！您没想到吧？"

"我是没想到。"王经理低下头去，翻记事本，"可是，我叫你发，你怎么能压？那么最近发南美的那几封信，你也压了？"

"我没压。"张小姐自豪地说，"我知道什么该发，什么不该发……"

"你做主，还是我做主？"王经理霍地站起来，沉声问。

张小姐呆住了，眼眶一下湿了，两行泪水滚落，颤抖着说："我，我做错了吗？"

"你做错了！"王经理斩钉截铁地说。

张小姐被记了一个小过，是偷偷记的，公司里没人知道。但是一肚子委屈的张小姐，再也不愿意伺候这位"是非不分"的经理。

她跑去孙经理的办公室诉苦，希望调到孙经理的部门。"不急！不急！"孙经理笑了笑，"我会处理的。"

隔了两天，孙经理果然做了处理，张小姐一大早就接到一份解雇通知。

问题：

分析秘书张小姐与上级沟通存在的问题。

【案例5-5】

如何压价？

"您这种机器要价750元一台，我们刚才看到同样的机器标价为680元。您对此有什么话说吗？"

"如果您诚心想买的话，可以以680元的价格成交。"

"如果我是批量购买，总共买35台，还是这个价格吗？"

"不，我们将给予每台60元的折扣。"

"我们现在资金较紧张，可以先购20台，3个月以后再购15台吗？"

卖主很是犹豫了一会儿，因为只购买20台，折扣不会给这么高。但他想到最近几个星期不甚理想的销售状况，还是答应了。

"那么，您的意思是以620元的单价先卖给我们20台机器。"买主总结性地说。

卖主点了点头。

"干吗要620元呢？凑个整，600元一台，计算起来都省事。干脆利落，我们马上成交。"

卖主想反驳，但"成交"二字对他颇具吸引力，几个星期完不成销售任务的后果可不好受，最终他还是答应了。

问题：

分析买方在价格谈判中采用了哪些谈判策略和技巧。

第6章　社交礼仪

本章要点

◆ 礼仪的含义及作用

◆ 仪容礼仪

◆ 服饰礼仪

◆ 仪态礼仪

◆ 会面礼仪

◆ 拜访接待礼仪

引　例

礼仪是第一课

与林晖同一批的应届毕业生共有22人，他们在实习时被导师带到某公司参观。

全体学生坐在会议室里等待经理的到来，这时秘书在给大家倒水，同学们表情木然地看着她忙活，其中一个同学还问了句："有绿茶吗？天太热了。"秘书回答说："抱歉，刚刚用完了。"林晖看着有点别扭，心里嘀咕："人家给你倒水还挑三拣四。"轮到他时，他轻声说："谢谢，大热天的，辛苦了。"秘书抬头看了他一眼，满含惊奇。虽然这是很普通的客气话，却是她今天听到的唯一一句感谢的话。

门开了，经理走进来和大家打招呼，不知怎么回事，静悄悄的，没有一个人回应。林晖左右看了看，犹豫地鼓了几下掌，同学们这才稀稀拉拉地跟着拍手，由于不齐，掌声越发显得凌乱。经理挥了挥手说："欢迎同学们来这里参观。平时一般都是由办公室的工作人员负责接待，因为我和你们的导师是老同学，非常要好，所以这次我亲自来给大家讲一下有关情况。我看同学们好像都没有带笔记本，这样吧，王秘书，请你去拿一些我们公司印制的纪念手册，送给同学们作为纪念。"

接下来，更尴尬的事情发生了，大家都坐在那里，很随意地单手接过经理双手递过来的纪念手册。经理的脸色越来越难看，来到林晖面前时，经理已经快要没有耐心了。就在这时，林晖礼貌地站起来，身体微倾，双手接住纪念手册，恭敬地说了一声："谢谢您！"经理闻听此言，不觉眼前一亮，伸手拍了拍林晖的肩膀说："你叫什么名字？"林晖照实回答，经理微笑点头，回到自己的座位上。早已汗颜的导师看到此情景，才微微松了一口气。

两个月后，林晖被这家公司录取。有几位颇为不满的同学找到导师："林晖的学习成绩最多算是中等，凭什么那公司选他而不选我们？"导师看了看这几张稚嫩的脸，笑道："林晖是人家点名要的。其实你们面对的机会是完全一样的，你们的成绩甚至比林晖更好，但是除了学习之外，你们需要学的东西太多了，礼仪便是第一课。"

6.1 礼仪的含义与作用

6.1.1 礼仪的含义

礼仪，是礼和仪的总称。"礼"最初的意思是敬神。东汉许慎在《说文解字》中说："礼，履也，所以事神致福也。"在敬神的基础上，礼的含义逐渐拓宽，引申为礼貌、尊敬，范围也扩展到人，于是产生了一系列对人表示尊敬的礼节和为了表示敬意或显示隆重而举行的仪式。随着社会的发展，"礼"又成为衡量社会行为和道德的规范及法则的总称。"仪"本意指法度、准则和规范，后来才有了仪式及礼节的含义。

可见，礼仪是人类社会活动的行为规范，是人们在社交活动中应该遵守的行为准则。礼仪具体表现为礼貌、礼节、仪表、仪式等。礼貌是指人们在相互交往过程中表示敬重友好的行为规范；礼节是指人们在社会交往过程中表示致意、问候、祝愿等的惯用形式；仪表是指人的外表，如仪容、服饰、姿态等；仪式是指在特定场合举行的专门化、规范化的活动。

礼仪是人们在长期社会生活中形成的一种习惯。它基于人类生存和发展的需要而形成，是人们之间相互交流所产生的一定形式，久而久之，约定俗成而形成的一定的习惯便是礼仪。

礼仪就其本身来说，其形式是物质的，体现在人的口头语言、书面语言、形体语言、表情语言、服饰语言等诸多方面，作用于人们的感官。但礼仪的含义是精神和意识层面的，反映着不同的意识形态，它随着生产力的发展而发展，随着经济基础的变化而变化。如今，礼仪规范已被列入正式的国际公约，成为各国正式交往中不可缺少的行为准则。

6.1.2 礼仪的作用

在社会交往中，礼仪的作用是显而易见的，主要表现为以下几个方面。

（1）规范行为。礼仪最基本的功能就是规范各种行为。在社会交往中，人们相互影响、相互作用，如果不遵循一定的规范，双方就缺乏互动协作的基础。特别是在商务社交活动中，礼仪可以使人明白应该怎样做，不应该怎样做，哪些可以做，哪些不可以做，有利于界定自我形象，尊重他人，赢得友谊。

（2）传递信息。礼仪是一种信息，这种信息可以表达出尊敬、友善、真诚等态度，使别人感到温暖。在社交活动中，恰当的礼仪可以获得对方的好感、信任，进而有助于事业的发展。

（3）协调关系。人际关系具有互动性，表现为思想和行为的互动过程。如当你走路妨碍了对方时，你表示歉意后，对方还你以友好的微笑。人与人之间的互谅、互让、相亲相爱等，都是这些互动行为产生的效应，而这些互动行为往往是借助礼仪去完成的。

（4）树立形象。一个人讲究礼仪，就会在众人面前树立良好的个人形象；一个组织的成员讲究礼仪，就会为自己的组织树立良好的形象，赢得公众的好感。尤其是在市场经济环境下，组织之间的竞争除了产品竞争外，更体现在形象竞争上。一个具有良好信誉和形象的组织，就容易获得社会各方的信任和支持，就可以在激烈的竞争中立于不败之

拓展视频

女子称因外貌不好被辞退，公司声明是她不注重仪表

第 6 章　社交礼仪

地。所以，组织成员时刻注重礼仪，这既是个人和组织良好素质的体现，也是树立和巩固良好形象的需要。

6.2 社交礼仪实务

社交礼仪的形式和种类非常丰富，本节就几种常用礼仪，如仪容礼仪、服饰礼仪、仪态礼仪、会面礼仪、拜访接待礼仪的操作实务和技巧进行阐述。

6.2.1 仪容礼仪

1. 总体要求

仪容主要指人的容貌。社交礼仪对仪容的总体要求是仪容美，具体包括自然美、修饰美和内在美。

首先，每个人都有与生俱来的容貌，无论天生的容貌是否靓丽、帅气，都需要充分发挥自然之美，这主要体现在容貌的干净整洁上，一般来说，头部发型的适宜和牙齿的洁净最为重要，手部的洁净也很关键。

其次，掌握必要的化妆技巧，我们要对自身容貌进行必要的修饰，扬长避短，从而塑造出美好的个人形象，即修饰美。

最后，我们要提高自身的文化艺术素养和思想道德水准，培养出高雅的气质，使自己秀外慧中，表里如一，表现出内在美。

可以说，真正意义上的仪容美，应是自然美、修饰美、内在美3个方面的高度统一。忽略其中任何一个方面，都会使仪容美黯然失色。下面就发型和妆容做重点说明。

2. 发型

发型是人体自然美与修饰美的结合。发型在很大程度上体现了一个人的精神风貌，发型的选择应该与个体的脸型、年龄、职业、性格、气质相符合。

人们对于发型的第一印象，首先在于头发的品质，即头发是否干净、健康和美观。为了保持头发的健康，应该每天进行头发梳理，并且根据自己的发质状况决定洗发的频率，一般两次洗发间不应超过3天。除了进行日常的保养，我们还要根据不同场合准备不同的发型，一般在正式场合，男士的头发最好不要超过7厘米，短碎发显得干净利落、自然有型，黑色系更能体现出男性的成熟稳重，干练大方。在正式场合下，女士不宜披发过肩，应该选择整洁、干练、美观、大方的发型，如盘发；不宜染发，黑色系更能体现出东方女性的温婉柔美、内敛含蓄；在选择发卡、发带的时候也要注意样式应庄重美观，切忌选择卡通、动物形象的发卡发饰。

3. 妆容

容貌是个人形象的重要表现部分，它直接体现了一个人的精神气质，是传达给对方感官最直接、最生动的第一信息。俗话说"三分长相，七分打扮"，选择符合自己气质、脸型、年龄的妆容能够让人看起来端庄靓丽，增添个人魅力和自信。掌握一定的化妆技巧对于女性来说是很有必要的。

（1）妆容要自然。"清水出芙蓉，天然去雕饰"，通常化妆的基本要求就是自然，力求"妆成有却无"。化妆是对他人的尊重，是一种必要

拓展视频

教你5分钟搞定
职场妆容

的礼节，女性在正式场合中必须要化妆，且只能化淡妆，妆容过浓会显得轻浮，不够端庄。

（2）妆容要协调。这主要体现在以下3个方面。其一，使用的化妆品最好属于同一个系列。因为每种化妆品都有不同的香味，如果混杂使用就会使香味重叠，弄巧成拙。其二，妆容的各个部位要协调。比如唇彩和指甲油的颜色最好保持一致，给人以和谐之美。其三，妆容要与自己的服饰相协调。例如，戴粉色的围巾时涂上粉色的唇彩就会比较自然协调，如果唇彩是粉色的，衬衫的领子却是蓝色的，就会显得反差太大，过渡不自然。

（3）化妆要避人。化妆是一种个人隐私行为，不宜在公共场合进行。许多女性不注意这一点，有时在办公室甚至在会议室拿出镜子补妆，这是非常不礼貌、不合适的行为。

香水也是整个妆容的一个重要组成部分。它展现了个人的品位和修养，是现代男性和女性皆不可或缺的一种化妆品。不同的人在不同的场合对香水有不同的选择。一般来说，内敛含蓄的人会选择自己闻得到、别人闻不到的淡香水，热烈奔放的人则会选择气味浓烈的浓香水。在正式场合中建议选择清新优雅的淡香水，在愉快热闹的聚会上则可以用激情洋溢的浓香水。总之，在合适的场合选择合适的香水，会为你的魅力加分不少。

示 例

某公司关于女性仪容的标准

整体：整齐清洁，自然，大方得体，精神奕奕，充满活力。

头发：头发整齐、清洁，不可染色，不得披头散发；若为短发，则前不及眉，旁不及耳，后不及衣领，若为长发，则刘海不过眉，过肩要扎起。

耳饰：只可戴小耳环（无坠），且小耳环应颜色清淡。

面貌：精神饱满，表情自然，着淡妆，不用有浓烈气味的化妆品，不可用颜色夸张的口红、眼影、唇线；若口红脱落，要及时补妆。

手：不留长指甲，指甲长度以不超过手指头为标准，不准涂有色指甲油，经常保持清洁，除手表外，手上不允许佩戴任何首饰。

衣服：合身、烫平、清洁、无油污，工牌佩戴于左胸处，长衣袖、裤管不能卷起，夏装衬衣下摆须扎进裙内，若佩戴了项链等饰物，饰物不得露出制服外。

鞋：穿着公司统一配发的布鞋，保持清洁，无破损，不得趿着鞋走路。

袜子：袜子无勾丝，无破损，只可穿无花、纯色的丝袜。

身体：勤洗澡，无体味，不使用气味浓烈的香水。

6.2.2 服饰礼仪

英国作家莎士比亚曾指出："一个人的穿着打扮，就是他的教养、品位、地位的最真实写照。"服饰是一种无声的语言，反映了一个人的审美水平、文化素养和社会地位。在社交活动中，服饰的质感、颜色、样式及搭配等的合适与否，个人的精神面貌如何，都会影响到交往对象对你的认知和印象。虽说不能"以貌取人"，但是不可否认，服饰的确直接影响了别人对你的看法和接受程度。在日常工作和交往中，尤其是在正规的商务场合，穿着打扮越来越引起现代人的广泛关注。

1. 男士商务着装法则

一般来说，在商务场合，男士首选的是西服套装，穿西服套装是有一定讲究的，具体要注意以下三大法则。

第一，三色原则。男士在正式场合穿西服套装时，全身上下的颜色不能多于 3 种，包括上衣、下衣、衬衫、领带、鞋子、袜子等，所有颜色应限制在 3 种以内。颜色过多则显得轻浮、不庄重。

第二，三一定律。这是指男士在穿西服、套装外出的时候，鞋子、腰带、公文包应为同一种颜色，这一原则强调的是细节问题，细节问题往往更能体现出一个人的品位和素养，因此男士也需要特别注意。

第三，切忌搭配失调。比如，西装口袋装满东西或者腰间挂有钥匙、手机或饰物，这是非常不合适的，尤其是在重要场合，显得不够正式。在重要场合，衬衫的颜色不能过于鲜艳或者带有花纹，并且衬衫的袖子要长于西装的袖子。在穿西装时，白色的袜子和尼龙袜都是不能和西装搭配的，这些都是穿西装的基本原则。

2. 女士商务着装法则

女士在商务场合最规范的着装是套裙。套裙的选择要从以下 4 个方面来考虑。

第一，选面料上乘的。上乘面料的套裙看起来平整、润滑、光洁、柔软，并且不起皱、不起球、不起毛。

第二，色彩不宜多。商务套裙应以冷色调（如黑色、深蓝色、灰褐色、灰色、暗红色）为主，颜色最好不要超过两种，并且要求无图案、格子或波点，如此才能体现出女士的典雅、端庄、稳重。

第三，尺寸要合适。上装不宜过长，下装不宜过短，整体着装要合身，不宜太过宽松或修身。

第四，搭配须精心。在穿套裙时，女士一般会内搭衬衫，所选的衬衫要求面料轻薄而柔软，具体可选择真丝、麻纱或纯棉的。衬衫的色彩要求雅致而端庄，无花纹图案，并且要与套裙的色彩相协调，符合内深外浅或内浅外深的原则，以形成深浅对比。

鞋袜也是搭配的重点部分，是女性的"脚部时尚"和"腿部时尚"的体现。鞋以高跟、半高跟的黑色牛皮鞋为宜，也可选择与套裙色彩一致的皮鞋。穿裙子时宜配长筒袜或连裤袜（忌光脚），颜色以肉色、黑色为宜。袜口不能露在裙摆旁边（忌三截腿）。

另外，女士在商务场合还需要特别注意饰物的佩戴和使用，这虽是细节之处，但也能体现佩戴者的知识、教养、阅历和艺术品位。女士在佩戴饰物时要重点注意以下两点。第一，以少为佳。无论是工作还是交际应酬，身上所佩戴的饰物通常是越少越好。所有种类的饰物，如耳环、胸针、戒指、项链、手镯等，最好限定在 3 种以内，而且每一种不能多于两件，在正式场合中不宜佩戴手镯。少量饰物可以体现出女士的优雅妩媚，过多饰物则有弄巧成拙之感。第二，同质同色，即色彩和质地要协调。比如，黄金的胸针要搭配黄金的项链或戒指，如果搭配白金的项链或戒指就会显得不协调。质地和色彩过于杂乱会显得花哨、轻浮，如此，你还没开口讲话，自身形象就已大打折扣。

6.2.3 仪态礼仪

仪态礼仪包括个人的坐、站与行走时所保持的姿态及面部表情、手势等身体语言。在社交活动中，人们对仪态礼仪总的要求是适度。

1. 坐姿

坐时，应从椅子的左边入座。坐在椅子上时不要转动或移动椅子的位置。坐下后，身体应尽量坐端正，并把两腿平行放好，如图6-1所示。交谈时，可根据话题调整上身的前倾角度。坐久了，可轻靠椅背，但切忌半躺半坐或将两腿平伸。

2. 站姿

正确的站姿应该是两脚着地，腰背挺直，自然挺胸，脖颈伸直，稍微前倾，两臂自然下垂。在此基础上，可将足尖稍稍分开。女士可站丁字步，男士可将脚尖自然分开，如图6-2所示。在正式场合，不宜将手插在裤袋里或交叉抱于胸前，更不要下意识地做小动作，否则不但显得拘谨，给人缺乏自信和经验的感觉，也会显得不够庄重。

图6-1 坐姿　　　　　图6-2 站姿

3. 走姿

正确的走路姿势应是全身和谐、具有节奏感，而且神采飞扬。男士行走时，上身不动、两肩不摇、步态稳健，以显示出刚健、英武、豪迈的男子汉风度。女士的步态应自如、轻柔而富有美感，以显示出女士的端庄、文静和温柔。具体来说，行走时要挺胸、昂首、收腹、直腰，目光平视30米前方，有节奏地直线前进。

4. 微笑

在面部表情中，微笑是最具有社会意义的一种，是人际关系中的润滑剂。它以友善、亲切、礼貌和关怀的内涵，沟通人与人之间美好的感情，传递愉快的信息，缩短人与人之间的距离，融洽交际气氛。俗话说"面带三分笑，生意跑不了"，商务活动中常常给予对方真诚的、自然的、亲切的微笑，有助于良好的人际关系的建立。

5. 手势

手势是仪态礼仪中最具表现力的身体语言，人们在谈话时配以恰当的手势，往往能起到表情达意的良好效果。与人沟通时可适当运用恰当的手势，配合说话内容，但手势幅度不宜过大，频率不宜过高，不要过于夸张，要清晰、简单，否则会给人以不自重或画蛇添足之感。一般，禁止使用以下手势：用手或手中的物件指着对方，谈话过程中乱拍桌子，兴奋时拍自己的大腿，交谈时抓耳挠腮、搔首弄姿等。

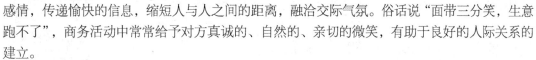

6.2.4 会面礼仪

会面时的礼仪，有一整套的规范。礼貌地打招呼与问候，包含着你的友善，传达着你对他人的尊重。掌握会面礼仪有助于你打开社交之门。毕竟会面是正式交往的开始，这个头能否开好至关重要。

1. 介绍的礼仪

介绍可分为自我介绍和他人介绍。需要做自我介绍的情境通常如下：第一，社交场合中遇到你希望结识的人，又找不到适当的人介绍，这时应谦逊、简明地进行自我介绍，把对对方的敬慕之情真诚地表达出来；第二，通过电话约某人，而又从未与这个人见过面，这时要向对方介绍自己的基本情况，还要简略谈一下要约见对方的事由；第三，演讲、发言前，这时要面对听众做自我介绍，最好既简明扼要，又要有特色，利用首因效应，给听众一个良好的第一印象。

拓展视频
自我介绍的礼仪

他人介绍又称第三人介绍。从礼仪上讲，介绍他人时最重要的是被介绍者的先后顺序。也就是说，在介绍他人时，介绍者应当先介绍谁、后介绍谁是需要特别注意的。

根据礼仪规范，在介绍他人时，应遵循"尊者优先了解情况"的原则，具体来说，就是做到介绍不同地位的人时，应先把地位低的人介绍给地位高的人；介绍不同辈分的人时，应先把晚辈介绍给长辈；介绍不同性别的人时，一般应先把男士介绍给女士；介绍亲疏不同的人时，应先把与自己关系亲密的家人（即使是地位显赫者）、要好的朋友等，介绍给客人或关系一般的人；介绍先到者与后来者认识时，先介绍后来者，后介绍先到者。

在具体交往中，我们应根据具体情况灵活运用这些原则。例如，当男士位高权重而女士为年轻晚辈时，则应先把女士介绍给男士，即"性别顺序"要让位于"地位顺序"。又如，做集体介绍时，可按座次顺序介绍，也可从贵宾开始介绍。

在介绍时，被介绍者如果与对方是平级或地位较低者，一般应起立、微笑、握手致意，并说"您好""幸会""久仰"之类的客套话。如果介绍是在谈判桌或宴会桌上进行的，则被介绍的双方不必起立，只需微笑点头即可，介绍后可说些客套话。

2. 握手的礼仪

握手是一种无声的动作语言，握手除表示友好外，还有祝贺、感谢、慰问和鼓励的含义。在许多国家，握手已经成为一种礼节，其应用范围越来越广，成为人际交往的一部分。通过握手，我们可以显露自己的个性，当然也可以了解对方的特点，进而赢得交往主动权。因此在日常人际交往中，我们必须注意握手的基本礼仪。

拓展视频
握手的七个步骤

（1）顺序。握手的顺序与介绍他人的顺序一样，应遵循"尊者优先"的原则，也就是尊者先伸手。男女之间，男方要等女方先伸手后才能握手；宾主之间，主人应向客人先伸手；长幼之间，年幼的要等年长的先伸手；上下级之间，下级要等上级先伸手。

（2）时间。握手的时间在两三秒为最佳。握手时间太短会让人觉得没有诚意，而握手时间过长则会引起别人的反感。当然，如果是为了合影留念可以较长时间握手。

（3）力度。握手时的力度要恰到好处，针对不同场合中的握手，力度应有所区别。久未见面的老朋友再次相见时握手，可以紧紧相握，以示亲切喜悦之情；商务谈判时的握手，应坚定有力，以示合作的诚意，若力度不够，则会给人底气不足之感；同女士和长者握手时，不宜太过用力，若给对方造成疼痛感，则会显得非常失礼。

（4）态度。在握手过程中应伴随着微笑和寒暄，同时双眼注视对方，不要面无表情，沉默不语。比如，对远道而来的客人，可以说"旅途辛苦""欢迎光临"之类的话；对第一次认识的朋友可以说"幸会""很高兴认识你"等话语；在送别对方的时候应祝福其"一路顺风"。

（5）姿势。握手的标准方式是行至距握手对象1米处，双腿立正，上身略向前倾，伸出右手，4指并拢，拇指张开与对方相握，握手时上下稍晃动三四次，随即松开手，恢复原状。

（6）禁忌。在图6-3中，握手时不要戴着手套或墨镜，在社交场合中，女士的晚礼服手套除外；不要将另外一只手插在衣兜里，否者会显得不够尊重；不要将对方的手拉过来推过去，或者上下左右不停抖动；多人握手时，不宜交叉握手；握手时不宜发表长篇大论，或点头哈腰，过分客套，以免让对方显得不自在、不舒服；不要在与人握手之后，立刻擦拭自己的手掌，否则会给人嫌弃他人不卫生之感。

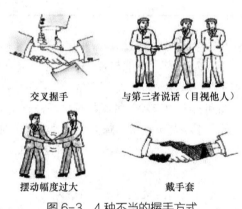

交叉握手　　　　　与第三者说话（目视他人）

摆动幅度过大　　　　　戴手套

图6-3　4种不当的握手方式

会面礼仪除了常见的握手礼外，还有鞠躬礼、拥抱礼、合十礼等。在一些特殊情境下人们也会改变传统的礼节，采取一些特别的问候方式，如在新冠肺炎疫情严重时，西方人士在国际会议中常采用相互碰肘来打招呼，中国国内的一些场合则采用"拱手礼"。

3. 名片礼仪

（1）名片的准备。名片一般要使用名片夹装，应放在上衣口袋里，而不可放在裤兜里。名片要保持清洁、平整。

（2）接收名片时，必须起身并用双手接过。接过后要认真地看一遍，不要在上面做标记或写字。不要将对方的名片遗忘在座位上，或存放时不注意而落在地上。

（3）递名片的次序是由下级或访问方先递名片，若是做介绍时，应由被介绍方先递名片。递名片时，应说"请多关照""请多指教"之类的寒暄语。

（4）互换名片时，应用右手拿着自己的名片，用左手接对方的名片后，用双手托住。互换名片时，也要看一遍对方的姓名、职务等。

4. 交谈的礼仪

社交活动的核心内容是会面交谈，我们在交谈中应注意以下有关的礼仪。

第一，注意交谈距离。以商务谈判为例，双方的交谈距离一般为1~1.5米。如果交谈距离过远，会使双方交谈不便而难以接近，有相互之间谈不拢的感觉；如果交谈距离过近，会使人感到拘束，而不利于表达自己的意见。美国心理学家霍尔在他的《无声的空间》一书中，将人们所处的空间划分为 4 个层次，表 6-1 所示为人与人之间空间层次的划分。

表 6-1　人与人之间空间层次的划分

空间层次	距　离	适用范围	与社交活动的关系
亲密空间	15～46厘米	最亲密的人才可进入的空间	在社交活动中不能侵犯这一区域
私人空间	47厘米～1.2米	亲朋好友才可进入的空间	在社交活动中按照适当的方式适时地进入这一空间，会增进彼此的情感与友谊，取得社交活动的成功
社交空间	1.3～3.6米	凡有交往关系的人都可进入的空间	在社交活动中，彼此保持这一距离，会产生威严感、庄重感
公众空间	大于3.6米	任何人都可进入的空间	在此空间，看见曾有过联系的人，一般都要有礼节地打招呼；对不认识的人，不能长久地注视，否则会被视为不礼貌

第二，交谈时眼神的运用要得当。通常做法是以平静的目光注视对方的脸和眼。

第三，交谈现场超过 3 个人时，应不时地与在场所有人交谈几句，不要只和一两个人说话，而不理会其他人。如果所谈问题不宜让他人知道时，应另择场合与交谈对象交谈。

第四，交谈时，一般不询问女士的年龄、婚姻状况；不径直询问对方的履历、工资收入、家庭财产等私生活方面的问题；不谈荒诞离奇、耸人听闻的事情，对对方不愿回答的问题不要刨根问底，在谈到对方反感的问题时应立即转移话题；不对对方评头论足，不讥讽对方；不随便谈论宗教问题。

第五，交谈中要恰当使用礼貌用语。交谈中，应称呼对方的职务、职称，如"×经理""×教授"等。若对方无职务、职称时，你可称其为"×先生""×女士"等，而尽量不使用"你"字，或直呼其名。

6.2.5　拜访接待礼仪

在维持人际关系的过程中，我们还应当注意一些具体方法的运用。例如，逢年过节的问候、定期的上门拜访、日常的接待宾客、恰当的礼品馈赠都可以在维持人际关系的过程中起到非常好的效果。维持人际关系的过程中涉及的社交礼仪主要包括拜访礼仪、接待礼仪、迎送礼仪、宴请礼仪、馈赠礼仪。

1. 拜访礼仪

做客拜访是日常生活中常见的交际形式，也是联络感情、增进友谊的一种有效方法。我们在拜访中应遵循以下 5 个原则。

（1）要有约在先。做客拜访要提前预约，尽量避免直接前往对方的私人居所进行拜访，约定的具体时间通常应当避开节日、假日、用餐时间、过早或过晚的时间以及其他一切对方不方便的时间。

（2）要守时践约。这不仅是为了讲究个人信用，提高办事效率，而且是对交往对象尊重、友好的表现。万一你因故不能准时到达，务必要及时通知对方，必要时可另外择期拜访，这种情况下一定要注意向对方郑重其事地道歉。

（3）要登门有礼。当主人开门迎客时，务必主动向对方问好、行见面礼。在此之后，在主人的引导下进入指定房间，入室之后，应脱去帽子、墨镜、手套和外套，就座之时，要与主人同时入座。

（4）要适可而止。在拜访他人时，一定要注意在对方的办公室或私人居所里停留的时间长度，不要因为自己停留时间过长，从而打乱对方既定的其他日程。拜访时间应通常应控制在一个小时之内，最长也不宜超过两个小时，当自己提出告辞时，虽然主人表示挽留，一般仍须离去。

2. 接待礼仪

迎接是给客人留下良好的第一印象的重要工作，这将为日后的深入接触打下良好的基础。我们在接待宾客的过程中，有以下 5 点需要注意。

（1）事先准备。如果事先知道有客人来访，应提前打扫卫生、收拾杂物并备好茶具、饮料、水果、糖、咖啡等。

（2）照顾周到。见到客人时应热情打招呼，主人应主动上前握手，如果客人手提重物，主人应主动帮忙。如果客人初次登门，主人应简单为客人介绍，使客人熟悉环境。主人要时刻面带微笑，不能有疲惫心烦之相。

（3）敬奉茶水。主人为客人上茶时应双手端茶奉上，右手拿着茶杯中部，左手托着杯底，杯耳朝向客人，并同时说：“请用茶”，上茶顺序应是先客后主，先女后男，先长后幼。茶杯不应斟得过满，斟到杯深的 2/3 处为宜。主人应及时为客人续水，不能等到茶杯见底后再续水。

（4）陪客人聊天。敬奉茶和糖果之后，主人应及时与客人交谈，切不可只管自己忙自己的，把客人晾在一旁，应主动找话题，可多询问对方的情况，以表示关心。客人告辞时，一般应婉言相留。客人要走，主人应等客人起身后，再起身相送。若客人来时带有礼物，应再次提及对礼物的感谢或回赠礼物，并不忘提醒客人是否有东西遗忘。

（5）安排送客。如果客人初次来访，主人应主动指路或安排车辆相送，远方来客则应送至火车站或机场，并说出祝愿或发出下次再来的邀请。

3. 迎送礼仪

在重大的商务社交活动中，对前来参加活动的人员，要视其身份和活动的性质，以及双方的关系等，综合考虑安排迎送工作。对应邀前来谈判的人员，无论是官方人士、专业代表团，还是民间团体、友好人士，在他们抵离时，都要安排相应身份的人员前往迎送。

陪车时，应请客人坐在主人的右侧，小车的座位也有讲究：有司机时，后排右为上，左为次，中为再次，司机旁边为下。若有两位客人，陪客坐司机旁边；车主当司机时，司机旁边为首，后排次序如上；车主为司机并有太太同坐时，太太应坐在司机的旁边，后排次序如上。上车时，主人应为客人打开右边车门，主人从左侧车门上车，下车时主人先下，为客人打开车门，请客人下车。

陪客走路也有顺序，一般是右为上，应让客人走在自己右侧，以示尊重。若是三人行，中为上；若自己是主陪，应并排走在客人左侧，不能落后；如果自己是陪同随行人员，应走在客人和主陪人员后面。随同领导外出时，一般应走在领导的两侧偏后一点或后面。

拓展视频

会议、宴请、乘车、乘电梯的接待礼仪

4. 宴请礼仪

宴请时应选择对主客双方都合适和方便的时间，主人最好能事先征得客人的同意。就我国来说，宴请一般以晚间较多。注意不要选择在重要的节假日、对方有重要活动或禁忌的日子。在地点的选择方面，一般来讲，正式隆重的宴请活动应安排在高级宴会厅，若有条件，应另设休息厅，注意不要在客人住的宾馆设宴招待。

不论举行什么样的宴会，主人都应事先发出邀请，一般均发请柬，其优点在于既比较郑重，同时又能起到提醒客人和备忘的作用。请柬一般应提前1～2周发出，以便客人及早安排。一般情况下，主人可根据实际情况发出口头邀请或电话邀请。

对于席位的安排，一般而言，以离主桌位置的远近决定桌次高低，同一桌上，以离主人的座位的远近决定座次高低，右高左低。

宴请程序及现场工作：主人应在门口迎接客人，主人陪同主宾进入宴会厅，全体客人就座，宴会即开始；吃饭过程中一般是不能抽烟的；吃完水果，主人与主宾起立，宴会即告结束；主宾告辞，主人将其送至门口。此过程中，服务人员应训练有素，服务应周到、得体。

你如果接到宴会邀请，无论是否接受都应尽快回复，由于特殊情况不能出席，应尽快通知主人，并致歉意。出席宴会时，地位较高者可略晚抵达，其他客人应略早一些抵达，在我国，也可正点或按主人要求的时间抵达。

5. 馈赠礼仪

在现代人际交往中，礼物是人们交往的有效媒介之一，它像桥梁一样直接、明显地传递着情感和信息，寄托着人们的深厚情意，表达着人与人之间的真诚关爱。在馈赠礼品的过程中应当把握以下要点。

（1）要注意轻重得当。礼品的贵贱厚薄往往是交往中诚意和情感浓烈程度的重要标志。然而，礼品的贵贱与其所起到的作用并不总成正比，因为礼品仅仅是人们情感的寄托物，正所谓礼轻情意重，礼品有价而人情无价，有价的物只能寓情于其中，而不能等同于人情。

（2）要注意选择时机。就馈赠的时机而言，及时适宜最为重要，中国人很讲究"雪中送炭"和"锦上添花"，即注重送礼的时效性，因为只有在最需要的时候收到的礼物才是最珍贵、最难忘的。

（3）要把握礼品的类型。就礼品本身的实用价值而言，人们的经济状况不同，文化程度不同，追求不同，对于礼品的实用性的要求也不同。物质生活较为贫乏时，人们多倾向于选择实用性的礼品；生活水平提高后，人们则倾向于选择艺术欣赏价值较高、趣味性较强和具有纪念性的礼品。

（4）应注意赠礼表达。平和友善的态度、落落大方的动作并伴有礼节性的语言表达，这样馈赠礼品才更容易为受礼方所接受。将礼品悄悄置于桌下或某个角落，不仅起不到馈赠的目的，有时甚至会适得其反。接受礼品时，适当的谦让是必要的。接受礼品之后，则应表示感谢。中国人收礼后一般是客人走后才打开，西方人则习惯于当着客人的面打开包装并欣赏赞美一番。一般不宜问礼品的价格。

（5）要顾及民俗与禁忌。民俗与禁忌是一种由习惯而形成的大众心理，不同的社会文化背景会导致各自的民俗与禁忌等会有差别，如中国人不喜欢以钟、鞋、伞、药、白布为礼，不少国家讲究送喜礼忌单数，而逢丧事馈赠忌双数等。

拓展阅读

表6-2　不同国家人们的馈赠风俗

类　别	风　俗
英国人	一般送价格不高但有纪念意义的礼品。切记不要送百合花，因为百合花意味着死亡。收到礼品的人要当众打开礼品的包装

类别	风俗
美国人	送礼品要送单数，且讲究包装。美国人认为蜗牛和马蹄铁是吉祥物
法国人	送花不要送菊花、杜鹃花和其他黄色的花，因为在法国菊花、杜鹃花代表哀伤，其他黄色的花象征夫妻间的不忠贞。不要送带有仙鹤图案的礼品，不要送核桃。因为他们认为仙鹤是愚蠢的标志，而核桃是不吉利的
俄罗斯人	送鲜花要送单数，用面包与盐招待贵客，表示友好和尊敬。最忌讳送钱给别人，这意味着施舍与侮辱
日本人	盛行送礼，探亲访友、参加宴请都会带礼品。接送礼品要用双手，不当面打开礼品的包装。接受礼品后，再一次见到送礼的人一定要提及礼品的事，并表示感谢。送礼品忌送梳子，切记不要送带有狐狸、獾的图案的礼品，因为梳子在日语中的发音与"死"相近，而狐狸、獾在日本是贪婪的象征。一般人不要送菊花，因为菊花是日本皇室专用花卉

 复习思考题

1. 为什么要重视和研究社交活动中的礼仪？
2. 根据你的观察，列举职场员工在仪容和服饰礼仪方面最易出现的 3 个问题。
3. 介绍他人时在顺序方面有什么要求？
4. 人与人之间的空间层次可划分为哪几个层次？各适用于什么范围？
5. 对客人的迎送和宴请要注意哪些问题？
6. 在礼物馈赠方面应注意哪些问题？

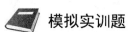 **模拟实训题**

1. 体态与面部表情练习

（1）站姿练习

靠墙壁站直，让脚后跟顶住墙，把手放在腰后和墙之间，手应当刚好能放进去，而没有多余的空间。如果有很大空间，可以弯下腿，慢慢蹲下去，把手一直放在腰后。这种方法能让你体会到处于正确体态下的感觉。经过练习后，你会发现，你的手几乎插不进腰与墙之间的空隙了，这时的站姿就是标准的。

（2）走姿练习

你可以把一本书放在头顶上，放稳之后再松手，接着把双手放在身体两侧，用前脚慢慢地、小心地从基本站立姿态迈步走。这样练习走路姿态时，关键是走路时要摆动髋关节，而不是膝关节，步伐才能轻盈。

（3）微笑练习

日本的微笑训练法被日本媒体称为"微笑瑜伽"，不用借助任何工具，随时随地都可以做。训练步骤如下：第一步，面对镜子，用上排牙齿咬住下唇；第二步，将上唇用力往上拉起，直到露出牙龈为止；第三步，将嘴角用力提起，直到脸颊两边肌肉颤抖；第四步，用力睁大双眼，保持 2 分钟。

以上的步骤重复做 8 次，总共耗时十几分钟，你就可以拥有一个好看的笑容。这样做的最主要目的就是放松、舒缓脸部肌肉，当要牵动嘴角笑的时候，肌肉不会因为过于紧绷而呈现不自然、尴尬的表情。有兴趣的同学不妨跟着上述步骤一起练习，比较看看练习前后笑容的差别！

2. 体态与面部表情展示

请数位同学依次走上讲台并站立，教师和其他同学对其行走、站立等体态和微笑表情进行总结评价，指出不足之处。

3. 角色模拟

作为上海 A 公司的业务员，林先生去上海虹桥机场接从北京前来洽谈设备采购事宜的 B 公司总经理陈先生（男，50 岁，高级工程师）、项目经理吴先生（男，36 岁，哈佛大学博士后）和办公室主任张女士（女，30 岁）。在顺利接到来自北京的客人后，林先生首先向对方进行了自我介绍，北京 B 公司的张女士也向林先生介绍了他们一行人。之后，林先生将一行人带到自己公司总经理安排的酒店。在酒店门口林先生一行人遇到了前来接待欢迎的 A 公司经理周先生（男，45 岁，高级工程师）、销售经理郑女士（女，36 岁，高级营销师）和职员张先生（男，24 岁）。林先生当即为双方进行了介绍，双方相互交换名片，周经理向北京来的客人表示了欢迎。

角色扮演要点：林先生向对方做自我介绍，林先生为谈判双方相互介绍，周经理向北京来的客人表示欢迎，双方交换名片。注意其中的个人礼仪、交往礼仪是否恰当。

数日后，北京来的客人离开上海，上海 A 公司经理周先生、销售经理郑女士、林先生及职员张先生一起分乘 3 辆车将北京来的客人送到机场，双手握手送别。

角色扮演要点：安排乘车座位次序，注意上下车礼仪，北京来的客人向主人告别。注意乘车、握手告别的礼仪。

 案例分析题

【案例 6-1】

黄先生与两位好友来到某知名酒店小聚，接待他们的是一位五官清秀的服务员。她的接待服务工作做得很好，可是人却面无血色，显得无精打采。黄先生看到她就觉得心情欠佳，仔细察看后才发现，这位服务员没有化工作淡妆，在酒店昏黄的灯光下显得病态十足。上菜时，黄先生又突然看到传菜员涂的指甲油缺了一块，他的第一反应就是"不知是不是掉到我的菜里了"。

但为了不惊扰其他客人用餐，黄先生没有将他的怀疑说出来。用餐结束后，黄先生叫柜台内的服务员结账，而服务员却正对着反光玻璃墙面修饰自己的妆容，丝毫没注意到客人的需要。自此以后，黄先生再也没有去过这家酒店。

问题：

该酒店的服务人员在礼仪方面存在哪些问题？

【案例 6-2】

一场木炭交易谈判中的礼仪与服饰

某年夏天，S 市木炭公司经理尹女士到 F 市金属硅厂谈判其木炭的销售合同。S 市木炭公司是生产木炭的专业厂商，一直想扩大市场，因此对这次谈判很重视。会面那天，木炭公司的尹经理脸上粉底打得较厚，这使她涂着腮红的脸尤显白嫩，她戴着垂吊式的耳环、金项链，右手戴有两个指环、一个钻戒，穿着大黄衬衫。F市金属硅厂销售科的王经理和业务员小李接待了尹经理。王经理穿着布质夹克衫、劳动布的裤子，皮鞋不仅显旧，还蒙着车间的硅灰。他的胡碴儿发灰，更显苍老。尹经理与王经理在会议室见面时，互相握手致意，王经理伸出大手握着尹经理白净的小手，但他马上就收回了，并抬手检查手上情况。原来尹经理右手上戴的钻戒、指环扎到了王经理的手。看着王经理收回的手，尹经理眼中掠过一丝冷淡。小李眼前一亮，觉得尹经理与王经理的反差大了些。

双方就供货及价格进行了谈判，F市金属硅厂想独占S市木炭公司的木炭供应，以增强自身的竞争力，而S市木炭公司提出了最低订货量及预先付款原则的要求。王经理对最低订货量及预付款原则表示同意，但在"量"上与尹经理分歧很大。尹经理为了不空手而回，提出暂不讨论独家供应问题，先谈眼下的供货合同问题。王经理询问业务员小李的意见，但小李没应声。原来他在观察研究尹经理的服饰和化妆，尹经理也在等小李的回话，却发现小李在观察自己，不禁一阵脸红。但小李随后没提具体的合同条件，只是将F市金属硅厂的"一揽子交易条件"介绍了一遍。尹经理对此未做出积极响应。于是小李提出，若要依单订货，他们可能要货比三家，愿先听S市木炭公司的报价，依价下单。尹经理一看事情复杂化了，心里直着急，加上天热，额头上的汗珠汇集成流，顺着脸颊淌下来，汗水将粉底冲出了一条小沟，使原来白嫩的脸变花了。

见状，王经理说道："尹经理别着急。若贵方的价格能灵活些，我方可以先试订一批货，也让你回去有个交代。"尹经理说："为了长远合作，我们可以在这笔交易上让步，但还请贵方多考虑我厂的要求。"双方就第一笔订单达成了交易，并同意就"一揽子交易条件"存在的分歧继续研究，择期再谈。

问题：

结合案例，分析谈判双方在商务礼仪和服饰上有什么不妥之处。

【案例6-3】

一次漏洞百出的接待

小张今年大学毕业，刚到一家外贸公司工作，经理就交给他一项任务，让他负责接待最近将到公司的一个法国谈判小组，经理说这笔交易很重要，让他好好接待。

小张一想这还不容易，他在大学时经常接待外地同学，这项任务难度不大。于是他粗略地想了一下接待顺序，就着手开始准备。小张提前打电话和法国公司方面核实了一下来的人数、乘坐的航班以及到达的时间。然后，小张向单位要了一辆车，用打印机打了一张A4纸的接待牌，还特地买了一套新衣服，到花店订了一束花。小张暗自得意，一切都在有条不紊地进行。

到了接机那天，小张准时到达了机场，谁知等了半天都没等到人出来。他左右看了一下，有几位外国人比他还倒霉，等人接他等得还久。他想，该不会就是这几位吧？于是朝他们晃了晃手中的接待牌，对方没有反应。等到人群散去很久，小张仍然没有接到对方。于是，小张去咨询处问了一下，咨询处工作人员说该国际航班提前了15分钟降落。小张怕弄岔了，赶紧打电话回公司，公司回答说没有人来。小张只好接着等，直到周围只剩下那几位外国人了，他才想到问一问也好。

谁知一询问，就是这几位。小张赶紧道歉，并献上一大束黄菊花，对方看看他，摆出一副很尴尬的样子，但还是接受了鲜花。接着，小张引导客人上车，客人们便拿着大包小包地上了车。

小张让司机把车直接开到公司指定的酒店，谁知因为处于旅游旺季，酒店早已客满，而小张没有预订，当然没有空的房间。小张只好把客人带到一个离公司较远的酒店，这家酒店条件要差一些，至此，客人已露出非常不快的神情。小张把他们送到房间。一心想将功补过的他决定和客人好好聊聊，这样可以让他们消消气，谁知在客人房间待了半个多小时，客人已经有点不耐烦了。小张一看，好像又吃力不讨好了，心想："以前同学来，我们都聊通宵呢！"于是小张告辞，并和他们约定晚上7点在饭店大厅见，公司经理准备宴请他们。

　　到了晚上7点，小张在大厅等，谁知又没等到客人。小张只好请服务员去通知客人，就这样，7点半他们才陆续来齐。小张想："法国人怎么睚眦必报？非得让我等。"到了宴会地点，经理在宴会大厅门口迎接客人，小张一见，赶紧给双方做了介绍，双方寒暄后进入宴席。小张一看宴会桌，不免有些得意："幸亏我提前做了准备，提前给他们安排好了座位，这样总万无一失了吧！"谁知经理一看对方的主谈人正准备坐下，赶紧请对方到正对大门的座位，让小张坐到刚才那个背对大门的座位，并狠狠地瞪了小张一眼。小张有点莫名其妙，心想："怎么又错了吗？"突然，有位客人问："我的座位在哪里？"原来小张忙中出错，把他的名字给漏了。客人都露出了一副很不高兴的样子。好在经理赶紧打圆场，神情愉快地和对方聊起一些趣事，对方这才不再板着面孔。一心想弥补的小张在席间决定陪客人吃好喝好，频繁敬酒，弄得对方有点尴尬，经理及时制止了小张。席间，小张还发现自己点的饭店的招牌菜辣炒泥鳅，对方几乎没动，小张拼命劝对方尝尝，经理脸露愠色地告诉小张不要劝，小张不知自己又错在哪里。好在经理在席间和客人聊得很愉快，客人很快就忘记了这些小插曲。等双方散席后，经理当夜更换了负责接待的人员，并对小张说："你差点坏了我的大事，从明天起，请你另谋高就吧。"小张就这样被炒了鱿鱼，但他仍不明白自己究竟错在哪里。

　　问题：

　　本案例中小张究竟错在哪里？谈谈一名优秀的商务人员应该注意哪些基本的礼仪。

第7章　演讲与演示技巧

本章要点

- ◆ 演讲的本质与特点
- ◆ 演讲的准备
- ◆ 演讲内容结构设计
- ◆ 演讲中的沟通技巧
- ◆ 视觉辅助工具的使用

我们在工作中，经常会碰到需要当众发言的机会，其实每个人都具备应对这项挑战的潜能，但是很多时候，更多的人会选择回避这样的挑战。即使是公司高管，面临公开演讲时也会有各种各样的困扰。相信学习完本章后，你会对演讲和演示有更加正确的认识。

7.1　演讲的本质与特点

演讲是人们在公开场合就某些问题、事件面对广大听众发表自己的见解，运用有声语言和非语言方式劝说和鼓动听众的一种沟通方式。演示是对演讲的辅助，演讲者借助投影仪等直观的视听辅助工具进一步展示观点，以实现更好的演讲效果。演讲和演示作为一种必要的交流形式在社会实践和管理活动中被广泛应用，增强演讲和演示的有效性成为大学生的必修课。

1. 演讲的本质

演讲是讲话，但不是随意讲话。传统的演讲主要有 3 种传播手段：一是有声语言，由语言和声音两种要素构成。要求吐字清楚、准确，声音清亮、圆润，语气、语调、节奏富于变化。二是态势语言，包括演讲者的姿态、动作、手势和表情，要求准确、鲜明、自然、协调。三是主体形象，体现为演讲者的体形、容貌、服饰、举止神态，要求演讲者妆饰朴素得体，举止神态大度潇洒、优雅大方。所以，演讲本质上是一种通过充分调动演讲者的语言艺术和形象魅力，从而增强感染力的沟通方式。而且，随着新媒体技术的发展，PPT 等视觉辅助工具的运用也越来越普遍，已成为现代演讲活动的第四种传播手段。

演讲是"讲"和"演"的统一。以"讲"为主，以"演"为辅。如果只有"讲"而没有"演"，缺少感人、动人的主体形象及表演活动，就会降低演讲的艺术性和感染力。如果只有"演"而没有"讲"，不注意口头语言强大的传播沟通作用，演讲就失去了最重要的功能。所以，"讲"与"演"这两个演讲的要素是缺一不可的，只有和谐地、有机地统一起来，才能构成完整的演讲手段。

2.演讲的特点

（1）目的性。演讲是人们交流思想的工具，也是最经济、最实用、最方便的传播工具之一，人人可用。演讲者在运用演讲这一工具时通常有明确的目的。演讲者会在强烈的演讲目的和动机的驱使下，通过演讲，表明自己的观点、唤醒听众的思想、激活听众的情绪、促使听众采取某种行动。相反，目的不明、可有可无的演讲肯定是会失败的。

（2）艺术性。演讲的艺术性主要体现在4个方面。首先，是内容组织上的艺术性。成功的演讲以具体感人的形象或深刻真实的事例说服人、感染人；或歌颂真善美，或鞭挞假恶丑，寓思想教育于其中。其次，是文采上的艺术性。演讲者以富有艺术性的口语为听众营造一种美妙的氛围，使听众在美的享受中得到启迪。再次，是演讲讲究音量的轻重强弱、音调的抑扬顿挫、节奏的起伏快慢、语速的停顿连接，语言运用上富有艺术性和技巧性。最后，演讲者在演讲过程中通过自身的气质、装扮、表情和体态等因素来传递艺术和美的信息。总之，成功的演讲能使人感受到强烈的艺术熏陶。优秀的演讲者本身就是一个艺术家。

（3）鼓动性。演讲的目的就是传递信息，影响听众，如果讲完后听众不知所云，没有产生共鸣，演讲的目的就不能实现了。成功的演讲必定具有很强的鼓动性和说服力，能够做到以理服人、以情感人。一方面，演讲者必须着眼于说理。离开了说理，即使内容再生动、辞藻再华丽，演讲也不可能打动听众的心。另一方面，演讲者必须以情感人，对于演讲中所涉及的人物、事件和问题，都应表明自己的态度，并以带有感情的方式表达出来，使听众从语言、声调、表情、眼神和手势中感受到演讲者的喜怒哀乐，以期引起听众感情上的共鸣。可以说，是否具有鼓动性是衡量演讲成功与否的一个标志。

拓展视频

北大女生刘媛媛的演讲《寒门贵子》

（4）现实性。尽管演讲具有很强的艺术性，但演讲属于现实活动范畴，不属于艺术活动范畴，演讲不同于相声、评书、朗诵、脱口秀，它是演讲者通过对社会现实的判断和评价，直接向广大听众公开陈述自己的主张和看法的现实活动。

7.2 演讲的准备

任何一次成功的演讲，无一例外都是精心设计、认真准备的结果。没有充分的准备，演讲是不可能成功的。演讲的准备包括明确演讲目的和主题、分析演讲听众、收集材料和准备讲稿、进行模拟演讲等方面。

7.2.1 明确演讲目的和主题

1.明确演讲目的

一个清晰的演讲目的会使你时刻把握演讲的重点，它也是唯一能够真实衡量演讲成功与否的标准。演讲目的一般包括传递知识和劝说。

在以传递知识为目的的演讲中，演讲者通常只集中阐述某事是如何进行的、意味着什么或该怎样做。例如，在一般性报告或汇报项目的过程中，演讲者只需解释工作是如何开展的，或只需宣布公司的某种策略。知识性演讲追求的主要效果是让听众接收某些知识，如告诉听众如何帮助残疾人，告诉听众某疫情的特征和预防措施。

在以劝说为目的的演讲中，演讲者站在一种稳定的立场上，设法使听众接受或支持这种立场。例如，在营销演讲中，演讲者往往试图说服听众，以推销自己的想法或一件产品，或尝试改变听众现有的想法和行为。因此在劝说性演讲中，演讲者应把重点放在寻找可利用的最好信息来支持自己的观点上。劝说性演讲的理想效果是让听众采取直接的行动，如说服听众购买低排放的新能源轿车，使听众相信精神压力的减轻可以降低患心脏病的概率及减少心脏病发作的风险。

2. 确定演讲主题

演讲主题就是演讲题目，它的确定要考虑 3 个方面。首先，演讲主题应当是人们现实生活中急需解决的问题。选择那些能解决人们普遍关心的、急于得到答案的问题作为演讲主题，演讲才更有价值。其次，演讲主题应该包含演讲者的独到见解，那种人云亦云、缺乏真知灼见的演讲是很难获得成功的。最后，演讲主题要集中，要有重点。整个演讲应紧紧围绕演讲主题，把问题讲深、讲透，给听众留下深刻的印象，才能取得良好的效果。

拓展视频

乔布斯的演讲魅力

在确定演讲主题以后，演讲者还需要进一步确定主题句。主题句可以是演讲题目，演讲者也可以另拟一句话作为主题句。主题句就是能够引导听众，帮助演讲者出色完成演讲的、强有力的、简洁的、令人难忘的语句。许多演讲就是因为没有合适的主题句，显得只是把成堆的信息一股脑地抛给听众，并且演讲者以为这样就能自然而然地堆砌出一个聪明的结论来，但事实并非如此。听众是需要而且也想要被引导的，更何况听众不一定会听到演讲中的每一句话。演讲者只有用一个难忘的主题句去引导他们，在演讲中多次重复这句话，才能与听众维持一种坚固的联系，达到演讲的目的。例如，马丁·路德·金在他于 1963 年的演讲中通过反复强调"我有一个梦想"这样一个强有力的主题句，把自己乐观的信念告知当时正处于社会动荡中的美国民众，如今它依然具有强大的震撼力。

7.2.2 分析演讲听众

明确演讲目的后，接下来的一项重要工作就是分析演讲听众。演讲者如果事先不了解听众的背景、态度、兴趣、心理特征和意愿等，就很难保证演讲主题和内容能够吸引听众。一般来说，分析演讲听众会从以下两个方面着手。

1. 分析听众构成

（1）听众人数。一般来说，人数越多，听众越容易受群体思维的影响。所以在听众人数较多的场合，演讲者更需要变更说话的语调，丰富内容的感性成分。对出席人数做尽可能准确的估计，有利于演讲者决定需要采用什么样的辅助手段和风格。

（2）听众的年龄结构。听众的年龄不同，其思维方式和价值观就会有很大的区别。例如，青年听众大多具有冲劲和爱挑剔的特点，而中老年听众则较含蓄和稳健。演讲者只有注意到听众的年龄结构，才能保证演讲风格适应听众的要求。

（3）听众的受教育程度。演讲者所使用的语言、词汇以及演讲方式都要匹配听众的受教育程度。一般来说，对于受教育程度比较高的听众，演讲者应强调逻辑和理论依据；而对于受教育程度较低的听众，演讲者则可以考虑应用更多的例子和施加情感方面的影响。

（4）听众的职业构成。不同职业的听众所关注的话题往往是不同的，了解听众的职业结构有助于演讲者选择听众感兴趣的主题。

（5）听众的性别结构。听众的性别不同，关注点和兴趣也会不同。演讲者通常需要根据听众的性别构成来确定演讲用语、风格、方式和语调，从而保证演讲获得最佳效果。

2. 了解听众的观点和意愿要求

演讲者应该事先了解听众的观点和意愿要求，在此基础上确定主题、选择适当的演讲内容，这样才能保证演讲具有针对性，以得到听众的好评。演讲者应当特别注意那些对演讲主题有敌意或好感的听众的意见，把握和满足他们的意愿要求。获得听众的观点和意愿要求的方式有多种，演讲者可以通过演讲组织者或主持人事先对听众进行调查，也可以提前到场与部分听众进行交流，还可以事先向其他演讲者请教等。

7.2.3 收集材料和准备讲稿

1. 收集材料

演讲者只有广泛地收集材料，才能在演讲时做到游刃有余，博采各家之长，自成一体。收集材料不外乎有两个途径：直接的和间接的。演讲者通过自己的观察、调查和体验，直接获取的材料称为一手材料。这是为演讲者所独有的材料。演讲者通过阅读和查找杂志、报纸、书籍和网络资料等途径获取的材料称为二手材料。由于二手材料的获取途径广泛，费用较少，是演讲中最常用的材料。不过，演讲者应对二手材料进行核对和甄别，以确保二手材料的真实性。

到底什么样的材料、内容或话题才能够吸引听众的注意力呢？卡耐基曾对此做过一番调查，他发现人们对那些亲身体验或最熟悉的事情往往是最有发言权的，其中有儿时的经历，早年的奋斗，自己的嗜好、信仰、愿望，以及自己的事业和家庭等；演讲者对那些不了解、不熟悉的东西是讲不好的，对于这样的话题，至多能谈及皮毛，而谈不出什么名堂来，当然也就很难吸引听众的注意力。

2. 筛选和使用材料

刚收集到的材料只是素材，还需要进行筛选。演讲者只需要把那些最能够充分支持主题、最适合听众、最具有典型性、最生动、最真实和最有说服力的材料写入演讲稿或演讲提纲就够了。不过，被筛选下来的材料也需要注意保存，以备不时之需。

对于选中的材料，首先，演讲者要进行归类，确定用哪些材料来说明哪个问题。其次，要确定使用材料的先后顺序，安排好先使用哪些材料，后使用哪些材料，尽量使顺序合理。再次，还要注意为了吸引听众的注意力，演讲者应当适当穿插一些趣味性材料，以增强演讲效果。此外，演讲者还应该注意材料和结论之间的推理过程是否足够严密，要避免从同样的材料中得出不同的结论。最后，演讲者要注意综合使用视觉的和听觉的或者数据的和具有色彩变化的等多种形式的材料，来达到最佳的演讲效果。

3. 撰写全文演讲稿或演讲提纲

接下来演讲者要对收集和选好的材料进行周密的组织和认真推敲，进而形成结构合理、条理清晰、内容充实、逻辑严密、文句流畅，且结论令人信服的演讲稿。演讲稿既可以是一字不落的全文演讲稿，也可以仅仅是演讲提纲。有经验的演讲者通常会精心准备一个演讲提纲，而不需要撰写全文演讲稿。不过，不管是全文演讲稿还是演讲提纲，其基本结构都包括开场白、演讲主体和结尾 3 个部分。

拓展阅读

采用记事本或提纲式的表达方式

在众多的表达方式中，演讲者采用哪一种表达方式的效果最好呢？应当采用背诵、朗读还是其他方式？缺乏经验的演讲者常常认为应当把演讲稿全文背诵下来。但是一般来说，背诵式的演讲会给人一种呆板和不自然的感觉，而且靠背诵演讲稿来演讲的人一旦忘记背到了哪里，情况将变得非常糟糕。其实，演讲并不要求演讲者将全部内容背下来，但是如果将演讲中的某些精彩部分记下来将起到很好的效果，会给人留下深刻的印象。

那么，朗诵是不是一种演讲的好办法呢？朗诵演讲稿意味着你对自己演讲的内容不熟悉，听众会对你的专家身份和演讲的权威性产生怀疑。朗诵演讲稿也会妨碍你与听众之间的目光交流，你就会失去根据听众的反馈改进演讲内容的机会。

其实，记事本或提纲式的表达方式才是最适合演讲的表达方式。所谓记事本或提纲式的表达方式就是演讲者事先在记事本或演讲提纲中列出演讲中的关键句子和主要想法。记事本或演讲提纲中并不需要包含全部内容，而仅仅包含介绍主要内容的几个完整的句子。演讲者经过准备和练习，在正式演讲时就按照事先准备的记事本或演讲提纲中的内容，以一种谈话式的口吻向听众进行演讲。这种记事本或演讲提纲式的表达方式既可以帮助演讲者不偏离主题，也能够提示演讲者。当然，前提是演讲者对整个演讲进行了充分的准备，对演讲内容已经充分熟悉。

7.2.4 进行模拟演讲

演讲者要演讲得熟练、行云流水、潇洒自如，必须要进行大量的模拟练习以及必要的场地适应准备。

1. 自我模拟练习

（1）背熟稿子。用自己的语言描述演讲内容，而不是死记硬背。可对着镜子反复演练。

（2）计时。用秒表计时，或者使用 PPT 的排练计时功能。一般演讲都有时间要求，演讲者要准确把握时间。在模拟练习时必须计算出演讲需要的时间，再看看演讲是否过长或过短。大部分模拟练习的时间都比正式演讲时要长，一般来说，演讲时间要比模拟练习时间少 25%～50%。

（3）录音。演讲者应把要演讲的东西进行录音，通过回放录音纠正一些问题，如重音的使用不当，重复使用语气词，如"啊"或"呃"等。演讲者可以反复调整、修改演讲内容，直至满意。

（4）录像。演讲者可以把自己的演讲过程拍下来，对比观看，以纠正自己的肢体语言和站姿。

2. 视觉辅助工具的准备

听众更容易遗忘纯言语表达的演讲内容，而对于把言语与视觉辅助工具结合起来进行的演讲，更容易理解和记忆。在听众看来，那些在演讲中能熟练地使用视觉辅助工具的演讲者会显得更专业、更有说服力。为了帮助听众更好地理解演讲内容，增强演讲的说服力，准备适当的视觉辅助工具常常是必要的。

3. 寻求反馈

演讲者应找别人（最好是演讲高手）充当"评委"，在看完你的演讲后给你反馈，然后进行修正。要注意请他们提出建设性的批评，而不仅仅是表扬。可以多问"评委"几个问题，比如他们明白你演讲的内容吗？你演讲的内容有连贯性和逻辑性吗？他们认为你演讲的速度是快还是慢？PPT 是否与演讲的内容协调一致？然后根据"评委"的意见进一步修改演讲内容。

做上述准备时演讲者可能会觉得很麻烦，但每个成功的演讲者都是这么走过来的。例如，曾任微软全球副总裁的李开复先生在刚开始演讲的时候，就要求自己每个月做两次演讲，而且每次都要请一个朋友去旁听并在听完之后给他提出意见。他对自己承诺，不事先排练3次，决不上台演讲。

4.适应场地

演讲者事先应当熟悉并适应环境，一定要来到演讲场地，观察、走台、试话筒，要确保自己所准备的材料、视觉辅助工具和其他演讲手段在演讲场地能够正常使用。试场地也是一种彩排，能让演讲者安心、不紧张；同时，演讲者可以观察是否需要根据场地大小，改变自己的声音大小、动作走位，以及怎么样才能更好地与听众互动。

5.演讲前的放松

在上场前，演讲者可以做口播操，听一些欢快的音乐，让自己慢慢兴奋起来。有条件的也可以跳跳舞，活动一下身体。如果场地不方便，也可以深呼吸几次：缓慢、深深地将空气吸入腹部然后再慢慢地把气完全呼出，做完一次后可以暂停一下；试试用鼻子吸气，用嘴呼气；深呼吸时要避免呼吸过快或呼吸过浅，只停留在胸部；要让全身都做好准备。

如果演讲者做好以上这些准备，相信其站在台上时会无比自信，其演讲也会让听众印象深刻。

7.3　演讲内容结构设计

合理的演讲内容结构设计是一场演讲成功的基础，它要求演讲者在演讲之前对于如何开头、如何结尾、何处为主、何处为次、怎样铺垫、怎样承接等进行精心推敲，做到了然于胸。完整的演讲内容包括演讲开场白、演讲主体和演讲结尾3个部分。

7.3.1　演讲开场白

无论演讲是长还是短，演讲者在演讲开始时花费几分钟时间做开场白都是必要的。尽管开场白简短，所花时间不长，但是对于提高演讲者的可信度、调动听众兴趣、帮助听众理解整个演讲都是非常重要的。比较常用的开场白的表达形式有以下几种。

1.提问式开场白

这是常用的一种开场方法，指演讲者通过提问，让听众先产生疑惑，进而想知道这个问题的答案，从而让他们能够认真听其接下来的演讲。而提什么样的问题至关重要。演讲者必须充分了解其听众，从听众的角度出发来发现听众的痛点和痒点，这样其抛出的问题才会有针对性，也能极大地调动听众的求知欲望。

比如，你准备向一些公司高管介绍如何提高开会效率时，可以这样提问："你工作中的大部分时间是否会浪费在开会上？""你是否曾经开了几个小时的会后发现问题仍然没有解决？""如何开会才能提高效率，才能更好地解决问题呢？"……

在开头向听众提几个问题，让听众共同思考，可以立即引导听众进入共同的思维空间。演讲者提出的问题，既可以是需要听众立即回答的，也可以是不用回答的，仅仅用来吸引听众的注意力。至于选择哪种形式的问题，则要根据演讲主题而定。但需要注意的是，无论演讲者提出什么样的问题，在提问后都要把自己的意见讲出来。

2. 列举事实的开场白

准确运用各类事实和数据，能让演讲更具有说服力，也能让听众从事实和数据中感受到演讲主题。这些事实和数据仿佛拥有魔力一般，能让听众很快进入演讲情境中。例如，一位学者在题为"如何挑选配偶"的演讲中这样开头："今天，离婚率的高涨令人触目惊心。1990 年时，5～6 桩婚姻中有 1 桩会触礁；到了 2020 年，结婚与离婚的比例已变为 2∶1 了。"

演讲者在陈述惊人的事实时，可以采用倒叙的方法，即先把事情的结果讲出来，然后叙述事情的经过，这样更容易引起听众的好奇心。

3. 讲述故事的开场白

作为聆听者，你是喜欢听道理，还是喜欢听故事呢？只要与你演讲的主题相关，人人都会更喜欢听动人的故事。

实 例

2008 年，全球金融危机中，很多企业都陷入困境，经济整体迅速下滑，星巴克也在所难免。股东发现星巴克的开支很大，其中有一笔是员工的保险金，高达 3 亿美元。董事会看这笔支出太高了，于是跟 CEO 霍华德·舒尔茨说："不行，你看现在生意都做不下去了，员工的保险金还高达 3 亿美元，把它剔除了吧。"

霍华德听完股东的表态后，走到股东面前演讲："在我 7 岁那年，我的父亲还在打临时工，在打工的过程中，不小心把腿摔断了。我的父亲没有买保险，又没办法继续去工作。那个时候我的妈妈也没有工作，于是我们家借了很多钱，每天晚上都会有人打电话来催债。我的爸爸和妈妈蜷缩在角落里，他们的眼神非常恐惧和无助，这也暗示着我：他们不敢接电话。当时我才 7 岁，我够不着电话，就搬了一个小凳子，踩在小凳子上去接电话，听着追债的人破口大骂……那个时候我就在想，如果有一天我长大了，我要是一个公司的 CEO，我一定不会让我的员工跟我的父亲一样遭受这样的境遇。"因为这段演讲，霍华德打动了所有的股东，员工们的保险被保住了。

这就是故事的力量，试想一下，如果霍华德讲一大堆的道理与股东据理力争，相信结果一定大相径庭。这个故事里包含着霍华德的价值观，即员工医疗和生命安全对企业是非常重要的，因为在他的理念里，员工是第一位的。

精明的演讲者有时会在一开始就通过一个故事，以一种非常轻松、非常真诚、有连接性的方式，把他的价值观传输给听众。

4. 设置悬念的开场白

人们都有好奇的天性，一旦有了疑虑，非得探明究竟不可。为了激发起听众的强烈兴趣，演讲者可以使用设置悬念的手法。在开场白中制造悬念，往往会取得奇效。

实 例

有位教师举办讲座，这时会场秩序比较混乱，有些听众对讲座并不感兴趣，教师转身在黑板上写了一首诗："月黑雁飞高，单于夜遁逃。欲将轻骑逐，大雪满弓刀。"写完后他说："这是一首有名的唐诗，广为流传，又选进了小学课本。大家都说它写得好，我却认为它有点问题。问题在哪里呢？等会儿我们再谈。今天，我要讲的题目是'读书与质疑'……"

制造悬念不是故弄玄虚，既不能频频使用，也不能悬而不解。演讲者应在适当的时候解开悬念，使听众的好奇心得到满足，也使前后内容互相照应，结构浑然一体。

如上述例子，讲座即将结束时，教师说："这首诗的问题在哪里呢？不合常理。既然是月黑之夜，怎么看得见雁飞呢？既是严寒季节，北方哪有大雁呢？……"这样首尾呼应，能加深听众印象，强化演讲内容，令人回味无穷。

5. 即兴发挥的开场白

有时，你已经准备了一段开场白，但临时会场上发生了一些意外情况，那么你不妨大胆地根据会场气氛，即兴发挥。这样，你的演讲就与现场气氛紧密联系在一起，从而引起听众强烈的共鸣。

实例

1985年下半年，冯骥才应邀到美国访问。一天，旧金山某文化中心邀请他去演讲。美国人参加这类活动是极其严肃认真的，必定是西装革履，穿着整整齐齐。而且这类活动对演讲者的要求很高，演讲者必须口若悬河、机智敏锐，而且要幽默诙谐，否则听众就不买你的账，甚至会纷纷退场。演讲即将开始，大厅里座无虚席。旧金山某文化中心负责人葛浩文先生向听众介绍说："冯先生不仅是作家，而且是画家，以前还是职业运动员。"

简短介绍完毕，大厅里一片寂静，只等这位来自中国的作家开讲。这时，冯骥才也很紧张，这台戏不好唱啊！只见冯骥才沉默了片刻，当着大家的面，把西服外套脱了下来，又把领带解了下来，最后竟然把毛背心也脱了下来，然后慢慢说道："刚才葛先生向诸位介绍了我是职业运动员出身，这倒引发了我的职业病。运动员临上场前都要脱衣服，我今天要把会场当作篮球场，给诸位卖卖力气。"全场听众大笑，掌声雷动。

6. 妙用道具的开场白

如果演讲者上台的时候除了麦克风，手上还拿着一个物品，如拿着一本书上台，可以猜想下，台下的听众会有什么样的反应？如果演讲者站在台上不说话，全场听众更会一片好奇，这时演讲者只需从左到右地用眼神扫视一遍听众，然后直接开讲，所有人就会关注到演讲者手上的道具，这就是妙用道具的开场方式。这个道具可以是一本书、一支笔、演讲者的一个产品、某件很有深意的纪念物等，能帮演讲者把听众的注意力吸引过来，如下面这段开场白。

"我想告诉各位，今天在我手上的这本书是我生命中非常重要的一个礼物，这个礼物是我外婆送给我的，我已经保存18年了，可是外婆已经不在了，我要把它永远珍藏在心里。因为外婆是我生命中最重要的人……各位，在你的生命中，谁是你最重要的人呢？"

先展示自己的物品，然后介绍这个物品的来源，这个来源也许会让很多人感同身受并引发其思考。又如，你在做团队激励时，也可以拿着一张团队的全家福，让演讲变得更有趣，让情感链接变得更明显，让听众获得积极向上的力量。

实例

有一次，陶行知先生在武汉大学演讲。他走上讲台，不慌不忙地从箱子里拿出一只大公鸡。台下的听众全愣住了。陶先生又从容不迫地掏出一把米放在桌上，然后按住公鸡的头，强迫它吃米，可是大公鸡只叫不吃。他又掰开鸡的嘴，把米硬往鸡嘴里塞。大公鸡拼命挣扎，还是不肯吃。最后陶先生轻轻地松开手，把鸡放在桌子上，自己向后退了几步，大公鸡自己就吃起米来了。

这时陶先生则开始演讲："我认为，教育就跟喂鸡一样。老师强迫学生去学习，把知识硬灌给他，他是不情愿学的。即使学也食而不化，过不了多久，他还是会把知识还给老师。但是如果让他自由地学习，充分发挥他的主观能动性，那效果一定会好得多！"台下一时间掌声雷动，为陶先生形象的开场白叫好。

比尔·盖茨在 Ted 做演讲时，也用了道具做开场白，他推了一个桶出来，这个桶里面装的都是食物，他说："在小时候，我最担心的是核战争，所以我会在地下挖洞以便能及时躲藏进去。可是我后来发现，最让人紧张的不是核战争，而是病毒。"

这个开场白多么富有智慧啊，先推出一个大桶，引起大家的好奇，讲到自己最怕核战争，所以会挖洞以便躲进去，因此桶里面装的都是食物。这非常迅速地吸引了听众的注意力，也引发了大家对即将开展的演讲的兴趣。

～～～～～～～～～～～～～～～～～～～～～～～～～～～～～～～～～～～～

7. 语出惊人的开场白

语出惊人的开场白方法非常有力量。它特别适合在现场的听众已经有些昏昏欲睡，氛围不是太热烈的前提下使用，也适用于演讲者作为第三或第四个演讲嘉宾的时候，因为前面的演讲嘉宾都讲了很多，轮到演讲者时，其就可以用不同的开场白来"炸醒"听众。

曾经有一个团队过万的领导人在做跨年演讲时，有很多新伙伴慕名而来，对她充满无限的崇拜，一直在期待她的演讲中会有什么样的金句和豪言壮语。没想到她一开口，几乎把现场所有人都惊住了，她是这么说的："我最讨厌做微商的人，以前在朋友圈，发现有人卖货，我第一次会提醒，超过 3 次就直接把这个人拉黑。我曾经心里想，不至于吧，怎么生活沦落到这个地步呢？直到有一天，我遇见了一个人……他说了这样一段话……这段话直击我的心。从那一刻开始，我开始重新定义微商……后来我疯狂地爱上了微商……"

当时她的开场白立刻迎来了雷鸣般的掌声。这种开场白实际上就是故意把某些观点说得比较极端，甚至听上去不可思议。比如，马云曾在做开场白时说："我们今天这个伟大的世界其实是懒人创造的！"当然，他所讲的懒人并不是平常意义上的懒人，而是指那些为了顺应人类的懒惰天性而做出许多发明创造的人。

语出惊人的开场白类似于写作中的先抑后扬，让听众实际听到的和期待中的内容有极大的反差，那一瞬间，听众的神经都处于紧绷的状态。作为演讲者，我们的目的就达到了，因为我们就是要吸引听众的注意力。

7.3.2　演讲主体

演讲主体也称正文部分，它直接影响演讲质量的好坏，是非常关键的一个部分。演讲主体在结构安排上离不开提出问题、分析问题和解决问题。但它的安排又不遵循一成不变的刻板的公式。演讲者应当根据演讲主题的需要，恰如其分地安排好演讲主体的层次结构，做到层次清楚，逻辑紧密，重点突出，内容连贯。演讲者在安排演讲主体的结构时还要注意到，演讲的结构不同于文章的结构，不能肆意铺排，不可太复杂。文章可以反复看，结构复杂一些，读者反复揣摩也会弄懂；但演讲一遍就过，如果结构过于复杂，听众会抓不住重点，始终不得要领。演讲主体的设计应注意以下事项。

1. 限制主要论点的数量

演讲中的大论点数量以 3~5 个为宜，而每个大论点的分论点不要超过 3 个。演讲者应该用简明而不冗长的解释来展开各个论点，这样能够保持演讲内容的简练、清晰。论点太多，听众不易领会和记忆，会影响演讲的效果。

2. 使用清晰的承接词进行过渡性表达

演讲与书面表达不同。由于听众更容易遗忘前后内容之间的联系，所以演讲要求演讲者更多地使用承接词，以帮助听众搞清楚前后内容之间的逻辑关系。在进行书面沟通时，读者根据"第一，第二"就可以清楚地理解前后内容的层次、条理和逻辑关系，但在听演讲时，听众很难搞清楚当前所叙述内容的层次、条理和前后逻辑关系，所以在演讲中应当明确所讲的内容所在的层次，尽量不要用"第二""另外"等太过简短的承接词。例如，把"第二"改为"我的第二个建议是"，"这个问题的第二个答案是"，或者说"开发这个新市场的第二个好处是"，这样就可以使听众感到条理清晰。

3. 使用阶段性小结

有一句话是"重要的事情说3遍"，重复的确是加深记忆的好办法。演讲者在叙述完一个重要观点后，应当做一个提纲挈领式的归纳小结，让听众有机会简单地整理一下所听到的内容，并做好倾听下一个论点的思想准备，如"我们已经讨论了这个市场开发方案的第三部分：价格决策及其实施。下面我们来讨论这个方案的第四部分：渠道策略的选择及实施。"

4. 准备更多内容

在演讲中，主持人或听众可能临时会要求删去他们不感兴趣或已经熟悉的部分；演讲者自己也可能由于叙述速度把握失误，发现所准备的资料不够多；听众也可能要求演讲者就某一个论点进行更深入的探讨。所以，不论进行何种演讲，演讲者都应准备比实际需要更多一些的内容，以防陷入因内容不够而不得不过早结束演讲的尴尬局面。

7.3.3 演讲结尾

演讲结尾就像开场白一样重要。如果演讲结尾草草了事，就会使整个演讲的效果大打折扣。而精彩的结尾则能给听众留下深刻的印象，让人回味无穷。演讲结尾主要应当实现3个目标：一是重温演讲的主要观点；二是进一步引导听众深思，产生一种意犹未尽的效果；三是提供行动力，促使听众行动。

要实现上述目标，演讲结尾一定要精彩。成功的演讲结尾要求在演讲即将结束时及时、适度地掀起一个小高潮。在演讲即将结束时，用一定的方式和精彩、感人的言语总结演讲中的要点，能获得良好的效果。

典型的演讲结尾方式有以下几种。

（1）提出令人深思的问题。这是指演讲者在演讲结尾时提出令人深思的问题，对听众形成强烈的心理冲击，促使听众进行更深层次的思考，往往能够取得理想的效果。

（2）总结演讲的主要观点。演讲中所传递的观点都是演讲者经过长时间深思熟虑得出来的。听众在听演讲过程中未必能全部掌握和理解。即使是一直仔细听的人，到演讲结束时也常常无法全部记清演讲者的主要观点和内容。演讲者在演讲结尾时总结自己的观点，能起到提纲挈领、前后呼应的作用。

拓展视频

学者的霸气演讲
诠释中国梦

（3）请求或鼓励采取行动。对于以劝说听众采取行动为目的的演讲，演讲者在演讲结尾时应提出行动请求。不过，演讲者在提出行动请求或鼓励采取行动时应注意以下几点：首先，演讲者一定要对听众提出明确的要求，而不能过于笼统；其次，演讲者所提的要求必须是合情合理的，而不能是无法实现的；最后，演讲者所提的要求应当是易于采取行动的，如果要求采取的行动过于麻烦，就很难保证取得比较好的效果。

（4）用美好意愿进一步增强演讲效果。在演讲结尾时，演讲者要以富有激情的词语、充沛的感情来表达一些美好的愿望，感染听众，以期引起听众的共鸣，从而增强演讲效果。演讲结尾的一段热情洋溢的话、一组充满激情的排比句，都有可能使听众的情感得到升华，进一步增强演讲效果。

7.4 演讲中的沟通技巧

7.4.1 演讲语言表达技巧

1. 表达个性化

听众在听演讲时首先关心的是演讲是不是针对他们的，如果听众认为演讲内容与他们毫不相干，他们就会失去耐心。为此，演讲者应当使自己的演讲与特定的听众群体连接起来，定制出只针对某些特定群体的个性化演讲，至少要让听众感到这次演讲是专门为他们准备的。要使演讲个性化，演讲者可以采用下面几种方法。

（1）直接引用听众或听众周围的事例。如果演讲者在演讲中直接提及某位或某几位听众的名字或听众所熟悉的人、公司或其他组织，就会让听众感到演讲内容确实与他们是息息相关的。例如，"在许多行业，库存费用往往会占到生产成本相当大的比例。据在座的张先生他们公司的统计，其库存费用甚至高达生产成本的8%……"

（2）提问。直接向一位或多位听众提问，吸引听众参与，让听众思考和讨论，从而提高听众的兴趣和参与热情。使演讲由单向传播转变为双向互动，提高演讲的个性化程度。

（3）即时化。演讲者引用最近的，甚至当天发生的最新事件或进展来支持演讲中的观点。这样做能让听众感到其所传递的所有信息都是最新的，并且与现实生活高度相关。

（4）当地化。寻找演讲地点与演讲主题相关的一些事实来增加演讲的当地化程度。

2. 清晰精练

清晰就是清楚明白、通俗易懂。演讲者在演讲前要深入思考和提炼演讲的主题思想，形成明确的观点，理顺结构条理和前后顺序。只有思维清晰了，表达出来的内容才会清楚。

精练与清晰有直接的联系，也就是说话干净利索，遣词造句准确简洁、详略得当，不啰嗦、不带口头禅。同时，演讲用词要能够精确地表达演讲内容的本质和相互关系，避免产生歧义和引起误解。

3. 上口入耳

演讲中的每一句话都是稍纵即逝的，要让听众容易理解、容易记忆，演讲者就要尽量避免使用长句和复杂句子，减少修饰和限制成分。演讲中要多用短句，力求简洁明快、生动有力。演讲的语言要口语化、好理解，以便观众听明白，因此演讲者需注意以下几点。

（1）把长句改为短句。例如，"建于公元前26世纪的位于埃及首都开罗西郊的胡夫金字塔是世界七大奇迹之一"，因为句子太长，说者与听者都很费劲，所以这句话应该改为"埃及胡夫金字塔是世界七大奇迹之一，它建于公元前26世纪，位于埃及首都开罗西郊。"

（2）把倒装句改为常规句。例如，"'雷峰夕照'的真景我也见过，并不见佳，我以为"（鲁迅《论雷峰塔的倒掉》），在演讲中为了保证意思的前后连贯，这句话最好改为"我也见过'雷峰夕照'的真景，但我以为并不见佳"。

（3）把生僻词改为常用词。生僻词不易为听众所熟悉和理解，应改为常用词。

（4）把单音节词改为双音节词。在写作中为了行文简洁，经常用单音节词，但在口语中，为了更通俗易懂，要将其改为双音节词。例如，应——应该，如——如果，经研究——经过研究。

（5）把精确的数字改为约数。口语中，不需把数字精确化，尤其是大数和带有小数点的数字，约数更便于听众记忆。例如，"需每月还贷2789.3元"应改为"需要每月还贷约2800元"。

4. 形象生动

演讲要用鲜明生动的语言，使抽象的事物具体化、深奥的道理浅显化。这就要求演讲者要善于用形象的语言来充分调动听众的感官——听觉、视觉、嗅觉、感觉、味觉等，使听众身临其境。望梅止渴就是一个很好的例子。

使演讲语言形象生动的一个重要方法是运用修辞手法，即运用引用、比喻、排比、重复、拟人、双关、设问和反问等修辞手法对语言进行必要的加工，使之更富有感召力。比如，恰当贴切的比喻是启迪和说服听众的有效工具之一。排比运用得当，既可以增强语言的节奏感和旋律感，又可以加强语势。

7.4.2 声音表达技巧

声音表达的好坏取决于音量、语气与语调、语速与重音等因素，以下就几个主要因素做简要说明。

1. 音量

演讲者发音要洪亮圆润，音量比平时要高，但不是声嘶力竭地高喊。专业的演讲者能用胸腹联合式呼吸方法，使说话时气息稳劲、持久、自如，便于灵活控制。当然，这需要长时间的练习。

一般来说，在公众演讲场合，演讲者更应大声地演讲，因为发声装置离自己的耳朵很近，可能认为自己演讲的声音很大，实际上却比想象的小。这就意味着演讲者的音量可能需要比自己感觉合适的音量更大。因此，演讲者要注意检查后排的人是否能听见自己的声音，如果演讲的地方非常大，甚至可以问后排的人能否听见自己的声音。

2. 语气与语调

语气语调就是指说话时声音的高低、轻重、快慢、停顿的变化。这种变化对于表情达意来说，具有非常重要的作用。同样一句话，由于语调轻重、高低、快慢、停顿等的不同变化，在不同的语境里可以表达出种种不同的思想感情。一般来说，表达坚定、果敢、豪迈、愤怒的思想感情时，语气急骤，声音较重；表达幸福、温暖、体贴、欣慰的思想感情时，语气舒缓，声音较轻。只有这样，演讲者才能通过声音传情达意。

在演讲中，演讲者应避免使用单一不变的语气语调。如果演讲者从头到尾都用相同的语气语调，会令听众感到机械、乏味；如果演讲者能生动活泼地改变语气语调则会使演讲富于变化，显得格外有生机。

3. 语速与重音

语速，即讲话时声音的快慢。语速一方面受演讲内容的控制，一般来说，说明性文字用正常语速，叙述性、描写性文字用较慢语速，议论性、抒情性文字要用富有快慢变化的语速。另一方面，语速的快慢还要考虑到语言自身的形式和特点。例如，散乱冗长的句子和发音拗口的词汇，不宜说得太快；而整齐富有韵律色彩的语句，说得快些，才听得顺耳。另外，如果你的发音不是太标准，带着一些口音，你要有意识地讲得慢一些，让大家逐渐习惯你的语音。

有些语句应根据需要加以强调。一般在这些地方应该落重音：突出语句中的中心词、体现逻辑关系（如转折、因果）的对应词、点燃感情色彩的关键词。演讲中重音位置不同可以表达不同的意思，演讲者要根据演讲目的、内容特点和表达需要，来确定重音位置，并在声音上做出相应的变化。

7.4.3　身体语言表达技巧

1. 外表

当你从椅子上站起来走上讲台演讲时，听众对你的第一印象将来自你的外表。听众会注意你如何着装，在讲台上是否充满自信，以确定其对这次演讲是否感兴趣。良好的外表不仅能够使听众对你产生积极的印象，也能给你提供心理上的支持。

要注意穿与演讲主题和现场氛围协调的服装。如果是一个正式场合，要穿正规服装；如果是非正式场合，要穿别人认为你会穿的服装。你如果对此不了解，就要请教一下邀请你演讲的组织。

尽量不穿那些使听众分心的服装，如避免穿印字的 T 恤。T 恤上的文字可能会使人分心，听众可能会把他们的注意力转移到猜 T 恤上所印的文字上，特别是当某些文字被讲台挡住时。同时，演讲者也要避免佩戴任何可能诱惑你摆弄的东西，脖子上的围巾或珠宝可能会引起这方面的麻烦。

2. 站姿

站姿主要指站立时躯干的形态。演讲者应该站如松，切忌神情慌张、弯腰驼背、摇头晃脑、频频抖脚。站立时身体略向前倾，重心落于双腿间，腰杆挺直但不僵硬，两肩尽量放轻松，气定神闲、从容不迫，双手自然下垂或在身前交叉。

3. 身体移动

演讲时的位置移动会使听众有参与感，能舒缓演讲者的紧张情绪。演讲者应采取缓慢移动的方式。如果是环形会场，演讲者一般应在讲台中间走动，不走边缘路线。演讲者要走直线，可设定几个停留点，每到一个停留点的时候，环顾四周，停留 1 分钟左右，再缓慢地走去下一个点；从最后一个点再缓慢地退回到起点，尽量直走直退，退回的时候一定要面对着听众。在要退回起点的时候，进行结尾性演讲。走动的范围、幅度不宜过大，频率不宜过勤。

4. 目光接触

目光接触有助于演讲者建立与听众的联系，让每个听众都觉得演讲是说给他听的。因此，目光交流的范围应覆盖全场，目光应以 S 形或 Z 形适当游移，从而接触到每位听众。一定要避免背对着听众。如果你需要看自己的 PPT，也要尽量保持面对听众，从一个斜的角度去看 PPT。

5. 手势

手势可以增强话语的形象性，强化内容焦点，使其更加明确有力，易于听众跟随。演讲者应将手臂放在身侧，动作应自然有力、不夸张。强调想法时，手的动作幅度要尽量放大。上臂不贴紧身体，勿抱于胸前或小腹前。手势动作的范

拓展视频
演讲中的手势

拓展视频
上台演讲如何打手势

围要在腰部以上，大方自然。出掌时要并指，虎口要张开，出拳时手要紧握。

演讲者还要避免手势的单一化，根据演讲内容不时换一换手势，同时注意手势与面部表情的配合。

7.4.4 避免怯场的方法

有调查表明，大多数人，甚至相当多的名人在演讲时都会有不同程度的紧张、焦虑和恐惧。这些都是演讲怯场的表现。其实，在演讲之前的这种紧张、焦虑和恐惧是一种非常自然的体验，是很正常的现象，关键是演讲者需要掌握克服演讲怯场的策略和技巧。

1. 充分准备

充分准备是减少和避免怯场的有效办法之一。经过充分准备的演讲者会感到自己胸有成竹，就能自然而然地克服怯场的情绪。而那种毫无准备或准备不充分的演讲者自然是紧张和焦虑的，当然其演讲效果一般也不会太好。准备充分的演讲，主要体现在下面一些方面。

第一，事先对演讲主题进行积极的思考，对演讲内容进行周密的组织，列出足够详细的演讲提纲。

第二，对演讲内容及演讲中计划使用的所有辅助工具进行排练。用手机录下自己的排练情况，据之对自己的表现做出评价，或请其他人提出改进意见。

第三，演讲当天应保证提前到达。提前到达可以检查和熟悉演讲设施和演讲环境，这对于避免和克服紧张、焦虑和恐惧情绪是很有帮助的。

2. 建立自信和进行积极的自我暗示

第一，优化自我形象，优化听众对演讲者的第一印象。演讲者的得体服饰、优雅仪表能博得听众的好感，演讲者由此而产生的良好的自我感觉可以大大增强其自信心，有助于演讲的成功。演讲者宜选择柔和自然、大方得体的服装，应避免穿戴奇特、耀眼，与演讲内容不协调的服饰。

拓展视频

一开口就紧张？4个方法快速告别公众演讲恐惧症！

第二，选择自己熟悉的、感兴趣的题目进行演讲。因为演讲者通常对自己熟悉的题目进行过深入研究，能够得心应手、游刃有余，自然就能做到自信满满，紧张和焦虑的心情由此便会一扫而光。在讲自己感兴趣的题目时，演讲者很自然地会投入其中，很容易用自己的激情去感染所有的听众。

第三，进行积极的自我暗示，展现充分的自信。演讲者要提醒自己，自己了解演讲主题并已经做了精心准备，比听众中的任何一个人都更有资格来做这次演讲。相信听众对自己是友好的，要把他们看作自己的朋友。

3. 忽略任何错误

对于一个缺乏经验的演讲者而言，准备不足很容易出现错误。即使花费了很多时间做准备，但也可能因心里紧张或现场出现未能预见的情况而出错。某些有经验的演讲者也可能因疏忽而产生失误。演讲中出现小的失误是非常有可能的。

不管演讲中出现什么错误，演讲者绝对不应为失误而一再道歉，或承认因感到紧张而导致错误。在演讲现场，演讲者因失误或紧张而对产生的错误道歉是不明智的，也是无济于事的。这种道歉不仅浪费时间，而且还会动摇听众对演讲者的信任，会让听众对演讲者的资格和能力产生怀疑。演讲者在出现错误后的正确做法，应当是稳定情绪，立即调整心理，重新进入角色，开始对新内容的陈述。

7.4.5 回答听众提问的技巧

在演讲过程中，听众经常可能会提出一些演讲者毫无准备的问题，这就对演讲者提出了挑战。能否迅速、机智和正确地回答听众的提问，将直接影响演讲者的可信度。演讲者如果没能很好地处理听众的问题，可能会使演讲大为失色。所以对于每个演讲者来说，回答问题的技巧是必不可少的。

1. 充分准备可能的提问

如果演讲者准备留出一定时间来专门回答听众提问，就应该精心估计听众可能提出的问题并做好准备。当然，要准确地预测听众提问的内容是不现实的，但是对听众可能的提问进行充分准备，能使演讲者掌握更多的信息和获得更强大的自信，这样即使遇到一个意外的问题，演讲者仍然有可能利用前期的准备，为听众提供一个能使他们满意的回答；演讲者还可以在演讲开始前，对听众进行了解，确定他们的兴趣点，然后有针对性地进行准备，尽可能做到有的放矢。

2. 演讲者要重复问题

提问者提出问题后，演讲者在回答前最好对问题做一个总结和重复，比如说："如果我没有理解错的话，你的问题是……对吗？"这样不仅可以使演讲者充分理解听众所提问题的本质，也能使演讲者有足够的时间来判断所提问题的优劣，还可以赢得宝贵的思考时间。另外，演讲者重复问题，可以唤起其他听众的关注，也可以引发其他听众的思考。

3. 自信地回答问题

不管遇到什么样的问题，演讲者都应该保持一种自信的态度，也应该注意不能和提问者大声地争执，尤其不能用鄙视或嘲弄的语气回答问题，而是要尽量做到温文尔雅。

在听完问题后，适当停顿和思考是合理的。除非很有把握，演讲者一般不应急于回答问题，稍微停顿加以思考后再回答，会变得更加主动，也可以给对方留下一个深思熟虑和稳重可靠的印象。

4. 回答问题要有技巧

根据提问内容，问题可以被分为几类，其回答的方法也是不同的。对于一些解释性的问题，演讲者一定要回答，因为这是演讲者强化自己观点的绝好时机。有些问题可能根本与本次演讲的目的和内容没有关系，那么对这些问题，演讲者只需要做简要的答复并感谢听众就可以了。而有些问题是关于细节的，需要较长的时间才能解释清楚，这时演讲者便可以采用推迟到演讲结束后再回答问题的方式。演讲者在回答问题时要注意尊重事实，如果确实不知道如何回答，最好的办法是表明你不知道答案。

5. 感谢听众的提问

不管你如何作答，都应该感谢听众的提问。你可以使用"这是一个有趣的问题""很高兴你能从这个角度来提问"此类话语，这样做既可以与提问者在问题上达成共识，肯定提问者，又可以表现出演讲者的优秀素质，同时起到了鼓励和激发其他听众踊跃提出自己的问题的作用。

7.5　视觉辅助工具的使用

7.5.1　视觉辅助工具的意义与选择

为了增强演讲效果，演讲者应尽量使用视觉辅助工具。人们常说"百闻不如一见"，演讲者如果使用视觉辅助工具，就更能引起听众的兴趣并让他们参与演讲议题。具体来说，视觉辅助工具的使用可以满足3个方面的要求：第一，帮助演讲者理清思路，使演讲更富有条理性、逻辑更严密、结论更有说服力，还能起到帮助演讲者唤起记忆的作用，从而增强演讲者的自信；第二，有助于提示听众理解演讲内容，视觉辅助工具具有强调和阐明要点的作用，能增强听众的理解和提高记忆程度，能够让听众对演讲议题和内容更感兴趣；第三，协调演讲者与听众之间思路活动的节拍和步调。一般来说，不管演讲者对演讲内容准备得有多充分，也不管其表达技巧有多娴熟，演讲速度总是跟不上听众的倾听速度的。视觉辅助工具可以填充演讲者的演讲速度与听众的倾听速度之差所带来的时间间隙，保持双方之间信息沟通的同步和流畅。

演讲中可供选择的视觉辅助工具通常有黑白书写板、实物或模型、文字或图表材料，以及多媒体工具。演讲者需要根据演讲主题、听众构成和演讲场地的特点，再结合不同视觉辅助工具的特点，来选择一种或几种最合适的视觉辅助工具，增强演讲的整体效果。

1. 黑白书写板

黑白书写板在演讲中最适合用来提示关键词、书写演讲要点，以及描绘一些简单的图画。

2. 实物或模型

对于自己不熟悉的、演讲中所谈论的或者与演讲话题相关的东西，听众是很愿意看的。演讲中选择适当的实物，在合适的时候向听众展示这类实物，可以增加听众的兴趣、改善气氛、增强效果。

当实物本身太大、太小或者人的视力无法直接看到时，使用模型就能增强演讲的效果。模型的最大优点是它是三维的，所展示的内容更直观，所表达的空间结构关系更清楚。

3. 文字或图表材料

文字或图表材料包括两类：一类是演讲者自己在演讲过程中向听众做展示用的，另一类是准备分发给听众并让其参考或讨论用的。展示用的材料通常有组织图、结构图、原理图和表格等。分发给听众的材料通常是有关的文字材料，也可能是给听众演示的投影幻灯片的复印件。

4. 多媒体工具

随着科技的发展，多媒体工具已经成为演讲中使用最普遍的视觉辅助工具。演讲者事先根据演讲稿在电脑中利用 PowerPoint 制作幻灯片，在演讲过程中可以很方便地传递文字、图形、动画和声音。与其他工具相比，多媒体工具制作的视觉辅助材料具有内容丰富、形象生动、色彩多变等特点，能对听众产生更大的吸引力。

7.5.2　视觉辅助工具的使用规则

1. 用视觉辅助工具支持而不是代替演讲

视觉辅助工具不应该变成演讲的全部，它应该是一种支持演讲的附属品。注重和强调视觉辅助工具的作用，并不意味着有了视觉辅助工具以后听众就自然会对演讲感兴趣，更不能保证演讲一定会取得成功。视觉辅助工具能够强化演讲的效果，但是这并不意味着视觉辅助工具能够代替演讲。因此，演讲者在演讲时要面对听众，与听众保持目光接触，偶尔看看视觉辅助工具即可，而不是一直面对视觉辅助工具。

2. 根据那些需要更多解释的观点选择视觉辅助工具

演讲者需要确定在演讲的哪一部分、说明哪一观点时使用视觉辅助工具，以及怎样使用视觉辅助工具。浏览一下你的演讲稿，决定哪些细节需要通过视觉辅助工具才能做出更好的解释。有需要强调的、特殊的统计数据吗？有那种听众看见才更容易理解的东西吗？视觉辅助工具能在演讲中帮助你形象地展示主要观点吗？

3. 在演讲前要熟悉视觉辅助工具的使用方法

对于在演讲中准备使用的视觉辅助工具，特别是对于多媒体工具，演讲者需要事先熟悉演示的目的及视觉辅助工具的内容结构和使用方法，防止因不熟悉其内容结构和使用方法而在正式演讲时出现问题，影响演讲效果。演讲者最好事先到会场考察一下，看看投影仪等配套设备是否正常工作。演讲者也要避免因不熟悉视觉辅助工具的使用方法而在正式演讲时花费太多时间，以致影响听众的情绪。

4. 要把握好视觉辅助工具的使用时机

无论是分发材料、展示模型，还是切换幻灯片，演讲者都必须把握好时机。要注意防止因使用视觉辅助工具而影响听众的注意力。所以，在演讲过程中给听众分发书面材料是不合适的。同时那些暂时不用的视觉辅助工具要放在不显眼的位置，以防止分散听众的注意力。

5. 要避免过度使用视觉辅助工具

一般来说，演讲者要避免使用多于一种的视觉辅助工具，因为从一种视觉辅助工具转换到另一种视觉辅助工具既需要时间，也会分散听众的注意力。即使只使用一种视觉辅助工具也同样要避免过度使用。只有那些需要更多解释的观点才值得使用视觉辅助工具，过于频繁地使用视觉辅助工具会让听众产生视觉疲劳，分散听众的注意力，影响演讲效果。

7.5.3 使用 PPT 的优势和弊端

PPT 是微软演示文稿程序 PowerPoint 的缩写。这个由 "Power"（权力）和 "Point"（观点）所构成的词汇，很好地说明了当下各种场合的演讲者所具有的特征，第一是具有言说权，第二是要表达观点。现在，PPT 不但适用于与政治、经济、科学、技术、文化等有关的演讲，在学术界更是得到了广泛应用，在高等院校的课堂中，几乎很难看到不用 PPT 的场景。其实，PPT 就是过去人们常见的幻灯片，由于其具有了更多、更先进的功能，幻灯机也就被逐渐淘汰了，但 "幻灯片" 这个词还在使用，PPT 中的每一页就是一张幻灯片。

1. 使用 PPT 的优势

PPT 之所以深受人们的喜爱，是因为它的优势极为明显。

第一，PPT 最大的优势是简单易用且好用，演讲者可以将文字、动画、图像、影片等放置其中，从而可以用良好的视觉效果展示自己的演说内容。

第二，制作方法简单，演讲者稍微学习就可以掌握相关技能，而制作完成的 PPT 能让演讲者看上去是一个组织有序的人，尽管他可能实际上并不是这样的。而且，现在各种各样的 PPT 模板五花八门，演讲者可以不懂设计，但只要选用了合适的模板，就能制作出一个非常美观且吸引人的 PPT。

第三，在 PPT 中，演讲者为了突出重点，往往会将主要观点、重点词汇等展示出来，加上 PPT 的更多新的功能，听众会对此留下深刻的印象，事后也往往会对这些主要观点和重点词汇记忆犹新。而且，演讲者再也不用给大家发讲义、文字资料或者印刷品了。因为无论有多少听众，只要有一台投影仪、一块够大的幕布，就能满足大家的需要。

第四，因为有了PPT，演讲者可以更加从容地演讲。如果说过去的演讲者需要不断地低头看稿子，那么，现在的演讲者因为有了PPT，与听众有了更多面对面交流的机会。

2.使用PPT的弊端

随着PPT的使用越发广泛，人们也在呼吁少用PPT，或者适当使用。国内外一些专家都有专门撰文指出PPT所具有的弊端，总结一下，大致有以下几点。

首先，PPT往往仅罗列文章的主要观点，从而很容易地将一篇完整的文章拆解得支离破碎；其次，PPT是强制性地使页面按照一个固定程序排列，从而迫使听众不得不忍受这样的顺序，如果是发讲义，听众则可以随意翻阅任何段落；再次，很多演讲者花费了太多时间在PPT的制作上，把PPT制作得非常美观，却忽视了究竟该如何去展示，如只会使用单调乏味的语调去朗读PPT上的内容；最后，过度依赖使用PPT会催生一些特殊的语言现象，如残缺不全的句子、强调概念化、词语名词化等。

这种批评的声音的逐渐增加也在告诉我们，即使是良好的工具，也应该恰当地使用。

7.5.4 制作PPT的原则及技巧

1.提纲挈领原则

我们在制作PPT之前，应该深刻理解PPT的内容，对演讲内容进行整合、提炼并形成标题，要用标题对文字陈述进行概括。演讲者应该给能说明自己观点的每段陈述文字都加上一个标题。演讲中听众在看完一段没有标题的陈述文字后，通常没有足够的时间进行概括和总结，这会影响听众的理解和记忆。直接用标题对每段陈述文字进行概括就可以节省听众的时间，有助于加深听众的印象，增强演讲效果。

演讲者要把观点分类，使听众更容易把握演讲的内容结构。按观点的重要性和内容对观点进行归类，然后决定是否需要划分层次。同一层次内平行的观点数最好在5个以下，多了可以考虑精减。否则，同一层次内平行的观点数太多，听众就会难以记忆，从而影响演讲效果。

在正式的工作报告PPT中，演讲者还要重视目录的编排，以清晰地展示其整体思路。演讲者应该将目录单独制作成一个版面，如果有需要，可以将子目录作为过渡页。所谓过渡页，就是在每一章节的演示和讲解之前，先出现一张目录页，目的在于对下面要讲解的内容进行提示。

2.信息精简原则

一定要避免直接把演讲稿文字粘贴到PPT页面上。PPT页面上的文字和图表应当是对演讲稿内容进行整理、归纳和提炼的结果。演讲者如果为了方便直接把演讲稿中的大段文字粘贴到PPT页面上，在演讲时直接逐字逐句阅读其上的文字。演讲就变成了阅读，演讲对听众的吸引力也会大大降低。

严格控制每个PPT页面中的信息量。每个PPT页面中文字的行数及每行的字数都应加以控制，文字最好控制在5~9行，每行有10~15个字，字体应大到让坐在最后一排的听众都能看清楚。

PPT设计的一个基本要求是精简。比如，做一场45分钟的学术报告，准备40~45页PPT足矣。要突出重点、有详有略。比如，你用一两个关键的实验证据已经能够证明一个要点，那么其他辅助证据只需要一笔带过即可。演讲者在举例时要注意选取典型例子（注意"剪辑"），不要把自己知道的例子都"倾倒"在 PPT 中。

3. 风格统一原则

PPT 模板中的背景、文字、图片、色彩搭配等要素要和谐一致，形成统一风格，这样不仅给人视觉上的美感，还可以减轻听众的理解负担。比如，PPT 页面中的字形、字体选择要精心匹配。直接在电脑屏幕上阅读时，常规字形看起来会更舒服；但是，当演讲厅比较大、需要用投影机将 PPT 投射到屏幕上时，采用雅黑、黑体字或者加粗字体的效果会更好。同一个 PPT 页面中使用多种字体会影响阅读的方便性和速度，使用的字体数目一般不宜超过两种。同一个 PPT 页面中的题目字体与正文字体之间应当有足够大的差别，以便听众很方便地把两者区分开来。在英文图片中要尽量限制全部大写字母的使用。

风格统一的一个技巧是通过母版设定来提高整个 PPT 的编辑效率及整体风格的统一度。母版主要有母版标题、页面高度与宽度、母版文本、母版色调、母版底色图片、母版项目符号、母版 Logo 等设置内容。演讲者还可以固化几种母版模式，以备后用，根据不同的题材与风格选用不同的母版模式。

4. 色彩搭配原则

PPT 设计中色彩的搭配应遵循简洁大方、和谐统一的原则，颜色过于繁多鲜艳，不仅会让人视觉上产生疲劳感，而且会分散听众的注意力。一般来讲，除了两种基础颜色即黑色和白色外，其他色彩搭配不宜超过 3 种。演讲者在色彩搭配上应遵循两个原则：一是对比度强，即前景元素颜色与背景色之间，以及不同元素之间的对比要强烈，避免使用相近颜色，以免影响听众的视觉效果；二是色彩要协调，色彩搭配切忌使用过于丰富的颜色，色调应低调、统一协调，既要给人一种艺术美感，又不喧宾夺主。根据一般的环境光线，这里我们给出两种经典色彩搭配：一是蓝底白字，这种搭配适合在光线比较强的环境下使用，这种界面显得干净利落，文字清晰可见，听众又不易产生视觉疲劳；二是白底黑字，这种搭配适合在环境光线比较暗的情况下使用，因为白色的底版不仅能让听众容易看清 PPT 的内容，还可以让听众看清演讲者的身体语言。

在配色时，演讲者还应考虑到显示器的显示效果和投影仪投到幕布上的显示效果的差异，因为显示器屏幕亮度高，色彩还原比较真实，而投影仪亮度不够，投到幕布上的色彩还原度差，所以演讲者在设计 PPT 时，色彩应尽量简单，而对比要强烈，这样投影出来的效果才更好。

5. 图文并茂原则

PPT 的设计要求是图文并茂。演讲者不能在 PPT 页面中堆砌文字，而要把一段文字转化为几个简短的要点，逐条列出，尽量利用图片或图表来表达文字信息。一般来说，在 PPT 内容表达上我们应遵循一个原则：能用图就不用表，能用表就不用字。最好是多用图表来表达你的思想。因为图表更容易让人理解，同时也能让听众印象深刻；图表也是展示、分析数据的最佳视觉表达工具之一，使用图表可使数据间的对比、趋势的分析一目了然。

演讲者也需要注意图文的配合使用。PPT 页面中不能只有孤零零的一张图，还要在图的旁边或者以小标题的形式在页面配以简短的注解。对于复杂的观点，演讲者可以将其拆分为几张图片分别加以说明。同样，在 PPT 页面中展示数据表格时，也要有适当的标注，不然听众可能会迷失在一堆数据中，而不清楚由这个数据表格能引出什么结论。

PPT 设计是一门集视觉心理学、色彩学、传播学等众多学科于一身的设计科学。PPT 不仅是一种演示工具，也是一件艺术作品。要想做出一件好的作品，设计者需要平时学习 PPT 的制作知识，通过实践不断积累经验和技巧。

复习思考题

1. 演讲的特点有哪些?

2. 演讲前需要做哪些准备工作?

3. 如何分析演讲听众?

4. 说明开场白的重要性和表示形式。

5. 演讲内容结构包括哪些部分? 设计每部分的要求和技巧有哪些?

6. 分析在展现你的外表和声音的过程中需要注意哪些方面。

7. 如何避免演讲怯场?

8. 回答听众的提问有哪些技巧?

9. 你所知晓的视觉辅助工具有哪些?

10. 使用视觉辅助工具需要遵循哪些原则?

11. 演讲中设计和使用 PPT 时应当注意哪些问题?

模拟实训题

演讲实训

1. 实训方法和步骤

每个班级的学生分为由 8~10 人组成的若干小组,由指定小组长主持,由每个学生依次在以下主题中选择一个(也可以自设主题),先在小组内做 3 分钟的即兴演讲。

- ◆ 如何才能使每门课的评分更公平、更合理
- ◆ 怎样使大学生活更充实
- ◆ 我和我的舍友
- ◆ 我的职业生涯设计
- ◆ 如何正确对待就业和择业
- ◆ 人生就是一个考场
- ◆ 学会感恩

每个同学在组内演讲后,小组内的其他同学按照表 7-1 所示的演讲评价标准对其评分。等全组的所有人都演讲完后,推选出得分最高的同学作为代表到全班同学面前演讲,由全班同学对其做出评价。然后,根据得分高低推选出班级的演讲冠军。

2. 评价标准

所有听众都要根据演讲者的表现对其进行评价。

表 7-1　演讲评价标准

	很不满意 (1分)	不满意 (2分)	一般 (3分)	良好 (4分)	优秀 (5分)
1.演讲主题和目标明确,选题新颖					
2.演讲内容充实、条理清晰,开场白和结尾有创意、相互呼应					

	很不满意（1分）	不满意（2分）	一般（3分）	良好（4分）	优秀（5分）
3. 演讲者语言表达技巧好，生动形象，富有激情					
4. 演讲者充分利用非语言沟通手段，服饰、站姿及手势使用恰当					
5. 与听众保持互动沟通，有目光接触					
6. 声音洪亮，表达流畅，不怯场					
7. PPT制作美观大方，简明扼要，图文并茂					
8. 时间控制精准，在规定时间的最后10秒内完成演讲					

对于每一方面的评价都分为5个等级。"很不满意""不满意""一般""良好"和"优秀"，相应的分数分别为1、2、3、4、5分。把8个方面的得分相加，就得到演讲者的综合分（假定8个方面的权重相等），把所有听众的评分相加就得到每位演讲者的总分。

3. 反馈和总结

分小组和班级两个层次，把对每位演讲同学的评价反馈给演讲者，肯定演讲者的优点，提出优化演讲总体效果的对策。

 案例分析题

【案例 7-1】

李先生的一次演讲经历

李先生毕业于一所工科院校，后在一家计算机公司供职，开始时从事技术工作，继而转为从事市场与培训工作。出于工作需要，李先生有意识地强化自己的沟通能力，特别是当众演讲的能力。他参加了一所培训学校的演讲课程，从扮演短剧中的角色到即兴发言，注重培养自己的表达能力、应变能力与演说技巧。最初李先生很紧张，如一场短剧中他的角色只有一句台词："门开了，怎么没有人？"可他上场时却说："人开了，怎么没有门？"观众当场大笑。后来，他渐渐变得成熟自信，可以就某一题目滔滔不绝地讲上几十分钟。

李先生从培训学校结业后，公司安排他给几位新顾客讲一讲信息技术在现代管理中的作用。李先生事先做了大量准备工作，查阅了许多资料。他做了详细的笔记，配备了投影仪，还制作了宣传资料。正式演讲时，李先生口若悬河，专业术语层出不穷，各种投影图片纷至沓来，时而引用成功实例，时而剖析某些企业的管理问题，后来又介绍了计算机网络在公司管理中的重要地位，还比较了几种信息管理系统的优劣。这场演讲整整持续了两个小时。

演讲结束后，李先生虽然大汗淋漓，但心中却十分轻松，以为辛苦努力终得报偿，听众反应一定很好，没想到8名听众中有6人表示不满，有的人抱怨"内容太杂"，有的诉说"术语不懂"，有的认为"与本公司的相关内容太少"，有的人声称"进度太快，许多图片还没有看清就放过去了", 还有的人表示"未见到贵公司产品的使用情况及实际成效", 更有人直言"本公司感兴趣的问题很少提及"等。

李先生的热汗渐渐变为冷汗, 看来这次演讲已宣告失败。

问题:

1. 你认为李先生演讲失败的原因何在? 试列出 5 个方面。

2. 假如你是李先生, 请你为该演讲设计 3 种开场白及 3 种结束语。

【案例 7-2】

小沈的竞聘演讲

小沈工作于某银行 A 市分行, 每年年初银行都要举办处级干部竞聘, 其流程为报名—笔试—公开竞聘。其中报名、笔试主要是资格审核, 竞聘是主要的竞争手段, 其分数占总分 60% 以上的比例, 因此竞聘是岗位争夺的重中之重。竞聘的流程是竞聘者先做 10 分钟的个人演讲, 然后随机从 15 道必答题中抽取一题并回答评委提出的问题。今年竞争非常激烈, 只有一个支行的副行长的业务岗位可供竞聘, 小沈在经过报名、笔试以后, 还要与 7 人竞争。

小沈认为, 要在竞聘中获得好成绩, 必须做好以下几方面的工作: 首先, 要进行受众分析, 也就是对评委进行分析; 其次, 要对竞争者进行分析, 找出自己的特色; 最后, 要根据这些分析, 出一些奇招, 做好演讲准备。

1. 受众分析

竞聘的评委主要有分行行长、人教处处长、该支行行长、零售业务部处长等。他们是演讲评分和提出问题的决定性人物, 小沈分析他们对竞聘的关注点主要有以下几个方面:

(1) 竞聘者的视角是否较广, 对问题的分析是否深入;

(2) 竞聘者的思路是否清晰, 管理能力是否强, 过去的业绩如何;

(3) 竞聘者的品格和潜在的能力如何;

(4) 由于竞聘岗位与零售业务关联较大, 在业务能力考察方面将侧重零售业务;

(5) 竞聘者加入后是否能使团队更加团结;

(6) 竞聘者的岗位适应能力和业务开拓创新能力。

2. 对竞争者的分析

本次竞聘激烈程度史无前例, 参加本次竞聘的人员主要分为三类。第一类是在基层工作多年的见习副行长 (比副处级低一级) 或行长助理 (比副处级低两级, 比科级高一级), 有三位; 第二类是在分行职能部门工作、学历为博士的处长助理, 只有一位 (此人还是小沈的直接上司); 第三类是在分行职能部门工作多年的科长, 共有三位 (包括小沈)。

按照 SWOT 分析的要点, 小沈对自己和这些竞争者之间的竞争优、劣势进行了分析。

3. SWOT 分析

优势 (S):

(1) 与分行行长接触较多、在分行职能部门人缘较好;

(2) 有 10 多年的职能部门工作经验, 具有较强的宏观意识和管理经验;

(3) 有一定的工作业绩, 曾获得多类奖项。

劣势 (W):

(1) 没有具体的基层业务操作经验;

(2) 缺少基层管理经验。

机会（O）：

（1）面试的领导大多数与小沈熟悉，主持竞聘的副行长是小沈所在部门的前处长；

（2）目前竞聘过程相对透明，尤其是演讲这一关，对行内公开，有很多人旁听，如果表现出众，在民意上会取得优势；

（3）竞聘岗位虽然只有一个，但按照先例，如果行长办公会议讨论通过，可以以见习或者助理的方式下基层。

威胁（T）：

（1）3个竞聘的科长中，在资历、能力、学历上，小沈完全占优势，但是在职务、基层工作经验上有所欠缺；

（2）提供竞聘岗位的支行本身有一个见习副行长、一个行长助理参加竞聘，其成功概率较大；

（3）小沈的顶头上司（此次竞聘活动中唯一的博士）也参与竞聘，这会对小沈的竞聘带来很大的影响，因为无论小沈表现得有多好，领导可能要先安排小沈的顶头上司，再安排小沈。

根据SWOT分析来看，竞聘演讲还是相当重要的，只要在这一关上能够达到"出挑"的效果，最后成功的希望还是有50%左右的，因此小沈应该全力投入这次演讲。

4.演讲准备和过程

小沈主动联系了一些平时关系较好的往届评委和相关领导，征询他们对自己如何竞聘的意见，得到下列信息和建议：

（1）不要谈到位后的具体工作，而应强调自己副手的作用；

（2）在回答问题时从内部和外部两方面回答；

（3）评委提问可能更侧重于宏观层面，而不会涉及微观操作；

（4）脱稿演讲给评委留下的印象会更好。

根据这些建议，小沈结合自己的一些想法准备演讲稿以及一些模拟问题。在演讲稿中，小沈主要谈了三部分内容：一部分谈自己的经历，一部分谈自己的特点，一部分谈自己对岗位的理解。此外，小沈将演讲稿背了下来，还参考了一些竞聘方面的书，准备了一些题目，并就必答题与关系较好的专家讨论，准备了较专业、较深层次的答案。通过这些准备，小沈可以说在演讲前已经成竹在胸了。

在演讲中，小沈卖了一个关子。在谈到小沈对岗位的理解时，小沈说："由于演讲时间有限，我就不展开介绍了。"小沈设想这样可以在评委提问时，诱导评委去提这方面的问题。果然，在最后自由提问时，有评委就提了这方面的问题，小沈当然回答得头头是道。

5.结果

根据小沈事后从别人那里了解到的一些到场人员的看法，他们都认为小沈的表现应该是排在前两位的，可以说演讲是成功的。最后，7个人中，小沈的顶头上司升职了，竞聘的那个岗位被那个支行本身的见习副行长获得，而小沈被派到另一家支行做挂职副行长。

案例来源：胡巍.管理沟通——案例101[M].济南：山东人民出版社，2005.

问题：

1.小沈参加竞聘演讲的整个过程给你带来了什么样的启示？

2.结合案例谈谈听众分析在演讲准备过程中的重要性。

第8章　求职面试技巧

本章要点

- 面试的含义、适用场景和类型
- 求职面试的准备工作
- 结构化面试的含义和特点
- 结构化面试的实施过程和评分标准
- 应对结构化面试的技巧
- 无领导小组讨论的含义和使用背景
- 无领导小组讨论的优缺点分析
- 无领导小组讨论的试题类型和实施过程
- 无领导小组讨论的角色扮演和应对技巧
- 求职信的写作技巧和个人简历的制作技巧

在职场竞争日益激烈的时代，求职已经成为困扰在校大学生的一大问题。大多数毕业生因为面试经历少，在求职时常常不知所措。如何应对面试，是毕业生求职择业时面临的一大难题。本章就毕业生的面试技巧及书面求职材料的准备等问题进行探讨。

8.1　求职面试概述

8.1.1　面试的含义和适用场景

面试是用人单位招聘时最重要的一种考核方式，是供需双方相互了解的过程，是一种经过精心设计，以交谈与观察为主要手段，以了解应试者素质相关信息为目的的测评方式。

面试在现代人员素质测评中的地位十分重要，其测评的内容非常广泛。面试能够测评应试者的语言表达能力、逻辑思维能力、综合分析能力、反应应变能力、专业知识素养以及态度、动机、人格特质、兴趣爱好等方面的内容。一般来讲，当用人单位面对以下两种情境时，会采用面试这一手段。

（1）十分看重笔试中难以获得的信息

笔试是一种简单易行的测评方法，能够使面试官对应试者的书面表达能力、基础知识掌握程度、部分专业能力有一定了解，但难以评价应试者的仪容仪表、工作经验、个性特征、价值观念等内容，这时就需要使用面试进行评价。因而面试，尤其是在对管理岗位进行招聘时，更加受到用人单位的重视。通过面试，用人单位能较好地对人才进行综合评价，挑选出既与用人单位价值观相吻合又具有高素质的人才。

（2）十分看重应试者的求职动机

用人单位在开展招聘活动时首先需要了解的信息是应试者的求职动机，应试者的求职动机会影响其入职后的行为表现，而面试正好是了解应试者求职动机的最好手段之一。通过面试，面试官能与应试者进行面对面的交流，了解鲜活的第一手资料，而不是经过文字加工的相关描述。此外，面试官能在与应试者交流的过程中，通过追问、设置情境等手段分辨应试者言语的真假，了解其真实的求职动机。

8.1.2　面试的类型

按照不同的分类标准，面试可被划分为不同的类型。掌握面试的不同类型可以让我们进一步加深对面试的认识。

1. 根据面试的结构化程度划分

（1）结构化面试

结构化面试又称标准化面试，这种面试会按照结构化的要求，提前准备好一系列与测评目的相关的问题并安排好问题的顺序，然后面试官在面试中严格按照一定的程序与应试者进行交谈或对其进行观察，根据应试者的表现进行相关评价。

正规的面试一般都为结构化面试，公务员录用面试也多采用结构化面试。结构化面试包括3个方面的含义。一是面试程序的结构化。在面试的起始阶段、核心阶段、收尾阶段，主面试官要做些什么、注意些什么、要达到什么目的，都会在事前进行相应策划。二是面试试题的结构化。在面试过程中，主面试官要考查应试者哪些方面的素质，围绕这些考察角度主要提哪些问题，在什么时候提、怎样提，在面试前都要有相应的准备。三是面试结果评判的结构化。从哪些角度来评判应试者的面试表现，等级如何区分，如何打分等，在面试前都会有相应规定，并在众面试官间统一尺度。

（2）非结构化面试

非结构化面试允许面试官与应试者自由决定讨论问题的方向，面试前没有准备严格的提问框架和问题的标准答案。面试官与应试者可以自由展开交流，整场面试在比较轻松的氛围中进行。这种面试的好处在于面试官和应试者比较容易形成良性的互动氛围，面试官可以了解更多、更深层次的信息。而其缺点在于面试的随意性较强，面试对面试官的专业性要求比较高，面试结果容易受面试官主观因素的影响。因此，我们并不能从根本上否定非结构化面试这种方法。它的成功实施在很大程度上依赖于面试官的个人因素，包括某个领域的专业经验，以及社会经历、人际交往经验等。

（3）半结构化面试

顾名思义，半结构化面试是一种介于结构化面试和非结构化面试之间的面试方式。面试官可以同时使用结构化的题目和非结构化的题目，在应试者回答相同的问题时，根据不同应试者的不同回答进行不同程度的追问，以达到深入、细致地了解应试者的目的。这种方法兼顾了结构化面试和非结构化面试的优点，具有良好的适用性，在实际工作中的应用也比较广泛。

2. 根据面试对象的人数划分

（1）单独面试

单独面试即主面试官个别地与应试者单独面谈。这是最普遍、最基本的一种面试方式。单独面试的优点是能提供一个面对面的机会，让面试双方较深入地交流。单独面试又有两种类型。一是只有一个主面试官负责整个面试过程，这种面试大多在较小规模的用人单位招聘较低职位的人员时采用。二是由多位主面试官参加整个面试过程，但每次均只与一位应试者交谈，公务员面试大多属于这种形式。

（2）集体面试

集体面试又称小组面试，指多位应试者同时面对面试官。在集体面试中，主面试官通常要求应试者进行小组讨论，相互协作解决某一问题，或者让应试者轮流担任领导主持会议、发表演讲等。这种面试方法主要用于考查应试者的人际沟通能力、洞察与把握环境的能力、领导能力等。

无领导小组讨论是最常见的一种集体面试法。在不指定召集人、主面试官也不直接参与的情况下，应试者自由讨论主面试官给定的讨论题目，这一题目一般取自拟任工作岗位的专业需要，或是现实生活中的热点问题，通常具有很强的岗位特殊性、情景逼真性和典型性。讨论中，众面试官坐于离应试者有一定距离的地方，不参加提问或讨论，而是通过观察、倾听对应试者进行评分。

3. 根据面试的内容划分

（1）职位能力面试

此种面试侧重于关注与职位相关的信息，如职位所要求的基本知识与技能、应试者在相关岗位的工作经验等。针对应届毕业生，该面试主要考查应届毕业生对本专业的了解程度、实践技能及潜力等；针对社会人才，该面试主要考查其工作经历、之前所承担的任务和责任等。这种面试方法侧重于对应试者的学历和工作经历的考查，以了解其是否具有相应的岗位胜任力。

（2）情境化面试

情境化面试是指给应试者一个特定情境，考查其在此情境下的表现。情境化面试的题目一般是模拟工作场所中可能出现的情境，通过考查应试者在特定情境中的表现，判断应试者是否能胜任某项工作。在面试之前，面试官会为情境化面试的题目确定一个最佳答案，然后根据应试者的回答来对其进行评分。比如，一个系统工程师可能会被问及："在你休假期间，公司的计算机系统出现了严重故障，你会如何应对？"他是立即赶回公司处理系统故障、以休假为由拒绝处理，还是找人代为处理？采用某种做法的理由是什么？所有的这些答案均会影响到面试官对应试者的评价。

情境化面试突破了常规面试官和应试者那种一问一答的模式，引入了无领导小组讨论、公文筐处理、角色扮演、演讲、答辩、案例分析等人员甄选中的情景模拟方法。情境化面试是面试形式发展的新趋势。在这种面试形式下，面试的具体方法灵活多样，面试的模拟性、逼真性强，应试者的才华能得到更充分、更全面的展现，面试官对应试者的素质也能做出更全面、更深入、更准确的评价。

（3）行为描述面试

此种面试与情境化面试相似，都是考查应试者在特定情境下的行为表现，但行为描述面试的不同之处在于它关注应试者曾经如何处理某种实际发生过的场景。其基本原理是，未来行为或绩效的最好预测指标是过去的行为或绩效。例如，某企业在招聘一位培训专员时，面试官会问应聘者："你以前负责或参与了哪些培训项目？""你在其中扮演了什么角色？""项目遇到问题时你是怎么处理的，这样处理的原因是什么？""结果如何？"等。

（4）压力面试

压力面试主要是指面试官对应试者提出系列不礼貌的、容易使人感到难堪的问题，使应试者感到不舒服，然后在交流中不断寻找应试者回答中的漏洞并进行追问，刺激应试者，以此来观察应试者在压力下的行为表现。如果在压力面试下应试者仍然能够应对自如，为自己的观点找出充分的证据，那么他就会被认为是能够承受压力的人。反之，如果应试者表现得惊慌失措、语无伦次、丧失信心，甚至对面试官怒目而向、采取过激行为，则被认为抗压能力较差。这种面试方法主要用于招聘责任重、任务多、压力大的岗位候选人。这种面试方法的优点是用人单位能够准确了解应试者的心理素质和抗压能力，潜在的风险在于难以对面试过程进行控制，需要面试官拥有高水平的面试技巧及控制能力，否则容易造成面试的失败。

示 例

压力面试题目

题目 1：针对这次申报的职位，请总结出你有所欠缺的 5 个方面。

题目 2：从总结的不足之处来看，你确实不适合该职位的要求；如果我们不录用你，你接下来会做些什么？

题目 3：根据刚才的陈述，你连普通的客户都应付不了，面对刁难的客户，你又怎么能够应付得来？

题目 4：依照我们的判断，你并不能够应对将来的工作；你怎么证明自己能够胜任这份工作？

题目 5：从经历来看，你根本不能长期在一家公司工作，而我们是一家对员工的忠诚度要求很高的公司，因此，我们很怀疑你的求职意愿。

8.1.3 求职面试的准备工作

求职面试不同于一般的面谈，具有特殊性，主要体现在以下 3 个方面。首先，求职面试中双方在地位上是不平等的。通常，招聘单位都处于决定性的主动地位，而求职者则完全处于被动地位。其次，招聘和求职的双方彼此之间缺乏足够的了解，需要经过一个从初步认识到逐步深化的过程。最后，招聘单位开展求职面试的目的是对求职者的能力和经验进行评价，而不是简单地解决某个具体问题。

由于求职面试的上述特殊性，求职者就需要努力掌握求职面试的技巧。求职者在参加求职面试前需要做好以下一些环节的工作。

1. 充分的心理准备

面对关系自己前途的求职面试，不同的人会呈现出不同的心态。一个人心理状态不正确有可能会影响面试的效果。正确的应试心理应当是热情、积极、自信和谨慎的。在接到面试通知后，应试者应做出积极的响应，充满热情地投入准备工作，并相信自己经过努力能赢得成功。获得面试机会本身就是一件值得高兴和骄傲的事，每个应试者都应当珍惜每一次面试机会，展示自己的能力和才华，尽最大努力争取面试成功。

面试过程中，一名应试者既不应为有一点进展和成功而沾沾自喜、目中无人，也不应为没有结果和失误而妄自菲薄、自怨自艾。过度自负的心态会使人行为卖弄张扬，表现过分、出格；相反，过度自卑的心态则会使人过于拘谨，表现欠佳。所以，自负和自卑这两种极端的心态都是求职面试中的大忌，是需要努力避免的。

2. 了解招聘单位的基本情况和职位要求

面试前就调查和收集招聘单位的基本情况和职位要求，能令你在面试过程中受益无穷。相反，不了解招聘单位的基本情况和职位要求，会造成面试过程中心中无数、处处被动。尽管应试者很难对面试过程中招聘人员提出的具体问题进行准确预测，但是招聘人员在面试中经常会提以下问题：你了解我们单位吗？你为什么来我们单位应聘？你为什么来应聘这个职位？你了解要应聘的职位吗？你对我们所在的这个行业了解吗？假如你被录用了，你准备如何开展你的工作？对于这些问题，应试者都要从实际出发，根据招聘单位和职位的具体情况给出有根据的回答。一个没有进行过调查研究的应试者不可能给出令人满意的答案。

而且，在面试前对招聘单位和职位进行调查研究，可以减少应试者的盲目性，减小应试者在被录用以后可能产生的心理落差，也有利于应试者今后顺利开展工作并进行职业生涯规划。应试者只有通过调查研究，在掌握招聘单位和职位足够多信息的基础上，才能确认和坚定自己的选择。如果应试者对招聘单位和职位缺乏了解，仅凭一时冲动参加面试，在被录用后可能会大失所望，心理上产生巨大的落差。

3. 为回答面试中可能遇到的问题做准备

准备面试过程中，应试者还应当对面试中可能遇到的问题做好怎样回答的准备。当然，招聘单位不同、招聘职位不同、面试官不同，面试中遇到的问题肯定也不同，应试者试图做到预先准备好一切可能的答案是不可能、不现实的。但是，一般面试中可能遇到的问题大致可以分为两大类：一类是有关应试者的个人信息、个人要求、个人经历，以及应试者对招聘单位和职位的认识和要求等一般性问题；另一类是针对当前职位的面试而专门设计的考查应试者能力的特殊问题。

示 例

面试官最经常问的5种问题

第一种是与应试者受教育背景有关的问题。面试官需要据此评价和衡量应试者是否接受了足够的职业培训，应试者所接受的教育及结果是否能表明他在应聘的职位上能取得成功。

第二种是与应试者工作经历有关的问题。面试官希望确认应试者之前是否从事过与应聘职位相关的工作，应试者能否证明自己有能力胜任所应聘的职位，应试者的工作经历所体现的工作风格，应试者与他人合作的经历和表现。

第三种是关于应试者职业目标的问题。招聘单位需要了解应试者是否具有明确的职业目标，其职业目标是否与招聘单位的目标一致。

第四种是与应试者的个性和性格特点有关的问题。面试官要根据应试者的行为举止和态度，来评价和判断应试者是否具备良好的工作习惯和社交技巧。

第五种是关于应试者对招聘单位和职位了解程度的问题。面试官要了解应试者对招聘单位和职位是否有充分的了解，应试者是否相信自己能在该公司和职位内愉快工作，取得良好的业绩。

---

4. 书面求职材料的准备

求职简历是打开面试大门的钥匙，对于应聘能否成功极其重要。一份好的简历必须信息充分、简洁大方、重点突出，只有这样才能吸引面试官，让求职者获得面试机会。简历制作要突出"简"字，面试官一般是扫描式的筛选，而不是对所有的简历都进行仔细的阅读。因此，写简历要熟悉行文格式，进行专业的写作，简历文本最好控制在一页内。所写内容要突出所应聘的职位信息，强调自己的能力和经历与该职位的相关性和匹配性。制作一份高质量的简历并不是一件很简单的事情，本章的第4节给出了一些示例和技巧建议。

另外，应试者在面试时要把毕业证书、学位证书、专业资格任职证书、获奖证书、身份证、推荐信等相关材料的原件及复印件准备好，放入包中并随身携带，以备面试官随时查看。

5. 服饰形象上的准备

服饰能够反映出一个人的文化层次、修养和气质。求职面试中，恰当的穿着本身就是一种良好礼仪的表现，能让应试者在面试官心目中产生良好的第一印象。虽然一个服饰协调、举止优雅的应试者并不一定能在面试中得高分，但服饰不协调、举止不雅的应试者肯定不可能获得面试官的好评。

拓展视频

非你莫属节目片段：
面试着装

对于应试者来说，服饰讲究的是与其年龄、身份、气质和体形等条件相协调。不同的职业对其业内人士的服饰都有特定要求，应试者的服饰是否符合职业要求，自然也会影响到面试官对应试者的评价。一般而言，选用简单得体的职业套装是不会出错的。如果不考虑职业特点的要求，片面追求款式新奇、色彩华丽和名贵的服饰，反而会影响面试的效果。每一个应试者都应当清醒地意识到，面试是一个以找工作为目的而不是一个展示自我个性和形象的活动。

最后，在面试之前，应试者最好进行角色扮演练习，可以让你的同学、朋友或家人扮演面试官，你要试着在他们面前自如表达，对于准备好的表述内容不要一味背诵记忆，尽量做到让话语自然地说出来。同时，要做好身体语言的训练，如在面试过程中不要左右摇晃，不要驼背，不可有过多的小动作，与面试官要有眼神交流等。还应注意在面试结束时，要对面试官表示感谢。

8.2　结构化面试

8.2.1　结构化面试的特点

结构化面试的含义在前一节中已做了阐释。具体来说，结构化面试具有如下特点。

（1）面试问题多样化。面试问题应围绕职位要求进行拟定，可以包括有关职位要求的知识、技术和能力，也可以包括应试者的工作经历、教育背景。

（2）评价标准结构化。招聘单位应根据面试要求，确定面试评价要素，并对各要素分配相应权重或等级。同时，对每一个面试题目给出该题的测评要素（或考查要点），并给出答题要点（或参考答案），供考官评分时参考。

（3）考官结构化。考官通常有5~9名，结合用人岗位需要，依据专业、职务、年龄及性别按一定比例进行科学配置，其中设主考官一名，具体负责向应试者提问并总体把握面试的进程。

（4）面试程序及时间安排结构化。结构化面试应按照严格的程序进行，时间一般为30分钟，具体视面试题目的数量而定，每道题目也应有时间限制，一般每道题目的问答时间在5分钟左右。

8.2.2　结构化面试的实施过程和评分标准

1. 结构化面试的实施过程

一般来说，面试过程的4个阶段为关系建立阶段、导入阶段、正题阶段和收尾阶段。

（1）关系建立阶段

关系建立阶段主要是面试官与应试者进行简单的沟通，聊一些比较轻松的话题，如所处的地理位置、家乡、文化等。这种简单的寒暄可以迅速拉近面试官与应试者之间的距离，缓解应试者的紧张情绪，使得面试顺利进行。在此阶段，面试官可以提这样的问题："你是湖南人？那你应该很能吃辣吧？""今天下雨了，你带伞了吗？"等。

拓展视频

公务员面试模拟：结构化面试的情景展示

（2）导入阶段

导入阶段是关系建立阶段到正题阶段的过渡阶段。在此阶段，面试官会问一两个应试者熟悉的、有准备的题目，如"能谈谈你在学校的学习和实践经历吗？""能谈谈你对过去工作的看法吗？""你认为自己最大的优点和最大的缺点分别是什么？"等。这一阶段主要是为了创造一个宽松的氛围，让应试者意识到考查已经开始但又不至于使应试者过于紧张。

（3）正题阶段

正题阶段是考查应试者的能力、素质最主要的阶段，面试官会就招聘岗位所需要的核心胜任特征对应试者进行询问，然后根据应试者的回答对其素质进行基本判断，并将此作为录用与否的重要参考依据。

（4）收尾阶段

主要问题都问完后，就进入面试的收尾阶段。在这一阶段，面试官会检查前面所提的问题，看有无遗漏。同时，在面试的初期，应试者可能因过度紧张而表现不佳，这时正是应试者填补漏洞的机会。此外，这一阶段也允许应试者向面试官提一些问题，应试者所提问题的好坏将直接影响其在面试官心中的印象。一般来说，好的问题应该显示出应试者的上进心和良好素质，如"我在入职后能得到哪些培训？培训的形式是怎样的？""公司的职业晋升通道是怎样设计的？"等。当双方均无其他问题时，面试结束，此时，面试官应告知应试者通知面试结果的时间和方式。

2. 结构化面试的评分标准

在面试过程中，每位面试官需要根据预定的评分标准，将对应试者的评价填入面试评分表，面试结束后再对面试评分表进行整理。

面试评分表主要由三部分组成。第一部分是应试者的基本信息，即应试者的姓名、性别、应聘职位等。第二部分是评价要素及相应的评价等级，评价要素根据招聘岗位的需要来设置，一般包括个人修养、求职动机、语言表达能力、应变能力、社交能力、自我认识能力、个性特征、健康状况、进取心、相关专业知识以及总体评价，而评价等级一般分为差、较差、一般、较好、好5个。第三部分是对应试者的录用意见，一般有建议录用、有条件录用、建议不录用3种，并且要附上用人部门、人力资源部门及公司领导的具体意见和签名。表8-1所示是面试评分表。

表8-1　面试评分表

姓名		性别		年龄		编号	
应聘岗位				所属部门			
评价要素		评价等级					
		1差	2较差	3一般	4较好	5好	
个人修养							

姓名		性别		年龄		编号	
应聘岗位				所属部门			

评价要素	评价等级				
	1差	2较差	3一般	4较好	5好
求职动机					
语言表达能力					
应变能力					
社交能力					
自我认识能力					
个性特征					
健康状况					
进取心					
相关专业知识					
总体评价					
录用意见	建议录用		有条件录用		建议不录用

用人部门意见： 签名：	人力资源部门意见： 签名：	公司领导意见： 签名：

资料来源：王丽娟. 招聘与录用 [M]. 北京：中国人民大学出版社，2012.

8.2.3 应对结构化面试的技巧

1. 正确判断对方的提问意图

在回答面试官所提出的问题时，求职者一定要确认对方提问的内容，切忌答非所问。如果在不完全理解面试官提问内容和意图的情况下，想当然地回答问题，就可能被认为是无知，甚至是傲慢无礼的。所以，对于不太明确的问题，与其给一个答非所问的结果，还不如明确请求面试官给予更加明确具体的提示。

面试时的一个重要技巧就是在听到面试官提问后，求职者要快速地分析判断面试官的提问究竟是想测试你哪一方面的素质和能力，或者是有什么其他的意图，然后要有针对性地回答。只有有针对性地回答问题才能体现出你的素质、能力和水平。

拓展阅读

提问的背后：毕业生面试问题解读

就业面试可能是初出茅庐的应届毕业生面临的人生中的第一次重大谈判。当公司聘用有工作经验的人时，可以依据他以往的工作业绩对其进行评估，而大部分刚刚毕业的大学生几乎无工作经验可言。许多人力资源经理将聘用大学生比作"将酒存在地窖里赌未来"，有些人可以发展成"浓香可口的美酒"，而另一些人则会让人失望。所以专门为应届毕业生设计的面试程序尤为严格，大学生可能会发现针对他们的面试问题往往更尖锐、更隐蔽。机智应对面试问题是成功求职的关键。

但你不可能为所有的问题都准备好完美的答案，事实上，面试中回答什么不是最重要的，重要的是怎么回答。因此，了解一些专门为应届毕业生所设计的问题背后的真正意图之后，你就可以去准备合适的回答了。

1. "你在今后的 5 年中要达到什么职位？"

这实际上是"你如何规划自己的未来的事业？"这个问题的翻版，几乎所有新手都会落入这个圈套，新手通常会回答："管理层。"以为可以借此表明其雄心壮志。但这必然会引发一系列大多数应届毕业生无法回答的问题：管理层的定义是什么？你打算做什么领域的经理？所以，最保险的回答应该是先说明你要发展的专业方向并表明你脚踏实地的工作态度。"我的计划是将我的精力与专业知识融入我所在的单位需要的地方。因此，我希望在今后几年内，成为一名内行的专业人士，到那时，我的长期发展目标就会清晰地显露出来。"类似于这样的回答会使你在面试官心中的印象远远地好于你的同龄人。

2. "我们以前也想从你们学校的毕业生中招人，但都不理想，你有所不同吗？"

这是在检测你的自信心和分析能力，当然，你可以为自己争辩，说你与众不同并极力证明这一点。但你其实并不了解这个问题背后真正的意图。所以你应该这样回答："首先，我想知道您所碰到的那些人具体有什么问题。"你只有明白了问题所在，才能描述自己如何与众不同，否则，你在回答时可能会被对方以这种方式打断："好了，我在聘用这些人之前，人人都这样争辩，你也没有说明你到底与他们有什么不同。"

3. "我很想知道你在学校所学的东西中，有哪些可以用于工作？"

你的回答中可以涉及一些与工作相关的具体课程，但不能仅此而已，面试官所想听到的是能立即用上的技能，因此你要解释清楚校园生活教给你的能力，而不仅仅是一门门具体的课程。也就是说，你要说明某一门课程或实践活动对你的能力及个人性格所造成的影响。"在我的主课和副课中，我所学的都是最实用的，比如……"然后再列明你的能力或个性品质方面的优势。

4. "你是否感到与别人相处时有困难？"

这个问题意在探明你工作的积极性与服从性，看看你到底是团队中的合格一员，还是一个扰乱本部门工作、使主持人感到难堪的人。你可以列举一些你参与过的社团活动来证明你的合作精神。

5. "你为什么会喜欢这类工作？"

这是一个看似简单的问题，一般是为了考查你是否真的理解应聘具体岗位的日常工作内容。你只有在认真研究了这家公司和这个岗位的功能后，方可回答。这就要求你事先查阅资料或向类似岗位的员工咨询，了解一下这个岗位的日常工作内容、在部门及整个公司中的作用，以及为什么这个岗位的员工会喜欢这类工作。这样你才算真正了解了你想要得到的这份工作，而绝大多数应届毕业生并不知道这些。

2. 诚实为本，冷静应对

诚实是面试官对求职者的最基本要求。如果面试官发现一个求职者在某个问题上说谎或者随意夸大了实际情况，他们就会对这位求职者所有的话都产生怀疑。诚实就是不要不懂装懂，与其答非所问，还不如坦率地承认自己不懂。在面试时"下套"，把对求职者的真正需求巧妙地隐藏在面试的试题后面，是如今很多面试官的习惯做法，这时候如果你只是一味迎合，很快就会出局。

诚实也不意味着你在面对不懂的问题时应回避问题，保持沉默，这样做会使面试官有一种被轻视的感觉，继而产生反感。所以，坦诚地说明自己的看法是求职者起码的礼貌，对于实在无法回答的问题，求职者也应当明确地向面试官表示歉意。但诚实也并不表示求职者必须坦陈自己所有的缺点，求职者尽力想要给对方留下一个好印象是无可非议的。所以，求职者的正确策略应当是在保持诚实的前提下，突出自己的优点，尽力弱化自己的不足。

实际上，求职者在面试中难免会遇到一些自己不熟悉或者根本不懂的问题，此时既要诚实又要保证面试成功，就需要保持冷静。换位思考一下，面试官也不会要求求职者无所不知、无所不能，这是不现实的。求职者大可不必为自己在某个问题上的无知而懊恼。在面试中，面试官所关心的不仅仅是问题的答案，也关心求职者回答问题的思路和方法，由此考查求职者的应变能力、反应是否得体、胸襟是否广阔、立场是否明确、是否有主见等。所以，求职者在遇到自己难以回答的问题时，绝对不应表现出急躁或不满情绪，更不应表现出对立或愤怒的态度。只有保持冷静，表现出理智、容忍和大度，保持风度和礼貌，才能从容应付尴尬的局面，获得面试官的认可。

实 例

诚实地表现自我很重要

小陈现供职于上海一家高尔夫俱乐部，是一位主管助理。大学毕业后，小陈得知上海一家高尔夫俱乐部招聘管理人员，于是前往应聘。面试官问他对高尔夫运动了解多少，他老老实实地回答："了解不多，只在电视上偶尔看过。"也不知怎的，他就进入了复试，俱乐部主管亲自把关，他被告知：首次面试时，主管其实一直躲在楼上，暗中观察大家在面试前的种种表现。主管说："在不为他人注意之时的言行是最能表现自我的。"得知小陈是学新闻的，主管马上表示对记者职业很不看好，问他如何看待这一问题。他明确表示，对其看法不能苟同，并联系一些事例阐述了自己的观点。主管并没因彼此之间看法有异而生气，相反，这次面谈挺顺利的。

3．善举事例，凸显个性

俗话说"事实胜于雄辩"，事例论证将使你的观点更加有力。每个人都想把自己最完美、最真实的一面展示给面试官，但在展示时又特别忌讳平铺直叙。比如，有很多应试者都想说明自己的团队精神和组织能力，但只是泛泛地强调自己有多么强的能力，这让人感觉有夸夸其谈之嫌，并没有多强的说服力，而在这时，如果能恰当地引用一个生活工作中的实例，就可以起到事半功倍的效果。即便是理论可以证明的问题，若用事实论据作为支撑，也可以使自己的说法显得更有说服力。

有工作经历的应试者可以说自己在工作的过程中，曾经组织过团队活动，且一定要谈到活动组织的成功之处，活动在同事中产生的良好影响。而没有工作经历的毕业生可以说在学校社团组织过大学生艺术节、足球比赛、歌咏比赛等，且最重要的是要谈到活动的举办是否成功，是否收到了预期的效果，在同学中的反响如何。

4．善用身体语言沟通

面试中，回答问题并不仅仅通过言语交流，更多的是眼神、肢体等的交流。有的面试官视角非常犀利，常抓住眼神的交流来判断面试者处理问题的灵敏度与稳重感。面试过程中，惊慌失措、躲躲闪闪或者游移不定的目光，会让人产生应试者缺乏自信的感觉，容易使面试官反感。应试者要主动与面试官进行亲切有神的目光交流，在重点照顾主考官的同时，还要对其他考官予以回应。但是应试者也要注意适时适度性，不能死盯面试官，让面试官产生你表情呆板、缺乏生机的感觉。

肢体动作在进入考场的瞬间就已经被所有面试官所关注，基本的要求就是"站有站相，坐有坐相"，基本原则是大方、得体、不拘谨、不放浪。总之，眼神和肢体动作是语言之外最能直接引起交谈对象情感共鸣的表象，对它们的适度把握、恰当运用，可以与语言交相辉映，增强说服力、感染力。

5. 礼貌得体地提问

尽管面试过程主要是面试官提问、求职者回答，但是当回答完面试官的所有问题之后，求职者也可以提出几个自己想问的问题，而且礼貌得体地提问往往还能活跃面试的气氛，激发面试官的兴趣，显示出求职者的热情、关注、自信和才华。

需要注意的是，你的提问其实和你对面试官问题的回答一样，都间接地表达了你自己的想法。因此，求职者所提的问题不要总是关注于工资、奖金和福利等方面。求职者如果提出一些与招聘职位的要求、业绩衡量和职业发展有关的、更深入一些的问题，将能增加面试官对求职者的好感。

6. 避免面试中的禁忌行为

面试中求职者的行为是面试官对其做出评价和判断的主要依据。如果求职者出现行为上的失误或与面试场合不协调的行为，面试就很难得到满意的结果了。对于求职者来说，下列行为在面试中是需要注意避免的。

（1）面试迟到或失约。迟到或失约表现出求职者没有时间观念和责任感，面试官因此会觉得求职者对所求职位缺乏热情，而且求职者迟到后匆匆赶到面试地点，多半还会影响面试的表现。如果确实遇到突发事件无法准时参加面试，求职者也一定要尽早通知招聘单位，并预约另一个面试时间。

（2）缺乏准备。求职者对招聘单位和职位缺乏最基本的了解，甚至不能顺利地回答面试官提出的基本问题。这不但会使面试官感到求职者准备不足，而且会认为求职者似乎无意于在这个职位上发展。

（3）过度表现。有些求职者在面试中夸夸其谈、滔滔不绝、急于表现自己，有些求职者逞强好胜、表现得似乎处处高人一等，更有些求职者要小聪明、与面试官套近乎，还有些求职者则说谎邀功、伪造自己的成就或把别人的功劳据为己有。所有这些自作聪明的做法的最终结果都是适得其反的。

（4）表现欠佳。有些求职者因过于害羞，不懂得把握时机表现自己，无论对于什么问题，答案只是"是"或"不是"、"对"或"不对"；另有些求职者在面试中顾虑重重、不愿主动说话，偶尔说话也是语调生硬、表情尴尬的。这些行为同样会影响面试官对求职者的评价和判断。

8.3　无领导小组讨论

8.3.1　无领导小组讨论的含义和使用背景

1. 无领导小组讨论的含义

无领导小组讨论（Leaderless Group Discussion，LGD）是指运用松散型群体讨论的形式，快速诱发人的特定行为，并通过对这些行为的描述分析以及人际比较来判断应试者个性特征的面试测评方法。

无领导小组讨论的具体操作方法是将讨论小组（一般由 5～7 人组成）引入一个只有一桌数椅的空房间内，不对小组讨论的主持人和组长进行指定，也不布置具体的议题与议程，只是通过一个简单的案例对某种管理情境进行介绍。这个情境隐含着一个或数个待决策和待处理的问题，以引导小组展开讨论。在这种方法下，通常没有人对小组成员的座位进行引导。在小组讨论过程中，对可能出现的冷场、僵局甚至是争吵等情况，考官也不出面干预，而是让其自发进行。在最后的测评过程中，考官对每个应试者在小组讨论中的表现进行评分，再根据每人在讨论中的表现及所起的作用，按事先确定的标准对应试者进行测评。这种测评方式具体指考官通过观察应试者的口头表达、身体姿势、面部表情、语速、语调以及手势等，来测评应试者在解决问题能力、组织协调能力、情绪稳定性、沟通能力、团队合作能力等方面是否与拟任岗位相匹配。

2. 无领导小组讨论的历史背景

就历史背景来看，无领导小组讨论起源于 1920—1931 年。这一时期，德国军事心理学迅速发展，里夫尔创造了这一测评方法。但直到 1939 年，德国军方才开始运用该方法选拔军事人才，一直持续到第二次世界大战晚期。第二次世界大战结束后，无领导小组讨论由军事领域进入民用领域，许多德国民用机构开始运用无领导小组讨论选拔行政和商业管理人才。受德国情境测验技术发展的影响，1942 年英国战争人才选拔部门也开始将情境测验技术引入部队，用于选拔军事人才，开发了包括无领导小组讨论在内的一系列情境测验技术。第二次世界大战结束后，无领导小组讨论陆续在英国、澳大利亚、南非、挪威、美国等国家得到应用。当时，在美国联邦机构开始应用无领导小组讨论选拔人才后，在其 190 个公共服务机构中，将近 25% 的机构应用了无领导小组讨论这一面试测评方法。

3. 无领导小组讨论的适用范围

毋庸置疑，无领导小组讨论在现今的人员招聘选拔活动中发挥着越来越重要的作用。一般情况下，它适用于挑选具有领导潜质的人或某些特殊类型的人（如营销人员）。随着社会经济的发展和人员招聘需求的增多，无领导小组讨论的适用范围越来越广，不再仅仅适用于中高层员工，大企业的校园招聘、公务员考试等也都在使用无领导小组讨论。一般来说，无领导小组讨论主要适用于那些与人际交往密切相关的岗位，如中高层管理人员、人力资源管理人员、行政管理人员、营销人员等，而对于生产类员工、信息技术人员，则并不适用。

拓展视频

无领导小组讨论在面试中的应用

8.3.2 无领导小组讨论的优缺点分析

1. 无领导小组讨论的优点

（1）测评效率高

测评效率高是无领导小组讨论得到广泛应用的一个重要原因。与传统的测评方式不同，无领导小组讨论可以让一组人（通常由 5～7 人组成）自行讨论。在这种方式下，无领导小组讨论一方面能够有效地节省测评组织方的时间，另一方面能让面试官观察相同情境下应试者的不同表现，从而对应试者进行直接的对比。显然经过这种对比得到的结果更有助于招聘或选拔单位做出决策，从而显著提高整个招聘或选拔活动的效率。

（2）应试者在测评活动中的人际互动非常多

在诸多测评方法中，无领导小组讨论具有很强的人际互动性，而其他人员素质测评方法如笔试、面试、心理测验、公文筐测验等都不像无领导小组讨论那么注重人际互动。正是由于这种特性，无领导小组讨论才被广泛应用于那些需要频繁处理人际关系的岗位的招聘中。

（3）独特的考查维度

在无领导小组讨论中，应试者 3 个方面的能力会得到综合考量：一是在团队中进行社会交往和人际交流方面的能力，如组织协调能力、合作意识、团队精神、沟通能力、影响力等；二是解决问题的能力，包括探索和利用信息、分析判断、理解以及创新等；三是个性特征，如自信心、独立性、灵活性、情绪稳定性等。无领导小组讨论可以对一些笔试和面试不能考查或难以考查的能力和素质进行考查和分析，因此在实际的测评活动中，尤其是在中高层管理人员的测评中，无领导小组讨论往往与其他测评方法结合起来使用，以更加全面、深入地掌握应试者的真实能力。

示 例

设计评分表

一张评分表一般包括以下要素：测评指标、权重、评分等级、行为记录等，无领导小组讨论评分表如表 8-2 所示。

表 8-2 无领导小组讨论评分表

日期：＿＿＿＿＿＿＿ 时间：＿＿＿＿＿＿＿ 考生姓名：＿＿＿＿＿＿＿
考场：＿＿＿＿＿＿＿ 组别：＿＿＿＿＿＿＿ 评 委：＿＿＿＿＿＿＿

测评指标		团队意识	沟通能力	主动性、积极性	协调能力	判断力、情绪稳定性	外貌气质
权重		22	22	17	14	13	12
评分等级	优	16～22	16～22	12～17	10～14	9～13	9～12
	中	5～15	5～15	4～11	4～9	4～8	4～8
	差	0～4	0～4	0～3	0～3	0～3	0～3
行为记录							
评分							
总分							

资料来源：徐世勇，李英武.人员素质测评 [M]. 北京：中国人民大学出版社，2019.

（4）应试者较难掩饰自我

有些应试者倾向于在测评之前做大量的准备，掩饰自身的某些缺点，以期在测评中获得较好的分数。在这种情况下，考官在评价应试者的真实情况时会存在一定的偏差。但在无领导小组讨论过程中，由于应试者常常处于压力的环境下，难以进行自我掩饰，往往会在无意之中表现出自己各方面的优点和缺点，从而便于考官对其进行准确的评价。

（5）平等、客观、公平

无领导小组讨论中，考官不对应试者进行角色地位分配，也不事先设定角色和身份，应试者的角色地位平等。应试者在测验中的表现取决于自身的综合素质，每个应试者都能在测验中展现自己的能力。此外，与面试、角色扮演等其他人员素质测评方法相比，无领导小组讨论受考官主观性的影响最小，考官受晕轮效应、刻板印象等的影响也较小，因此能够根据应试者的表现，给出公正客观的分数，从而保证测评的公正性。

2. 无领导小组讨论的缺点

（1）选题标准较高

无领导小组讨论对选题的要求很高，选题的质量对测评结果有很大的影响。首先，无领导小组讨论对题目的难易程度有很高的要求。题目不能太难，否则小组成员之间的冲突会很大，以致很难达成一致意见，应试者也容易受到很大的压力，从而影响应试者的正常发挥。题目也不能太简单，否则应试者将很快达成一致意见，从而无法对其进行全面的观察。此外，无领导小组讨论的题目应该与实际工作有一定的相关性，以便考官对应试者能否胜任该职位进行观察。

（2）应试者的表现容易受到干扰

无领导小组讨论是一项互动性很强的测评活动，应试者需要与不同性格、不同能力的成员相互交流，甚至发生激烈的争执。在这个过程中，某些应试者容易受到同组其他成员的影响，难以发挥出自身真实的水平。

（3）制定评分标准的难度大

正式测评前，考官一般都需要制定相应的评分标准，评分标准包括评价维度以及各评价维度分值所占的比重。由于无领导小组讨论是一项非常开放的测评活动，考官无法预测测评活动中可能出现的情况，也无法对测评活动进行引导，因此，对评价维度进行区分、厘清评价维度在测评中所占的比重、避免重叠和混淆是一项高难度的工作。

（4）对考官的要求很高

无领导小组讨论对考官的要求很高表现在以下3个方面。第一，在专业素养上，考官必须具备较为丰富的专业知识，并且对工作内容相当熟悉，否则测评的内容和结果就会流于表面，难以保证效度。第二，由于考官要对应试者的表现进行主观判断，因此很难保证完全公正和客观，此外，考官对评分标准的理解不同，也会造成评分的不同。因此，考官在无领导小组讨论开展之前必须接受相应的培训，熟悉无领导小组讨论的相关技术，以保证其对应试者的表现做出客观评价。第三，有实力的公司为了保证测评的可靠性，一般需要聘请咨询公司或高校的人力资源专家对整个测评过程进行把关，这无疑会增加招聘成本。

8.3.3 无领导小组讨论的试题类型和实施过程

1. 无领导小组讨论的试题类型

无领导小组讨论的试题就是讨论题目，主要类型有开放式问题、多项选择问题、两难问题、操作性问题、资源争夺问题等。使用较多的是多项选择问题和两难问题。

多项选择问题旨在让应试者在多种备选答案中选择有效的几种或对备选答案的重要性进行排序，主要考查应试者分析问题实质、抓住问题本质方面的能力。这类问题对于评价应试者各个方面的能力和人格特质比较有利。

~~~ 示 例 ~~~

多项选择问题

7位人大代表列出了现在需要为百姓办的实事，选出3件你们认为最重要的上报市长。

第一，某教授提出延长供暖时间。

第二，某研究机构研究员提出支持科技创新，为科技项目提供贴息贷款。

第三，某代表提出上班时间交通拥挤问题急需解决。

第四，某文史馆参事提出始建于 1909 年的大马路需要救护和维修。

第五，某街道办事处主任提出在小区设信息板，防止乱贴广告等。

第六，某高校校长提出为大学生提供各种就业信息，帮助其到西部地区锻炼。

第七，某市民提出建设文化广场。

两难问题旨在让应试者在两个没有明显优劣之分的选项中选择一个，两个选项具有同等程度的利弊，应试者不能直观地看出一个选项比另一个选项更好。这主要考查应试者的分析能力、语言表达能力以及说服能力等。例如，你认为高薪酬重要还是所在行业重要？无论哪个选项，应试者都能找出一定的理由支持自己的观点，因此，这类问题可以引发充分的辩论。

示　例

两难问题

◆　现在有些地方提出给高级人才子女中考加分，有人认为这有利于人才的引进，有人认为这会导致教育的不公平，你怎么看？

◆　一笔钱只能用于修敬老院或者学校，你会怎么做？

---

2. 无领导小组讨论的实施过程

无领导小组讨论的实施过程包括起始、轮流发言、交叉讨论、总结陈词几个阶段。

（1）起始阶段。首先，考官向应试者讲解无领导小组讨论的要求，并宣读讨论题目；其次，考官给所有应试者一定的时间进行提问，在此之后应试者不得再向考官询问任何问题；最后，考官留给应试者 5~10 分钟时间准备，用以构思讨论提纲。

（2）轮流发言阶段。主考官宣布讨论开始，每位应试者依相应的顺序阐述观点，每人发言不超过 1 分钟，在此阶段，其他应试者不得插话和干扰。

（3）交叉讨论阶段。按规则，此阶段讨论结束后，所有成员必须达成一致意见，但不能采用投票或举手表决的方式，只能采用沟通、交流的方式。各个应试者要在限定的时间里就自己的观点充分发表意见，同时听取别人的意见，并进行解释和说服。最后，应试者要克服成员之间观点的差异，形成统一意见。

（4）总结陈词阶段。要求在应试者中选出一名发言人，代表整个小组进行总结。

需要注意的是，考官在整场讨论中只对应试者的表现进行观察和打分，如果没有特殊情况，不得对讨论过程做任何形式的干扰。不过，也有些无领导小组讨论现场会设置一位计时员，既要对整场比赛的时间和节奏进行控制，也要对辩论中的违规行为（如某些应试者发言次数过多，发言时间过长）做出处理，即通过插话的方式提醒，但注意插话次数不宜过多，每次插话用时最好不超过 10 秒。

3. 无领导小组讨论中的特殊情况的处理

（1）在无领导小组讨论过程中一个常见的问题是，很多小组由于没有良好的时间规划，在时间结束时没有完成预定的目标，从而造成成绩不理想。这种现象较多出现在未设立计时员的无领导小组讨论中。针对此问题，考官可以在起始阶段着重提醒应试者不能完成任务的后果，也可以在讨论过程中根据具体情况适时进行调整。

（2）应试者在讨论过程中没有较多的观点交锋和碰撞，很快就达成了一致意见。针对这一现象，考官要快速反应，可以指出应试者未解决的问题，或者提出新的相关任务供应试者进行讨论。

（3）小组中出现一个非常强势的应试者，他在讨论中处于主导地位，其他应试者的表现机会相对较少，导致考官对其他应试者观察不足。针对此问题，考官可以在讨论结束后增加一个考官与应试者互动的环节，通过抛出新的问题使其他应试者发言，并观察其表现。

8.3.4　无领导小组讨论的角色扮演

一般而言，在无领导小组讨论中，每个人都会隐性地扮演某种角色，不过有些应试者是自觉地进行角色扮演，而有些应试者则是不自觉地进行角色扮演。在无领导小组讨论中，一般有5种角色可供应试者进行有意识的扮演，这5种角色分别是破冰者、领导者、协调者、时间控制者和总结者。

1. 破冰者

这是指在无领导小组讨论中第一个主动发言的人。因为在无领导小组讨论中，从头到尾都是要求应试者自己进行组织的，而一般来说应试者之间又是互不相识的，因此第一个发言的人往往需要一定的勇气。而破冰者因为在沉默中第一个站出来，往往会引起考官的注意，具有一定的加分作用。但是，破冰者也具有一定的风险，因为是第一个发言的，因此也是最引人注意的。如果破冰者表达流利、逻辑清晰，会给考官留下好印象；如果破冰者表达不流利、过于紧张或者逻辑不清晰的话，那就相当于高调地暴露自己的缺陷，这是极为不利的。

2. 领导者

领导者对讨论的整个过程起到一种引领的作用。一个成功的领导者，不仅仅是对别人发号施令这么简单，而必须靠自己的能力和魅力来征服自己小组的成员和考官。在无领导小组讨论中，有些应试者以为只要自己对别的应试者发号施令就是领导者了，这就大错特错了。因为如果自己表现出来的能力（比如思维能力、表达能力、组织能力等）不是很强，或不够尊重其他的应试者，那么不但其他的应试者会不服气、不配合甚至拆台，该应试者也不会受到考官的青睐。因此应试者如果有意要扮演领导者的角色，一定要对自己的能力和魅力有充分的自信，还要对其他应试者有足够的尊重才行。

3. 协调者

协调者往往是在出现分歧的时候发挥作用。讨论过程中如果大家一直争执不下，不但不利于最终结论的形成，而且过分的争执还会给考官留下不好的印象。这时候，就需要有一个协调者，努力缩小对立双方的差距，促使小组形成一个统一的结论，而不能任由分歧影响结论的达成。

4. 时间控制者

这个角色的作用主要是提醒时间。因为每个阶段都有一定的时间限制，而在整个过程中考官都不会提醒应试者。即使现场设置了计时员，也仅仅提醒总的时间，每个阶段内的时间掌握还是小组自己控制。因此提醒时间就成了一项必要的任务。这个角色相对简单，但应试者还是要注意，时间提醒不能频繁，应该有实质性的效果。

5. 总结者

对总结者的要求是思路清晰，表达流利。总结者不但要对小组的结论进行汇报，还要对讨论中出现的分歧做必要的说明，而且对讨论的过程也应该做一个总结。总结者一定要牢记的是，总结者代表的是小组，而不是个人，总结内容一定是小组讨论的结果，而不能总结出与小组讨论结果相悖的观点。

~~~~~~

实 例

联合利华的小组面试

在大三暑假，我应聘联合利华暑期实习生失败了，而且是在第一轮小组面试中就被淘汰了。这对于向来以能言善辩在班里著称的我来说，绝对是一次很大的失败。当时我们小组讨论的话题是牙膏销售，每个人代表一个城市，每个人能看到的材料就是自己所在城市的牙膏销售中出现的问题。当时整个小组讨论进行得很不顺利，因为小组的领导者特别强势，完全主导了整个讨论，而且实话实说，他确实引导整个小组走错了方向。他一直在用 SWOT 分析法引导大家进行分析和讨论，但是实际上，整个小组领取到的材料就是 SWOT 当中的"威胁"，牙膏在各个城市的销售已经遇到了问题，我认为需要重点讨论的是具体的应对措施，而不是再重新进行一遍 SWOT 分析。

在小组讨论过程中，我一直在尝试扭转局面，把整个小组讨论引导到制订具体行动方案上。我首先提醒领导者他的思路不对，但是他还是坚持自己的思路。然后，我又尝试争取小组其他成员的支持，但是其他组员刚才已经跟着领导者分析了半天，都不愿意或者不敢中途转换思路。

最后的结果很惨，我们小组除了领导者过关，其他人全部没过关。事后我做了总结，我认为领导者被选中，应该是由于他在小组讨论过程中表现出来的积极和踊跃。而相比之下，我没能坚持自己的观点。我之所以将这次小组面试的经历视作很大的失败经历，并不是因为没能通过小组面试，而是因为自己在心态上失败了。我没有完全投入小组讨论的解决问题实战中，而是过于注重个人留给面试官的印象，总是提醒自己不能太有侵略性，因为别人的经验里提到面试官最讨厌太有侵略性的"出头鸟"！这样的心态导致我不能强势地坚持自己的观点，最终失败。

从这个失败的面试中我明白了一个道理：无论做什么事情都要首先从集体利益出发，也就是要想办法为集体解决问题，有了集体的成功，才会有个人的成功。为了集体的利益即使失去了个人的风度也在所不惜。而如果"私心"太重，反而会影响自己的表现。

资料来源：徐世勇，李英武. 人员素质测评 [M]. 北京：中国人民大学出版社，2019.

~~~~~~

8.3.5　无领导小组讨论的应对技巧

应试者想在无领导小组讨论中得到更好的评价，掌握以下技巧是必要的。

1. 积极主动发言，而不是"垄断"发言

面试开始后，应试者应积极主动发言，率先亮出自己的观点，这不仅可以给考官留下较深的印象，还有可能引导和左右其他应试者的思想和见解，将他们的注意力吸引到自己的思想观点上来。因此，每一位应试者都要放下包袱，大胆开口，不怯场，做到第一个发言，勇于扮演破冰者的角色。

同时，在后续互动交流中，发言一定要讲究平衡，让每一个小组成员都有表达机会，不要搞"一言堂"，不可自己一个人滔滔不绝，"垄断"发言机会，否则会让整个讨论小组对你产生极度厌恶的情绪。但你也不能长期沉默，处于被动的局面。在自己发言的时候，要尽量做到论证充分、辩驳有力。

2. 发言要抓住问题的实质，言简意赅

小组讨论中，不是谁的嗓门大谁就得高分，考官是借此考查一个人的语言能力、思维能力。如果应试者夸夸其谈，不着边际，只会将自己的缺点暴露无遗。语不在多而在于精，如果应试者观点鲜明、论证严密、有的放矢，能够一下子说到点子上，这样就可以起到一鸣惊人的效果。即使是在表达与人不同的意见和反驳别人先前的言论时，应试者也不要对他人恶语相向，要做到既能够清楚地表达自己的立场，又不令别人难堪。

要想达到这样的效果，准备工作是必不可少的，你要提前准备纸和笔，记录要点。随身携带一个小笔记本，在别人热闹讨论时，你可以做些记录，以表明你在注意听。但是在听的时候标记出你认为是缺点的地方，以便进行反驳。然后简单写下自己的观点，组织一下自己的语言。切记一定要提前做准备，再高明的发言者都是不能随便就发表出精彩的言论的，都需要提前准备和思考。

3. 反驳对方时要注意寻找双方的共同点

自己在发表与他人不同的观点时，要设身处地地站在对方的立场上考虑问题，理解对方的观点，在此基础上，找出彼此的共同点，引导对方接受自己的观点。反驳对方时不要恶语相加，敌视的态度不能达到有效反驳的目的。从心理学角度看，敌视的态度会使人产生一种反抗心理，因而这种人很难倾听他人的意见。反驳对方的观点时，首先要表示出自己的友好态度，在部分肯定对方观点的基础上，再提出自己的不同意见，最后在陈述自己观点依据的过程中，放大对方观点的错误，同时放大自己观点的正确，让听者能在你的言语中潜移默化地接受你的观点，进而让听者否定对方的观点。在整个过程中，你的态度要诚挚，以对问题更深入的分析、更充分的证据来说服对方。

4. 在小组中奠定良好的人际关系基础

其实小组中每一位应试者的想法都是差不多的，他人在考虑是否接受你的观点的过程中，会首先考虑他与你的熟悉程度和友善程度，彼此的关系越亲密，就越容易接受你的观点。若他认为彼此是敌对的关系，那么对你的观点的拒绝就是对他的自我保护。所以，我们应当尊重每一位成员的观点，友善待人，相信每一位成员都想抓住机会多多发言，以便展示自己。如果某个应试者为了突出表现自己，对他人的观点无端进行攻击、横加指责、恶语相向，就会得到整个小组的厌恶，这样的人往往只会导致自己最早出局。没有一个公司会聘用一个不重视合作、没有团队意识的人。

5. 努力充当讨论小组的领导者

成为讨论小组的领导者，实际上就是扮演会议的主席或主持人，以展示自己引导讨论及总结的才能。只有善于捕捉机会，你才有可能成为一个成功的领导者。比如，当某个发言者所说的问题无突出见解时，你主动帮他进行完善总结；在讨论结束之前，你将各成员的发言要点一一点评，分析优劣，并适时拿出自己令人信服的观点，使自己处于讨论的中心。这样你无形中使自己成了领导者，自然就为自己获得考官的好感增加了筹码。当然，充当小组领导者是把双刃剑，极力想表现自己的决策能力或者领导能力可能会招人反感；充当领导者的度很难把握，太强则会让人感觉咄咄逼人，具有侵犯性，太弱则又与领导者的应有作用不相匹配。这对应试者自身的要求就更高了，所以，每个应试者都应在平时多做训练，多积累自己在这方面的经验，并注意增强自己的领导力。

拓展视频

无领导小组讨论，求职者针锋相对，谁能获得上场面试的机会？

8.4　书面求职材料的准备

　　求职过程是一个双向选择的过程，用人单位根据毕业生提供的书面求职材料了解毕业生的基本情况，从而决定是否给予毕业生面试机会，进行进一步接触和了解。毕业生为了向用人单位充分展示自己、推销自己，应该准备具有说服力和吸引力的书面求职材料，从而为自己赢得面试机会。书面求职材料一般包括求职信和个人简历。

拓展视频

求职攻略：什么样的简历更容易让用人单位相中？

8.4.1　求职信的写作技巧

　　求职信又称自荐信，是指求职者向自己欲谋求职业的用人单位介绍自己的基本情况，提出供职请求的书信，是求职者展示自我能力、主动推销自己的书面材料，一般在高等院校应届毕业生和无业、待业人员求职，以及在职人员谋求或转换职业和工作时使用。

　　1. 求职信的格式

　　求职信的格式和一般书信大致相同，由称谓、正文、结尾、落款等几部分构成。开头要写明用人单位（或其人事部门）领导，如"某单位负责同志：您好！""尊敬的领导：您好！"等，结尾写上"此致敬礼"等问候语，并表示希望能得到一次面试的机会，最后写明自己的姓名、毕业院校、联系方式等。

　　2. 求职信的内容

　　求职信的主要内容应包括自己满足用人单位的要求、自己的才能及工作态度。具体地讲，大致有以下 3 个方面。

　　（1）简单的自我介绍，包括姓名、学历、毕业院校、所学专业、特长爱好、主要优势等。

　　（2）简述自己对该职位感兴趣的原因。

　　（3）表明自己期望能在该单位供职。

示 例

求职信

　　尊敬的领导：

　　　您好！

　　感谢您在百忙之中抽出时间阅读我的求职信。下面我将进行简单的自我介绍。我是××中医学院临床医学的本科应届毕业生。步入医学事业，解除人类疾病的痛苦一直是我的梦想，医学院的×年历练为我实现梦想打下了坚实的基础，专业特长更使我明确了择业目标：做一名临床医师。选择了医疗事业，选择了医学院校，立志救死扶伤的信念便铭刻于心。

　　进入大学以后，我抓紧每一天时间进行专业知识的积累和基本功的培养，不断充实自己的头脑。作为医学生，我在思想上积极要求进步，乐观向上，有信心、责任感。在能力培养上，我在校内积极参加各项活动，在校外广泛尝试，多次参与实践活动，既实践了所学，又锻炼了能力。

　　大鹏展翅、骏马飞驰都需要有自己的天地，贵院科学的管理体制和明达的择人理念使我坚信到贵院工作是明智的选择。个人简历及相关材料一并附上，希望您能感到我是该职位的真诚的求职者，我希望能尽快收到面试通知，我的联系电话是139×××××××××，电子邮箱是×××××××××。

感谢您阅读此信并考虑我的应聘要求!

此致

敬礼!

毕业生: ×××

××××年××月××日

3. 求职信的写作技巧

要写好一封令人满意的求职信，必须注意以下几点技巧。

（1）简明扼要、有条理

用简练的语言把求职想法以及个人特点表达出来，切忌堆砌语句，因为求职信的读者大多是单位或部门负责人，他们不会把很多时间浪费在阅读冗长的文章上。因此，写求职信要开门见山，简明扼要，切忌套话连篇、浮词满纸。求职信不在于长，而在于精，在于内容集中、明确，语言凝练明快，篇幅短小精悍。它的字数一般为500~1000字，通常用一页纸即可完成。

（2）自我推销与谦虚应适当有度

写求职信就是推销自己，就要强调自己的成就，强调自己对所选单位的价值，因此少不了自我介绍，但是一定要讲究技巧。例如，在求职信中表达"有能力开创企业的新局面"，让人听起来就很刺耳，而可以说"我可以用所学的知识，建立一套新的管理计划，以提高企业的生产率""我可以为企业搞一些形象设计"等。

对中国人来说，谦虚是一种美德。一个谦虚的人可以使他人对自己产生好感。但对于求职者来说，过分的谦虚同样会使人觉得你什么也不行。谦虚不是自我否定，而是实事求是，恰如其分地表现自己。所以，写求职信应遵循"适度推销"的原则，但要视具体情况而定。由于文化上的差异，求职者在向外资企业写的求职信中可多一些自夸，在向国内企业写的求职信中应多一些谦虚。对不同的企业发出的求职信的内容不能一样，求职者要针对用人单位的要求修改自己的求职信。

（3）突出重点

求职信要突出能引起对方兴趣、有助于自己获得工作的内容，主要包括自己的专业知识、工作经验、特长和个性特点等。有一点需要特别注意，即在介绍专业知识和学历时，切忌过分强调学习成绩。有些刚出校园的大学生容易产生一种错觉，以为社会和学校一样，重视学习成绩，认为只要学习成绩优秀就会获得一份好职业，甚至为自己的全优成绩而沾沾自喜，这是不成熟的表现。学习成绩固然重要，但用人单位也很看重经验和实操能力，所以求职者应简单地写明自己的专业和学历，重点突出自己的工作经验和能力。这里所谓的"工作经验和能力"主要是指在校期间参与的专业实习和社会实践活动、学校立项的创新创业项目或者教师布置的以小组为单位的团队作业，并要说明自己在其中扮演的角色或在团队内部起到的作用。

（4）以情动人，以诚感人

写求职信也要有感情色彩，语言有情更有助于交流思想、传递信息、感动对方。做到以"情"动人的关键在于摸透对方的心理，然后根据自己与对方的关系采取相应的对策。

如果求职单位在你的家乡，你可以充分表达为建设家乡而贡献自己聪明才智的志向；如果求职单位在贫困地区，你就要充分表达为改变贫困地区面貌而奋斗的决心；如果求职单位是教学单位，你就要充分表达献身教育事业的理想……总之，求职者要设法引起对方的共鸣，或者得到对方的赞许。这样对方就会主动地伸出友谊之手，给予热情的帮助。

写求职信在注重以情动人的同时，还要以诚感人、以诚取信。只有诚于中才能形于外。"诚"是指态度诚恳、诚实，言出肺腑、言而有信，内容实事求是，优点要突出，自信但不自大。

8.4.2　求职信与个人简历的区别

求职信与个人简历的撰写目的是一样的，都是要引起招聘人员的注意，争取面试机会，但两者的形式有所不同。个人简历并不等同于求职信。求职时个人简历通常不能单独寄出，应该附有信件，即求职信。

求职信是针对特定的个人来写的，简历却是针对特定的工作职位来写的；简历主要叙述求职者的客观情况，而求职信主要表述求职者的主观愿望。相对于简历来说，求职信更强调突出个人的特征与求职意向，以求打动招聘人员的心；求职信也是对简历的简要概述和补充。

也就是说，求职信与简历的内容有相当部分是相似的，你在简历中介绍的学历、专业技能、项目经验、兴趣爱好等内容，也可以在求职信中描述出来。当然，求职信也没必要把你简历中的内容完全复制过来，而是找出关键点加以强调。

在国内，求职信通常没有简历重要，很多招聘人员更看重简历内容。但在国外，求职信都是作为正式的邮件来写的，格式要求非常严格。因此，在向外企求职的时候，你必须准备求职信。

中小企业的招聘人员会有更多的时间来查看邮件，一封好的求职信能在很大程度上凸显你对这份工作的重视，也更充分地展示了你的能力。

但在大型企业及互联网公司，简历的作用远大于求职信，因为这类公司的招聘人员通常十分忙碌，往往没有时间和耐心去仔细阅读求职信。向这类公司求职时，你可以考虑把求职信要表达的核心思想压缩成几句话，整合到简历中去，这样就可以不再单独提交求职信，仅提供个人简历即可。

8.4.3　个人简历的制作技巧

个人简历是求职者进行自我评价和认定的主要材料。它是一扇窗户，能使用人单位透过它了解到求职者的基本情况，也能激起用人单位与求职者进一步接触的兴趣。

拓展视频

如何制作一份让招聘人员眼前一亮的简历？

使用简历，就应该把"简"的含义运用好。简历有"YRIS"一说，即"Your Resume is Scanned"，也就是说招聘人员看简历只是扫描式的，而不会对简历上所有的内容都进行仔细的阅读。因此，写简历要熟悉行文格式，进行专业的写作。一般来说，用人单位招聘毕业生主要看重4个方面的内容：基本信息、所学课程及成绩、在校期间的社会实践活动、所获奖项。个人简历的制作技巧如下。

（1）要突出经历。用人单位最关心的是应试者的经历，从经历来看应试者的经验、能力和发展潜力，所以，一份好的简历必须要重点突出自己的相关经历。毕业生的社会经历相对薄弱一些，但其简历也要写得充实，有内容、有个性，能够反映出毕业生的真实情况。在简历中要充分展示自己的专业特长和一般特长，强调过去所取得的成绩，最好能用数据描述。提及自己的成绩和优点时，切忌夸大其词，甚至编造、注水。

（2）要突出所应聘的职位信息。招聘人员关心应试者经历的目的主要是考查应试者能否胜任该职位，而以往经历与该职位的相关性和匹配性就决定了招聘人员是否会把你留下。因此，无论是在写自己的经历还是在做自我评价的时候，求职者都要紧紧按照所应聘职位的要求来写。

（3）排版考究，简历的页数应控制在1～2页。如果用人单位是外企或以外向经济为主的企业，求职者则要同时附英文简历。简历一般采用表格形式，便于阅读，有吸引力。

（4）印刷精良，简洁大方。打印排版时，白纸黑字应该是最佳的简历打印方案。注意字体统一，不用斜体、隶书、行楷、琥珀体等；整页文字疏密有致，清楚大方；简历中的小标题应该加粗，如个人资料、个人兴趣、社会实践经历、求职意向等。同时注意语法、标点、措辞，避免错别字。

（5）不要写对择业不利的情况，如对薪资和工作地点的要求。成绩也不必全部都写上，主要写专业课的成绩，尤其要注意避免写出补考的课目。如果在学校没有获奖，获奖情况一栏也不要填"无"，而应把这一栏删掉。既不说假话，也不说完真话，不要取长补短，而要扬长避短。人家不问而且是你欠缺的，就不要主动说出来。

简历模板在网上即可搜到，但是不管选用什么格式的模板，在填写时都要切记以上几点。建议大家最好使用可以附上照片的简历模板，选一张自己满意的照片附上，可以给用人单位一个好的印象。

拓展视频
简历怎么写，听听专家对一份简历的修改和呼评价

拓展视频
简历神奇4步法，制作HR无法拒绝的简历

示　例

表 8-3　毕业生求职简历

应聘职位	网络安全维护管理，数据库管理，计算机系统安全维护，软件策划/开发等相关的职位			
姓名	×××	性别	女	照片
户口所在地	北京市××区	出生年月	××××××××	
毕业学校	北京××大学	专业	信息技术	
婚姻状况	未婚	民族	汉	
手机号码	××××××××××	邮箱	×××××××	
身高	×××厘米	体重	××千克	
教育情况	★主修方向：信息安全 ★主修课程：现代密码学，通信原理，数据结构，数据库基础，计算机网络，微机原理与接口技术，计算机组成原理，C语言，控制工程基础等 ★专业课程：电子商务，信息对抗原理，网络管理与安全，数字图像处理，数字签名等 ★专业排名：12/60 计算机水平 ★会使用C语言编写程序 ★会使用SQL Server进行数据库的建立和基本维护 ★会简单运用Photoshop进行基本的图像处理 ★会使用Matlab及电路设计软件 ★能够熟练使用Windows系列操作系统以及基本的办公软件（Office系列）			

个人技能	★全国大学生英语四级考试的成绩为506分，我能够听懂日常英语，熟练运用计算机进行高质量、高效而准确的全文翻译 ★有机动车驾驶执照 ★有很强的文字功底 ★有中央音乐学院电子琴六级水平
实践与实习	★2018年，在校实践中实现VC平台编程，完成万年历、U盘以及控件播放器项目 ★2019年7月暑假，在北京×××健康管理集团公司任实习讲师，期间获得会员及领导好评 ★2019年，在校实践完成了放大音频设备电路板的设计、刻画以及焊接，并成功播放高音质歌曲 ★2018—2019学年，软件工程课程实践中，在VS2005C#平台完成病毒程序设计开发，实现键盘及鼠标锁定的攻击以及重开机自启动的攻击 ★2020年，在校实践中实现了古典密码的编程，包括恺撒密码以及置换密码的加密与解密 ★2020年1月寒假，在×××市做旅游城市近10年发展成果及弊病调研，并完成了调研报告 ★2019—2020学年，成为年级组织委员，并成功担任元旦联欢晚会主持人
兴趣爱好	★喜欢游泳、羽毛球、登山等体育项目 ★喜欢阅读现代文学作品，设计撰写微博博文等
获奖情况	★2018—2019学年大学二等奖学金 ★社会实践先进个人
自我评价	★我是一个性格开朗随和、谦逊而有主见、很有亲和力的人。我具有很强的责任心和团队合作意识，与人沟通的能力出色，对别人交付的事情一向是尽自己最大努力按时保质完成。我有一定的自学能力，环境适应力强，面对困难能够积极地应对和克服，对亚健康管理很有研究，能够让自己的身体状况时刻保持在最佳的状态 您的信任是我的动力，希望您能够给我一个为贵公司的发展出力的机会！

 复习思考题

1. 面试有哪些类型？
2. 求职面试前需要做好哪些准备工作？
3. 什么是结构化面试？其特点有哪些？
4. 应对结构化面试有哪些技巧？
5. 什么是无领导小组讨论？这种面试方式有什么优缺点？
6. 无领导小组讨论的应对技巧有哪些？
7. 参加无领导小组讨论时，如何充当讨论小组的领导者？
8. 求职信与个人简历有何区别？
9. 求职信和个人简历的写作或制作有哪些技巧？

 模拟实训题

1. 即兴发言训练

选择下列一个题目进行一次即兴发言，要求时间控制在2～3分钟。

（1）你参加某企业招聘一名经理助理的面试，面试官要求你陈述自己的基本情况，以及你应聘该职位的理由和自己的职业发展规划。

（2）你准备竞聘某学生社团副社长的职位，请你进行竞聘发言。

（3）你邀请了一位你所熟悉的老师给大家讲课，你需要对该老师做引荐发言。

（4）在某次竞赛活动中，你获得了一等奖，当你上台领奖时，被要求讲几句话。

2. 面试礼仪训练

（1）准备：教师扮演面试官，学生扮演求职者。

（2）实施：假设一家公司有多个职位可供选择，学生扮演求职者进行面试。

（3）要求：每位学生需要准备一份求职简历。

（4）总结：让学生进行自评和互评，最后教师进行总结评价。

3. 面试问答训练

下方列出了面试官最常问的 4 个问题，你认为每个问题下的哪个答案最有可能被面试官认可？阐述你的理由。

问题 1：你为什么想离开目前的岗位？（　　）

    A. 其他同事认为我是老板跟前的红人，所以处处排挤我。

    B. 调薪的结果令我十分失望，完全与我的付出不成正比。

    C. 老板不愿授权，工作处处受限，缚手缚脚、很难做事。

    D. 公司运营状况不佳，大家人心惶惶。

问题 2：你对我们公司有多少了解？（　　）

    A. 贵公司在去年长达 8 个月的时间内，利润率都排在行业前列。

    B. 贵公司连续 3 年被 ×× 杂志评选为"求职者最想进入的企业"的第一名。

    C. 不是很清楚，能否请您做些介绍。

    D. 贵公司有意改变策略，加强与国外大厂的 OEM（Original Equipment Manufacturer，定牌生产）合作，自有品牌的部分则通过海外经销商进行销售。

问题 3：你找工作时，最看重的因素是什么？（　　）

    A. 公司的远景及产品竞争力。

    B. 公司对员工生涯规划的重视及人性化的管理。

    C. 工作的性质是否能让我发挥所长，并不断成长。

    D. 合理的待遇及主管的管理风格。

问题 4：请谈谈你个人的最大特色。（　　）

    A. 我人缘极佳，连续 3 年担任工会委员。

    B. 我富有毅力，事情没有达到一个令人满意的结果，绝不罢手。

    C. 我非常守时，工作以来，我从没有迟到过。

    D. 我的个性很随和，是大家公认的好好先生（女士）。

4. 无领导小组讨论训练一

现在发生海难，一艘游艇上有 8 名游客等待救援，但是直升机每次只能够救一个人。游艇已坏，不停漏水。寒冷的冬天，海水刺骨。游客情况如下：

（1）将军，男，69 岁，身经百战；

（2）外科医生，女，41 岁，医术高明，医德高尚；

（3）大学生，男，19 岁，家境贫寒，参加过国际奥数比赛并获了奖；

（4）大学教授，50 岁，正在主持一个科学领域的项目研究；

（5）运动员，女，23岁，奥运金牌获得者；

（6）经理人，35岁，擅长管理，曾将一大型企业扭亏为盈；

（7）小学校长，53岁，男，劳动模范，五一劳动奖章获得者；

（8）中学教师，女，47岁，桃李满天下，教学经验丰富。

请将这8名游客按照营救的先后顺序排序。

用5分钟阅题和准备，每个人用1分钟陈述自己的观点，用20分钟进行小组讨论，用1分钟总结陈词。

5. 无领导小组讨论训练二

利用8.3.3小节中的多项选择问题示例和两难问题示例，全班分组进行无领导小组讨论训练。

 案例分析题

【案例8-1】

小袁的求职经历

小袁是武汉科技大学材冶学院材料成型及控制工程专业××××届毕业生，他成功应聘了某股份有限公司拓展工程师岗位，下文是他对这次招聘过程的回顾和总结。

我在校报记者团工作过，大四刚开学，我向校报老师咨询就业问题。老师说要发挥自己的优势，建议我最好从事高新技术行业。我分析了半天，觉得自己擅长表达，于是决定从事工科类的销售工作。

校报的学长帮我修改了简历，说简历要有逻辑，不能有一句废话，要用事实和数据说话，还要突出自身优势。于是，在几次招聘过程中，面试官都对我做过校报记者的经历感兴趣，有的因此而愿意录用我。

有一家公司来学校开招聘会，冲着10万元以上的年薪，我赶去交了简历。下午收到面试通知，要参与无领导小组讨论。

大二进学院主席团时我就经历过这个环节，于是我顺利地进入第二轮的笔试，考的却是电子电工方面的知识，天啊，这可是我大二时学的东西，现在大半都忘了，做完卷子我就觉得没戏了。可是，我居然接到了第三轮面试的通知。招聘主管就我的大学生活、简历的内容、家庭情况等深入询问。大家都走了，招聘主管让我留下来进行第四轮面试，这次是公司老总亲自面试。

谁知，老总的第一句话就是"你大学干吗去了？"原来，笔试总分为100分，我只考了27分。我没有慌张，而是跟他解释，这门课课时很少，而且大二时学生会工作比较忙。

"你成绩这么差，公司凭什么要你？"老总又说了很多瞧不起我的话，还说公司有好多人因为受不了工作压力辞职了。我说，我的数学和物理成绩很好，这是工科的基础，有了这学什么都快。然后我又说自己不怕辛苦，还跟他讲了大学期间在学生会如何面对迎新压力、运动会压力等。老总又说你这专业不对口，我们的培训你跟不上怎么办？我说就算不吃饭、不睡觉我也不会掉队的，我是一个理科生，连写新闻稿都学会了，还有什么学不会呢？

最后老总让我回去等通知。我本以为毫无希望，结果第二天接到了该公司的录用通知。后来听招聘主管说，第四轮面试是压力面试，最终我如愿以偿地进入了这家公司。

大学4年当校报记者的经历，使我受益良多。在采访的过程中，我逐渐学会了如何尊重别人，如何与别人交流，如何从一个旁观者的角度去分析看待问题。

资料来源：佚名.小袁的求职经历 [EB/OL].（2016-05-05）[2022-01-27].

问题：

1. 你认为小袁在求职过程中为什么总是能处于相对优势的地位？

2. 你如何评价小袁在压力面试过程中的表现？

3. 为什么小袁在笔试成绩较差的情况下仍然能获得工作机会？这给了你什么启示？

【案例 8-2】

苗婷婷刚毕业，各方面条件都很不错，在一次求职面试中，面试官让她做自我介绍时，她是这样介绍的："我读大学时，是班级团支部书记，组织能力强，交际广泛，有好奇心，协调能力强，善社交，朋友多，有韧性。"最终，她并没有被面试单位录用。

问题：

她在面试中这样介绍自己有什么不妥的地方吗？

【案例 8-3】

求职信

尊敬的阳光装饰公司经理：

您好！

我是今年的应届毕业生，面临毕业，想到贵公司工作，现将自己的情况介绍如下。

我现就读于 ×× 职业技术学院建筑装饰专业，在今年 7 月毕业。我在校时各方面的表现都很好。

我的性格属于外向型，不喜欢独来独往，比较健谈，喜欢去人多的地方，喜欢交朋友，而且认为朋友越多越好，如果将来有什么困难，我就可以得到朋友的帮助。

我的兴趣广泛，好像什么都喜欢，我虽然不会唱歌，但是喜欢听别人唱歌，还喜欢画画，也爱好体育活动，特别喜欢打羽毛球。

在遵守纪律方面，我比较自觉，从没有违反过学院的纪律，不但没有受过处分，有时还能得到表扬。

在生活方面，我比较简朴，不乱花钱。有人说我吝啬，我有自己的看法：学生花钱不能大手大脚，不然会增加家长的负担，节约是我的优点，我不承认自己吝啬。

在学习方面，我也很自觉。有的人对基础课的学习不够重视，只重视专业课，但我对基础课和专业课同样重视，所以各科学习成绩都达到了老师的要求。

贵公司是从事装修工作的，我是学装饰专业的，完全可以在贵公司工作，请贵公司研究并答应我的求职申请。

此致

敬礼！

求职人：×× 职业技术学院装饰班　张三

×××× 年 ×× 月 ×× 日

问题：

试分析该求职信存在哪些问题。

附录A 模拟试卷（一）

一、单项选择题（20分，共20题，每题1分）

1. 人际关系的本质属性是（　　）。

A. 社会性 　　　　　　　　 B. 直接性

C. 情感性 　　　　　　　　 D. 互利性

2. 心理学家的调查结果显示，大学生对做人的品质给予最高评价的形容词是（　　）。

A. 平等 　　　　　　　　　 B. 尊重

C. 真诚 　　　　　　　　　 D. 互利

3. 美国社会心理学家修兹把人际关系需求分为3类，不包括下面哪一项？（　　）

A. 包容的需求 　　　　　　 B. 支配的需求

C. 情感的需求 　　　　　　 D. 生理的需求

4. 中国有句古语叫"不是一家人，不进一家门"，正说明了（　　）在人们形成亲密关系方面起到了很重要的作用。

A. 魅力吸引律 　　　　　　 B. 邻近性吸引律

C. 互补性吸引律 　　　　　 D. 相似性吸引律

5. 以己度人，以自己的想法去推测别人的想法，认为自己是这样想的，别人也定会这样想。这符合下列哪种人际关系心理效应？（　　）

A. 首因效应 　　　　　　　 B. 投射效应

C. 刻板印象效应 　　　　　 D. 晕轮效应

6. 沟通中为了获得特定信息或确切的回答，我们应该采用的提问方式是（　　）。

A. 闭合式提问 　　　　　　 B. 开放式提问

C. 引导式提问 　　　　　　 D. 反诘式提问

7. 一般认为建设性反馈有3个特征，不包括下面哪一项？（　　）

A. 解决了现实问题 　　　　 B. 恰当运用肢体语言

C. 保持积极的人际关系 　　 D. 实现了信息的准确传递

8. 同学或舍友之间相处，下面哪一条做法不妥当？（　　）

A. 保持自己的独立性，集体活动尽量少参加

B. 对舍友的某些隐私，要做到守口如瓶

C. 不开恶作剧式的玩笑，不乱给同学取绰号

D. 热情关心、真诚帮助同学而不求回报

9. 下级汇报工作时，"报喜不报忧"，对取得的成绩浓墨重彩，对存在的问题极力粉饰，这种做法属于哪一种沟通障碍？（　　）

A. 沟通焦虑 　　　　　　　 B. 期望不同

C. 选择性认知   D. 信息过滤

10. 下级汇报工作时，上级还没听完就认为明白了他的想法，便打断下级的话，滔滔不绝地发表自己的观点，然后以某些指令结束谈话。这种行为属于哪一种沟通障碍？（　　　）

    A. 个人偏见   B. 漏斗效应

    C. 位差效应   D. 选择性认知

11. 销售谈判的过程不包括以下哪一个阶段？（　　　）

    A. 开局阶段   B. 报价阶段

    C. 竞争阶段   D. 磋商阶段

12. 谈判过程中，对方实际上并不存在竞争对手，但谈判者仍可巧妙地制造假象来迷惑对方，以借此向对方施加压力。这是谈判策略中的哪种策略？（　　　）

    A. 软硬兼施策略   B. 制造竞争策略

    C. 虚张声势策略   D. 欲擒故纵策略

13. "如果答应了你的要求，对我们来说等于又开了一个先例，今后我方对其他客户就必须提供同样优惠，这是我方无法负担的。"推销员的这种说法属于（　　　）。

    A. 权力极限策略   B. 政策极限策略

    C. 财政极限策略   D. 先例控制策略

14. 首先表示对客户异议的理解，或者仅仅是把客户异议简单地重复一遍，使客户心理达到一种暂时的平衡，然后用转折词把话锋一转，再对客户异议进行反驳处理。这种处理客户异议的方法叫（　　　）。

    A. 但是法   B. 转换法

    C. 反驳法   D. 补偿法

15. 在社会交往中，礼仪的作用是显而易见的，礼仪最基本的功能是（　　　）。

    A. 规范行为   B. 传递信息

    C. 协调关系   D. 树立形象

16. 美国心理学家霍尔在他的《无声的空间》一书中，将人们所处的空间划分为 4 个层次，其中，社交空间的距离是指（　　　）。

    A. 15 厘米 ～46 厘米   B. 46 厘米 ～2 米

    C. 1.2 米 ～3.6 米   D. 大于 3.6 米

17. 在一次演讲活动中，你是排在第三位的演讲嘉宾，现场的听众已经有一些昏昏欲睡，这时你应该采用哪一种开场白方式？（　　　）

    A. 语出惊人开场白   B. 列举事实开场白

    C. 提问式开场白   D. 讲述故事开场白

18. 关于制作 PPT，下列哪一条表述是错误的？（　　　）

    A. 要用标题对陈述文字进行概括，对于说明演讲者观点的每段陈述文字都应当加上一个标题

    B. 同一张幻灯片上尽量使用多种字体，给人视觉上的美感

    C. 当演讲厅比较大、需要用投影机投射到屏幕上时，采用雅黑、黑体字或者字形加粗后的效果会更好

    D. 在幻灯片页面上展示数据表格时，要有适当的标注

19. 面试时，你对面试官所提出的问题不是太确定，你应该怎么办？（　　）

　　A. 尊重面试官，不再追问，凭自己的理解来回答问题

　　B. 给出一个模糊的、不确定的答案

　　C. 直接回答不知道，进入下一问题

　　D. 请求面试官给予更加明确具体的提示

20. 参加无领导小组面试时，下列哪一项做法是错误的？（　　）

　　A. 既要积极主动发言，又要注意照顾他人，让每一个小组成员都有表达机会

　　B. 尽量避免充当小组领导者，这种带有侵略性的"出头鸟"容易招人反感

　　C. 代表小组做总结时，总结内容一定是小组讨论的结果，而不能出现与小组讨论结果相悖的观点

　　D. 反驳对方的观点时，首先要表示出自己的友好态度，在部分肯定对方观点的基础上，再提出自己的不同意见

二、判断题（12分，共12题，每题1分）

1. 人际关系包括认知成分、动作成分和情感成分3种成分，其中情感成分是核心成分。（　　）

2. 人际交往中的交换互利原则要求把自己的一切秘密都坦露给别人，同时也要求别人也向自己敞开一切。（　　）

3. 马斯洛认为，在生理需要和安全需要得到满足之后，爱的需要就会显现出来，并成为一个人产生某种行为的主要激励因素。（　　）

4. 与他人相处时，自我表露得越早、越多，越能够快速拉近彼此的距离。（　　）

5. SWOT分析作为一种战略分析方法，可以帮助个人分析自身内在的优势和劣势以及外部环境的机会和威胁。（　　）

6. 非语言沟通比语言沟通能更真实地反映有关人们的情感和态度的信息。（　　）

7. 大学生中不乏"精致的利己主义者"，他们既是人际关系的破坏者，也是人际关系的受益者。（　　）

8. 研究表明，家庭因素在青少年成长过程中的影响远远低于学校、社会，以及同龄交际群体。（　　）

9. 在正式组织里，下级与上级之间的信任感通常都是建立于私人感情交流基础上的，而个人的高能力水平、负责态度、切实业绩则起着辅助作用。（　　）

10. 表扬下属时，一般来说含糊其词的表扬相比翔实具体的表扬的效果更好。（　　）

11. 商务场合，男士穿西服套装外出的时候，鞋子、腰带、公文包应为同一种颜色。（　　）

12. 在演讲中，演讲者应采取单一不变的语调和语速，在听众面前树立稳重、可信的形象。（　　）

三、简答题（36分，共6题，每题6分）

1. 建立良好的人与人之间的关系有何意义？应遵循哪些基本原则？

2. 心理学研究认为人与人之间的交往状况好坏在很大程度上取决于相互的自我表露程度的高低，你如何理解？

3. 有效倾听的障碍有哪些？如何才能做到有效倾听？

4. 为建立和谐的师生关系，学生可以做什么？

5. 有人说下级在向上级请示汇报工作时，应该多出"选择题"，少出"问答题"，你如何理解？

6. 什么是结构化面试？应对结构化面试有哪些技巧？

四、案例分析题（32分，共4题，每题8分）

【案例1】

小李来自一个贫困的农村家庭，是一名二年级的在校研究生。小李的父母亲是老实人，在村里常常受人欺负。他们对小李一直严格要求，希望小李将来出人头地，能够过上不受苦、不受累、不受气的生活，为家人争光。看到父母辛苦劳作、省吃俭用，还被人欺负，小李暗下决心，一定要好好学习，用优异的成绩回报父母，打击那些看不起他们的人。因此小时候的小李将大部分时间都用在了学习上，偶尔帮家人干干农活，很少和朋友玩，基本上没有什么朋友。

小李的学习成绩一直很优秀，他考上了一所重点大学，全家人都长长地舒了一口气。然而，上了大学，小李才发现，大学生活并不是他想象的那样美好。学习上的竞争更加激烈，不善言谈与交往的他和同学、室友关系冷淡，而小李常常猜疑室友合伙欺负他，到了后来，他谁也不理，只是一门心思学习。大四的时候，因为学习成绩优异，小李被保送为本校的免试研究生。

研究生阶段，小李和实验室的同学搞不好关系，又怀疑导师偏心，自己想研究的专业方向又不知从何下手，无法安心学习。他找导师和同学理论，大家都无法理解他，觉得他是无理取闹，而他自己又不知道如何处理在团队中的人际关系。

问题：
1. 小李的人际交往存在哪些心理障碍？原因是什么？
2. 你认为小李应该如何解决自身的人际交往障碍？

【案例2】

毕业季又快来临了，用人单位忙校招，大学生忙应聘，就业市场显得格外热闹。但在这样一种热闹的情景之下，却有一种不协调的声音萦绕在人们的耳畔。记者走访本市举行的现场招聘会并了解到，不少用人单位反映，近年来，在新就业的大学生中"闪辞"现象不断增多，出现了大学毕业生在职时间变短、稳定性变差、入职不久就辞职的现象。一些用人单位在招聘时，对应届毕业生的态度也是"又爱又恨"。

据调查，大学毕业生在工作中发生"闪辞"现象，其主要原因是他们无法适应人际关系、薪资福利偏低、个人发展空间不够和想改变职业和行业。例如，大学毕业生王慧的情况就在"无法适应人际

"关系"之列。她在一年内数次离职，所流露出来的不满情绪多是出于对单位的人际关系氛围无法认同、工作环境与自我期待有落差、在单位不看好个人的发展前景、不喜欢自己从事的工作、无法适应职场人际关系等。

王慧谈起自己一年来3次"闪辞"的经历时说，在单位，她做不了八面玲珑那一套，奉承上司、讨好同事更是她的弱项，所以，难以妥善处理的人际关系成了她最大的障碍。她始终绷紧神经、小心翼翼地做事，但是不知哪里出了差错，她很快就成为众矢之的。王慧曾在一家单位做窗口服务，某位老员工可以由着性子对来办事的人说自己马上要下班了，然后冲着她的窗口说："去那个窗口办理业务吧，那边有人。"其实王慧觉得无所谓，因为她是新人，多做点没什么，但看不惯老员工那种自我优越感明显、歧视新人的样子。

然而，这样的事情做多了并非好事，王慧反倒听见了阴阳怪气的言论。有的人说她工作效率低，有的人说她装忙出风头，这是做给领导看的。至于别人说什么，她向来不在乎，以冷漠无视还击。或许，她特立独行的不合群行为加快了她被排挤的速度，同事们相互邀请去应酬，王慧是落单的那个；闲暇时，大家聚在茶水间谈论八卦，王慧一进去，集体噤声。王慧到底还是一个俗人，心情大受影响，每天一睁眼，她一想到令人压抑窒息的工作环境就想掉泪，太不开心了。坚持了两个多月，王慧又毅然辞职走人了。

问题：

1. 你认为是哪些原因导致王慧无法适应职场人际关系？

2. 从学生到职场员工，你认为王慧应该如何快速实现身份转变？

【案例3】

下面是下级向上司请假的两个结果相反的案例。

职员A："今天我有点急事，不来了。"

经理："今天公司有许多重要业务要处理。"

职员A："但是我今天确实有急事啊！"

经理："那你昨天怎么不事先打招呼呢？不然，我会事先安排别人接手你的业务。"

职员A："这不是急事嘛，我又不是神仙，怎么能未卜先知？谁家里能没点急事？"

经理："当然。那你就以家为重吧。"（重重地扔上电话）

职员B："经理，您好！非常抱歉，今天家里有点急事，实在没办法，只能向您请假了。"

经理："可是，今天公司有一项非常重要的业务要你处理啊！"

职员B："经理，我知道这项业务的重要性。不过经理啊，您也知道我的情况，不是万不得已，我是从不在紧要关头向您开口请假的。您一向都非常关照我，我也不忍心在紧要关头给您添麻烦。"

经理（犹豫了一下）："那这样吧，你给小王打个电话，将你准备好的材料发给她，我再跟她打个招呼，让她辛苦点，今天替你挡一阵。"

职员B："经理，您真是体贴下级的好领导！太感谢您了！我改天请您吃饭！"

经理（愉快地轻笑一声）："别拍马屁了。那就这样，拜拜！"（轻轻地挂上电话）

问题：

1. 两个下级在向上司请假时的沟通方式有何不同？各自产生了什么效果？

2. 本案例对你有哪些启示？

【案例4】

　　小强和小军差不多同时受雇于一家大型超市，开始时两人都一样，从最底层干起。可不久，小强受到总经理的青睐，一再被提升，从领班一直升到了部门经理。小军却像被遗忘了一般，还在最底层工作。终于有一天，小军忍无可忍，向总经理提出辞呈，并痛斥总经理不会用人，辛勤工作的人不提拔，倒提拔那些吹牛拍马的人。

　　总经理耐心地听着，他了解这个小伙子，工作肯吃苦，但似乎缺了点儿什么，缺什么呢？三言两语说不清楚，说清楚了他也不服……他忽然有了个主意。

　　总经理招来小军并吩咐说："你马上到集市上去，看看今天有什么卖的。"

　　小军很快从集市上回来说，集市上只有一个农民拉了一车土豆在卖。

　　"一车大约有多少袋，多少斤？"总经理问。

　　小军又跑去，回来后说有40袋。

　　"价格是多少？"

　　"您没有叫我打听价格。"小军委屈地申明，准备再次跑去集市。

　　总经理望着跑得气喘吁吁的他说："请休息一会儿吧，看看小强是怎么做的。"说完叫来小强，对他说："你马上到集市上去，看看今天有什么卖的。"

　　小强很快从集市上回来了，汇报说："到现在为止只有一个农民在卖土豆，有40袋，价格适中，质量很好，我带了一个回来让您看看。这个农民一会儿还准备卖西红柿，西红柿的价格也公道，我想超市也可以进一些这种价格的西红柿，所以也顺便带了几个西红柿回来做样品。我把那个农民也带来了，他现在正在外面等回话呢。"

　　经理看了一眼红了脸的小军，说："请他进来。"

问题：

1. 小军很勤快却一直没有得到提升，你认为小军身上缺了点什么？

2. 结合案例中两人的表现，你认为与上级沟通时应注意哪些原则和技巧？

附录B　模拟试卷（二）

一、单项选择题（20分，共20题，每题1分）

1. 根据人际关系联结的纽带，人际关系可以被划分为多种类型，在下列关系中，不属于业缘关系的是（　　）。

   A. 上下级关系　　　　　　　　B. 同乡关系

   C. 师生关系　　　　　　　　　D. 同学关系

2. 在沟通过程中要求客观地陈述所发生的事实，用数据和事实去沟通，这符合沟通中的（　　）。

   A. 同理心原则　　　　　　　　B. 文化情境原则

   C. 信息对称原则　　　　　　　D. 问题导向原则

3. 在现实生活中，经常可以看到，尽管两个人的脾气、性格大相径庭，但是他们相处得十分融洽，这种现象符合（　　）。

   A. 魅力吸引律　　　　　　　　B. 邻近性吸引律

   C. 互补性吸引律　　　　　　　D. 自我表露性吸引律

4. 教师在对孩子实施批评教育后，如果以"刚才我的话讲得重了一点，但愿你能理解我的一番苦心"为结束语，孩子可能就会有受勉励之感。这符合下列的哪种人际关系心理效应？（　　）

   A. 近因效应　　　　　　　　　B. 晕轮效应

   C. 刻板印象效应　　　　　　　D. 皮格马利翁效应

5. 乔哈里视窗理论认为在人际沟通中，每个人的人际沟通信息都可以被划入4种不同的信息区域，自己不知道、别人不知道的信息所在的区域是（　　）。

   A. 公开区　　　　　　　　　　B. 盲目区

   C. 隐蔽区　　　　　　　　　　D. 未知区

6. 沟通中为了从对方那里获得更多、更全面的信息，我们应该采用的提问方式是（　　）。

   A. 闭合式提问　　　　　　　　B. 开放式提问

   C. 暗示式提问　　　　　　　　D. 反诘式提问

7. 职场人际关系与校园人际关系相比具有明显的差异性，职场人际关系不具有下面哪个特点？（　　）

   A. 被动性　　　　　　　　　　B. 等级性

   C. 职业性　　　　　　　　　　D. 隐秘性

8. 与父母相处时，下面哪一种做法不妥当？（　　）

   A. 放假回家多陪陪父母　　　　B. 亲情植根于血缘，无需表达

   C. 倾听父母说的话　　　　　　D. 给予亲人真诚的赞美

9. 下级汇报工作时，依据自己的动机、经验、需要、兴趣、理想、信念、世界观等个体倾向性特征，有选择地向上级领导汇报与之有关的信息，对其他重要的信息却充耳不闻、视而不见。这种行为属于哪一种沟通障碍？（　　　）

    A. 沟通焦虑　　　　　　　　　　B. 期望不同

    C. 选择性认知　　　　　　　　　D. 信息过滤

10. 处理好同事之间的关系需要掌握一些原则和技巧，下面哪一种表述不恰当？（　　　）

    A. 在工作中学会互谅互让

    B. 懂得相互欣赏

    C. 对同事既要热诚合作，又要敢于竞争

    D. 与同事真诚相处，做到无话不谈、亲密无间

11. 企业人员与客户交往沟通时应遵循一些基本原则，下列哪一条表述有误？（　　　）

    A. 与客户沟通的终极目的是树立企业在客户心中的良好形象

    B. 企业人员与客户沟通的实质是满足客户的需求

    C. 与客户沟通的终极目标是实现互利共赢

    D. 交易前加强与客户沟通，识别并尽量满足客户的核心利益

12. "我没有权力批准这笔费用，只有我们的董事长能够批准，但目前他正在国外。"推销人员的这种说法属于哪种谈判策略？（　　　）

    A. 权力极限策略　　　　　　　　B. 政策极限策略

    C. 财政极限策略　　　　　　　　D. 先例控制策略

13. 在谈判中，先用苛刻的条件使对方产生疑虑、压抑、无望等心态，从而大幅度降低对方的期望值，然后在实际谈判中逐步给予让步。这是（　　　）。

    A. 软硬兼施策略　　　　　　　　B. 制造竞争策略

    C. 虚张声势策略　　　　　　　　D. 吹毛求疵策略

14. 顾客说："我这个年纪买这么高档的化妆品干什么？"售货员回答："人上了年纪皮肤不如年轻时，正需要这种高级一点的护肤霜。"这种处理客户异议的方法叫（　　　）。

    A. 但是法　　　　　　　　　　　B. 转换法

    C. 反驳法　　　　　　　　　　　D. 补偿法

15. 在介绍他人时，下列哪一种做法是不符合礼仪的？（　　　）

    A. 介绍不同地位的人时，应先把地位低的人介绍给地位高的人

    B. 介绍不同性别的人时，一般应先把男士介绍给女士

    C. 介绍亲疏不同的人时，应先把关系一般的人介绍给与自己关系亲密的朋友

    D. 介绍先到者与后来者认识时，先介绍后来者，后介绍先到者

16. 在商务迎送活动中，陪坐轿车时要注意座位顺序和上下车礼仪，下面哪一项表述是错误的？（　　　）

    A. 座位安排，在有司机时，后排右为上，左为次，中为三，司机旁边为四

    B. 车主当司机时，司机旁边为首，后排次序右为上，左为次，中为三

    C. 车主为司机并有太太同坐时，太太应坐在后排右，主宾坐在司机的旁边，后排次序左为上，中为次

    D. 上车时，应为客人打开右边车门，主人从左侧车门上车，下车时主人先下，为客人打开车门，请客人下车

17. 随着科技的发展，当前已经成为演讲中使用最普遍的视觉辅助工具的是（　　）。

    A. 黑白书写板　　　　　　　　B. 实物或模型

    C. 文字或图表材料　　　　　　D. 多媒体工具

18. 在结构化面试的（　　）阶段，面试官通常会问一两个应试者熟悉的、有准备的题目。

    A. 关系建立　　　　　　　　　B. 导入

    C. 正题　　　　　　　　　　　D. 收尾

19. 在参加无领导小组讨论时，你将各成员发言要点一一点评，分析优劣，并适时拿出自己令人信服的观点，使自己处于讨论的中心，这种行为说明你在扮演（　　）的角色。

    A. 破冰者　　　　　　　　　　B. 领导者

    C. 协调者　　　　　　　　　　D. 总结者

20. 撰写求职信和个人简历时，下列哪一项做法是错误的？（　　）

    A. 对不同的企业，求职信的内容不能一样，求职者要针对用人单位的要求修改自己的求职信

    B. 写求职信应该理性客观地表达自己的求职要求，不宜带有感情色彩

    C. 向大型企业及互联网公司求职时，个人简历的作用远大于求职信

    D. 撰写个人简历时，如果在学校没有获奖，获奖情况一栏也不要填"无"，可以把这一栏删掉

二、判断题（12 分，共 12 题，每题 1 分）

1. 即使是对自己最亲密的爱人和朋友，你也可以藏有自己的秘密，没有必要把自己的一切都坦露给别人，更不能要求别人也向你敞开一切。（　　）

2. 在人际沟通中，"对事不对人"的做法体现了问题导向的沟通原则。（　　）

3. 随着交往的加深，信念、价值观、个性品质等因素在人际吸引力中的作用会凸显，外貌的吸引力则会减弱。（　　）

4. 根据乔哈里视窗理论，一个人越善于向他人表露内心的想法和情感，乐于接受他人反馈，其公开区就越大，这个人在工作和人际关系上就越容易获得谅解和支持。（　　）

5. 商务沟通中的电子邮件与商务信函不同，在格式上没有规范要求。（　　）

6. 当代大学生的恋爱难以经受考验、容易失败的主要原因之一是他们看重理想、志趣、品质、性格等精神层面和气质、容貌等外在条件，而对克服实际生活困难、勇于承担责任等深层条件则重视不足。（　　）

7. 亲情关系越差，相应的子女行为异常程度越高，这会直接影响子女的正常社会化。（　　）

8. 在上行沟通中，上级倾向于发现下级在工作中的不足，通常会更多关注工作的过程，而较少关注工作的结果。（　　）

9. 下级就某个问题请求上级批示时，不宜提出自己的解决方案，只需要认真倾听上级的主张和要求。（　　）

10. 在任何一项销售谈判中，谈判双方都必须做出某些让步，可以说，没有让步，也就没有谈判的成功。（　　）

11. 无论是工作还是交际应酬，女士身上所使用的饰物必须是精美的，且佩戴得越多越好。（　　）

12. 演讲内容和方式都要因人而异，面对知识层次比较低的听众，演讲者应强调逻辑和理

论依据，而面对知识层次较高的听众，演讲者则可以考虑应用更多的例子和施加情感的影响。（　　）

三、简答题（36分，共6题，每题6分）

1. 人际沟通活动必须具备哪些要素？应遵循哪些原则？

2. 简述首因效应与近因效应的区别与联系。

3. 何为非语言沟通？为什么说非语言信号所传递的信息往往比语言信号所传递的信息更真实？

4. 职场人际关系有哪些特点？大学毕业生应如何适应职场人际关系？

5. 视觉辅助工具有哪些？使用视觉辅助工具需要遵循哪些规则？

6. 什么是无领导小组讨论？应对无领导小组讨论有哪些技巧？

四、案例分析题（32分，共4题，每题8分）

【案例1】

有位刚上大二的女学生，她大一一整年的生活都过得非常不如意。为了摆脱这种局面，她向心理咨询师求助。她说她由于上大学之前没有住过校，来到大学这个陌生的环境后，不知道怎么与周围的人，特别是同宿舍的人交往，与舍友的关系非常不好。她认为舍友们都很自私，做事的时候只顾自己，她则时常感到受伤害；还觉得舍友两人或三人一伙，"拉帮结派"，自己则经常感到受冷落。面对这种局面，她的解决办法就是尽量少待在宿舍，经常一个人在自习室里学习。用她的话说就是"惹不起，我还躲不起吗？"在她看来，躲开这个令她不悦的环境，不与舍友进行交往，就不会因为人际关系产生烦恼了。但事与愿违，她发现与舍友原本就很紧张的关系变得更紧张了，甚至出现了宿舍里的几个人联合起来孤立她的可怕局面。她再也承受不了这些压力，于是向心理咨询师求助。心理咨询师问她除了躲避，还采取过哪些试图改善与舍友的关系的做法，她很干脆地回答："我不求与她们搞好关系，只要她们别针对我就行了。"求助者的回答表现出她还没有认识到与他人交往是自身的一种需要。

问题：

1. 结合案例分析，为什么说与他人交往是人自身的一种需要？

2. 案例中的女生在人际交往方面存在哪些心理障碍？如果你是心理咨询师，你会给她提供什么建议？

江静毕业后，在一家广告公司给创意总监于娜做助理。工作的第二天，总经理办公室送来一份文件给于娜，要求她3天后给出一个创意草稿。当江静把文件送进于娜办公室时，于娜正在打电话给客户，看了看江静手里的文件，摆了摆手示意江静放在桌上。可忙碌的于娜接完电话后，一时忘了这件事，文件被埋在案头。

3天后，总经理向于娜要这个方案的时候，于娜却完全想不起来有这么一回事。她一个电话叫来江静，一通呵斥，批评她办事不力。江静当着总经理的面，一个劲儿地解释她实际上把文件给了于娜，并把当时的情形描述了一下。这让于娜很下不来台，不久就借故换掉了江静。

问题：

案例中江静和于娜在上下级沟通中的表现有哪些不妥之处？

【案例3】

佩佩年轻干练、活泼开朗，入行没几年，职位就"噌噌"地往上升，很快成为单位里的主力干将。几天前，新领导走马上任，他把佩佩叫了过去，说："佩佩，你经验丰富，能力又强，这里有一个新项目，你就多费心盯一盯吧！"

受到新领导的重用，佩佩欢欣鼓舞。恰好这天要去某周边城市谈判，佩佩一合计，一行好几个人，坐公交车不方便，人也觉得累，会影响谈判效果；打车吧，一辆车坐不下，两辆车费用又高；还是包一辆车好，经济又实惠。

主意定了，佩佩却没有直接去办理。几年的职场生涯让她懂得，遇事向领导汇报一声是绝对必要的。于是，佩佩来到领导跟前，说："领导，您看，我们今天要出去。"佩佩把几种方案的利弊分析了一番，接着说："所以呢，我决定包一辆车去！"汇报完毕，佩佩发现领导的脸不知道什么时候黑了下来。他生硬地说："是吗？可是我认为这个方案不太好，你们还是买票坐长途车去吧！"佩佩愣住了，她万万没想到，一个如此合情合理的建议竟然被打了"回票"。

"没道理呀，傻瓜都能看出来我的方案是最佳的。"佩佩大惑不解。

问题：

请问佩佩哪里做得不对？她应该怎样向领导汇报呢？

【案例4】

一家果品公司的采购员来到果园，问："多少钱一斤？"

"三块钱一斤。"

"两块五行吗？"

"少一分也不卖。"

目前正是苹果上市的时候，有这么多的买主，卖主显然不肯让步。"商量商量怎么样？""没什么好商量的。"

"不卖拉倒！"

几句话说呛了，买卖双方不欢而散。

不久，又一家公司的采购员走上前来，先递过一支香烟，问："多少钱一斤？"

"三块一斤。"

"整筐卖多少钱？"

"零买不卖，整筐三块一斤。"

卖主仍然坚持不让步。买主却不急于还价，而是不慌不忙地打开筐盖，拿起一个苹果在手里掂量着，端详着，不紧不慢地说："个头还可以，但颜色不够红，这样上市卖不上价呀。"

他接着伸手往筐里掏，摸了一会儿，摸出了一个个头小的苹果，说："您这一筐，表面是大的，筐底可藏着不少小的，这怎么算呢？"

他边说边继续在筐里摸着，一会儿，又摸出一个"带伤"的苹果，说："看！这里还有虫咬，也许是雹伤。您这苹果既不够红，又不够大，有的还有伤，无论如何算不上一级，勉强算二级就不错了。"

这时，卖主沉不住气了，说话也和气了："您真的想要？那么，您出个价吧。"

"农民一年到头也不容易，给您两块五吧。"

"那可太低了……"卖主有点着急，"您再添点儿吧，我就指望着这些苹果过日子哩。"

"好吧，看您也是个老实人，交个朋友吧，两块六一斤，我全包了。"

双方终于成交了。

问题：

为什么第一个买主遭到拒绝，而第二个买主却能以较低的价格成交呢？请从人际沟通和谈判策略方面进行分析。

参考文献

[1] 陈军莲.加强大学生感恩教育的意义及途径 [J].湖南师范大学教育科学学报，2009，8（1）：47-49.

[2] 陈春花.从现在出发：大学生的七项修炼 [M].北京：机械工业出版社，2011.

[3] 高琳.人际沟通与礼仪 [M].北京：人民邮电出版社，2017.

[4] 耿燕，梁月.人际沟通与社交礼仪 [M].2 版.北京：清华大学出版社，2020.

[5] 郭英剑.离开 PPT，我们还能不能好好说话 [N].中国科学报，2019-07-03（7）.

[6] 韩卫群，胡柳波.民办高校和谐师生关系构建策略 [J].湖北经济学院学报（人文社会科学版），2021，18（2）：121-123.

[7] 贺欣.研究生同学之间人际关系质量改善研究 [J].教书育人.高教论坛，2020（36）：28-29.

[8] 胡介埙.商务沟通：原理与技巧 [M].大连：东北财经大学出版社，2011.

[9] 贺民.大学生宿舍人际冲突的调处与思考 [J].教书育人·高教论坛，2020（7）：4-5.

[10] 库颖，王伟宾.乔哈里资讯窗视角下大学生宿舍人际关系改善研究 [J].北京教育·高教，2019（7）：140-143.

[11] 李炳全，张丽玲.人际关系心理学 [M].北京：科学出版社，2017.

[12] 林宁，李明.人际关系与沟通 [M].北京：清华大学出版社，2018.

[13] 龙璇.人际关系与沟通技巧 [M].2 版.北京：人民邮电出版社，2020.

[14] 李映霞.管理沟通：理论、案例与实训 [M].北京：人民邮电出版社，2017.

[15] 刘超.大学生典型群体人际关系研究 [J].山西青年职业学院学报，2020，33（4）：24-27.

[16] 刘望道，刘家俊.下属与上级沟通的"正确姿势" [J].领导科学，2020，1（1）：108-110.

[17] 马银文.生活中不可不知的人际关系学 [M].北京：中国画报出版社，2010.

[18] 马臻.如何借助 PPT 做好你的报告 [J].中国研究生，2020（7）：61-64.

[19] 彭贤，李海清.人际关系心理学 [M].2 版.北京：清华大学出版社，2013.

[20] 潘杏平，季祝平，张玲，等.浅析和谐大学师生关系的构建 [J].江苏高教，2011，1（5）：122-123.

[21] 谦捷.沟通技能训练 [M].北京：外语教学与研究出版社，2015.

[22] 魏江.管理沟通：成功管理的基石 [M].4 版.北京：机械工业出版社，2019.

[23] 王军.人际交往心理学 [M].合肥：合肥工业大学出版社，2011.

[24] 王海江.高校师生非正式层面交流的作用与途径 [J].佳木斯教育学院学报，2012（9）：204+209.

[25] 王亚娟.高校学生宿舍人际关系的道德调节 [J].思想理论教育，2013（11）：4.

[26] 王轲.职场中下行沟通的障碍、原则与技巧 [J].领导科学.2021（1）：65-67.

[27] 王轲.职场中上行沟通的障碍与技巧 [J].领导科学.2020（19）：54-57.

[28] 徐世勇，李英武.人员素质测评 [M].北京：中国人民大学出版社，2019.

[29] 熊维娜.农村大学生代际沟通的阻碍探析 [J].山西青年职业学院学报，2014，27（3）：24-27.

[30] 杨丹.人际关系学 [M].武汉：武汉大学出版社，2010.

[31] 余世维.有效沟通 [M].2 版.北京：北京联合出版公司，2012.

[32] 杨从杰，董晓晨.初入职场大学生沟通障碍管理研究 [J].高等财经教育研究，2015，18（4）：61-64.

[33] 张荷英.人际关系与公共礼仪 [M].北京：首都经济贸易大学出版社，2012.

[34] 张振刚，李云健.管理沟通：理论、方法与技能 [M].北京：机械工业出版社，2018.

[35] 张传杰，黄漫宇.商务沟通：方法、案例和技巧 [M].北京：人民邮电出版社，2018.

[36] 张沙沙.大学师生关系研究 [D].芜湖：安徽工程大学，2012.

[37] 张立改，陈运普.当代大学生亲情教育探析 [J].湖北社会科学，2010（6）：185-187.

[38] 张玲，李永端，罗立明.高职学生职场挫折与应对情况调查 [J].湖北工业职业技术学院学报，2020，33（1）：16-19

[39] 张丽娟.高校 PPT 课件制作及应用问题分析与对策 [J].电脑知识与技术，2019，15（22）：207-209.